法人住民税の
しくみと実務 八訂版

吉川 宏延 著

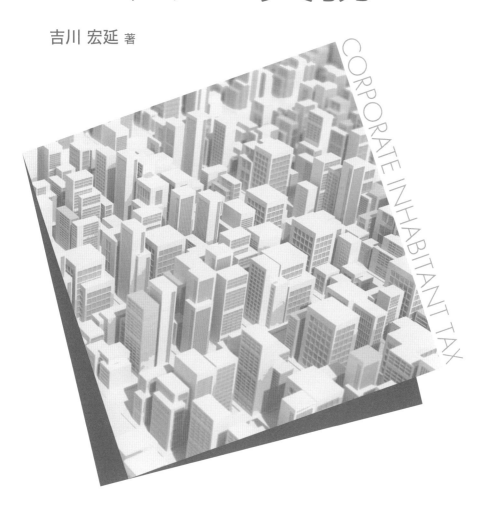

CORPORATE INHABITANT TAX

八訂版はしがき

　本書は，法人に係る住民税の基礎理論と基本問題について，その体系化を試みたものである。法人住民税は，国税である法人税の計算内容を基礎としているとはいえ，税額計算上考慮しなければならない特有の論点も少なくない。また，地方税は，各地方団体の税条例に基づいて課税されるため，その全体の体系から詳細な計算規定までを網羅的に把握することが難しい。そこで，特に税理士，経理担当者や税務職員の参考になればと思い，平成19年に初版を出版してから，はや15年余が経過した。

　この間，多くの読者に支えられて版を重ねることができた。平成19年以降，法人住民税については，新信託法の制定に伴う税制上の対応，公益法人制度改革への対応，仮装経理に基づく過大申告の場合の更正に伴う税額控除・還付制度の見直し，罰則の見直し，中間納付制度の見直し，欠損金の繰越控除制度等の見直し，地方法人税の創設，企業版ふるさと納税，恒久的施設の見直し，連結納税制度からグループ通算制度への移行に伴う地方法人二税の対応などの多くの改正が行われてきた。

　今般の税制改正においても，グループ通算制度における外国税額控除・研究開発税制の見直しや，各対象会計年度の国際最低課税額に対する法人税の創設など，法人税法の改正に対応して，地方税法が改正されている。また，更正請求書の提出の電子化など，税務手続の電子化も促進されている。そこでこの度，7度目の改訂を行い，その内容の一層の充実を図った。

　なお，今回は，連結納税制度の抜本的見直しにより「連結納税制度・グループ通算制度」の章を削るとともに，法人が納める住民税という視点から，新たに「特別徴収義務者」の章を加えた。著者としては，法人に係る住民税（法人分＋特徴分）の制度の理解と，その適正な運用のために，また，地方法人二税の制度の理解と，その適正な運用のために，姉妹書『法人事業税・事業所税のしくみと実務』と併せて，本書が広く活用されることを期待している。

何分にも浅学非才のため，思わぬ誤りがあるかもしれない。不十分な点は，今後とも改訂・改善を加えていきたい。なお，八訂版の刊行にあたっては，株式会社税務経理協会編集グループ部長の小林規明氏の全面的なご支援を賜った。ご好意に対して，厚くお礼を申し上げる。

令和5年10月　小さな看板犬のココ，モモ＆クルミに邪魔されながら

吉 川 宏 延

初版はしがき

　国と地方の税財源を見直す三位一体改革の中で，平成19年に国（所得税）から地方（個人住民税）への3兆円の税源移譲が行われたのに伴い，住民税の重要性は，国税・地方税を通じても高いものとなっている。所得割は，一律に10％の比例税率になり，受益と負担の関係が一層明確となった。とはいえ，個人住民税の納税義務者は，地方団体内に住所を有する個人であるため，住所地と従業地が異なる地方団体の場合には，その個人は，従業地の地方団体から受ける便益に対して，応分の負担を負わないことになる。

　法人段階の課税による租税負担も，究極的に個人に帰着するものと考え，しかも，租税負担の個人への帰着の態様と，法人を介しての間接的便益の個人への帰属の態様がほぼ一致する。とすれば，法人住民税は，個人住民税の補完税と位置付けることができる。特に，都市部においては，ビジネス目的の非定常的人口移動が今後，ますます増えていくであろうことからすると，個人住民税の補完税として，法人住民税の役割は，さらに重要になるものと思われる。

　このように重要な税でありながら，法人住民税は，一般に馴染みのない税である。租税というものは，納税者がその内容を十分に理解し納得することが，課税団体との関係を明確にし，その適正な運用の前提となる。そこで，本書では，法人住民税の基礎理論と基本問題について，その体系化を試みた。法人住民税の制度の理解と，その適正な運用のために，本書が，法人住民税に携わる税務職員や法人等の経理担当者はもとより，地方税に関心のある方々の参考になれば幸いである。

　なお，本書は，月刊誌『税』に平成18年7月から6回連載した「事項別にみた法人住民税の基礎理論と基本問題」に修正加筆を加え，再編集したものである。本書への転載を快くご了解いただいた株式会社ぎょうせいに感謝申し上げる。また，本書を株式会社税務経理協会から出版するに際しては，書籍企画

部の小林規明氏にお世話になった。ご好意に対して，厚くお礼を申し上げる。

　最後に私事にわたり恐縮であるが，私の原点である神戸大学経営学部の恩師，高田正淳先生と，いつも私を暖かく見守ってくれた両親に，感謝の気持ちを込めて，本書を捧げることをお許しいただきたい。

平成19年12月

吉川宏延

目　　次

1

4

序章
Introductory chapter

　地方法人所得課税としては，都道府県と市町村が課する法人住民税と，都道府県が課する法人事業税とがあり，両者を合わせて「地方法人二税」という。法人住民税は，都道府県および市町村の重要な財源となっており，法人税割と均等割から構成される。一方，法人事業税は，都道府県の重要な財源となっており，所得割，付加価値割，資本割および収入割から構成される[1]。

　地方法人二税は，課税根拠や課税客体などを国税である法人税とは異にしており，それぞれ独自の存在理由があると考えられている。そもそも，税制は，歴史的産物である。現在の税制は，その1つの到達点であり，従来の税制の歴史が，どのようなものであったかによって規定される。戦後，わが国税制の骨格をなすシャウプ勧告では，公平を重視し，その枠内で経済的な中立性と税収の確保を図ることを基本的な特徴としている[2]。

　地方税は租税の一種であるから，租税の一般原則は，当然，地方税にも妥当する。のみならず，地方団体は，ある意味で国家の分身とはいえ，国家とは違った特性をもつ。地方税では，租税の一般原則を基礎とし，それを前提とする一方で，国税の場合とは異なる考慮が必要となり，地方税の特殊原則（地方

---

1)　詳しくは，拙著『法人事業税・事業所税のしくみと実務』（税務経理協会，新訂版，2021年）を参照のこと。

2)　もちろん，シャウプ勧告以前にも，重要な税制改革がある。特に，昭和15年の改正は，直接税を中心とする税体系を形成したという点で，シャウプ勧告への連続性が重要視される。

1

税原則）もありうる。地方税原則は，それぞれの時代の政治・経済・社会構造，さらには地方自治・租税・地方財政制度の状況と，その背後にある思想を微妙に投影しつつ，地方税に適合した理念や税種が模索され，地方税体系の形成に理論的エネルギーとして機能する。

1 税制の基本原則

過去の政府税制調査会（政府税調）の答申をひもとくと，課税の公平・中立・簡素の原則の重要性が絶えず強調されている。政府税調は，この3原則を基準に，これまで税制改革を進めてきたことがわかる。政府税調は，『わが国税制の現状と課題—21世紀に向けた国民の参加と選択—答申』（平成12年7月）において，「『公平・中立・簡素』の意義や重点の置き方は，経済社会の構造変化に伴って変わってくることもありますが，この3つの原則が税制を考える上での基本であること」は変わらないとして，この3原則をあげている[3]。

（1） 公平の原則

公平の原則は，税制の基本原則の中でも一番大切なものであり，さまざまな状況にある人々が，それぞれの負担能力（担税力）に応じて分かち合うという意味である[4]。これには，水平的公平と垂直的公平の2つがある[5]。水平的公平とは，等しい負担能力のある人には等しい負担を求めることをいい，いかなる経済社会状況においても変わることのない最も基本的な要請である。一方，垂直的公平とは，負担能力の大きい人には，より大きな負担をしてもらうとい

---

3) 税制調査会『わが国税制の現状と課題—21世紀に向けた国民の参加と選択—答申』15頁（2000年）。

4) 担税力とは，各人の経済的な負担能力をいい，そのような負担能力は，所得，財産（資産）または消費の大きさによって測られる。従来，所得が担税力の尺度として一番優れているといわれていたが，担税力の尺度としては，消費のほうが優れているとの主張も最近有力である。

5) さらに，近年では，世代間の公平が一層重要となっている。世代間の公平については，異なる世代を比較した場合の負担の公平が保たれているかという観点と，それぞれの世代の受益と負担のバランスが保たれているかという観点の両方から考えることが求められる。

うことである。

　公平な税制であるからこそ，近代民主主義の中で，国家が課税権をもつこと
の正当性が与えられるといってよい。もっとも，課税の公平は，個人の主観的
判断によるもので，きわめてあいまいなものである。要するに，公平というの
は，人間にはそれぞれみんな隠されている能力があるから，その潜在能力が発
揮できるようになっていないと，公平感を感じないのだということである。と
はいえ，あいまいながら，社会通念としての公平の基準は厳然と存在し，税制
改革の折には，これを無視できない状況にある。

（2）　中立の原則

　中立の原則とは，税制ができるだけ個人や企業の経済活動における選択を歪
めることがないようにするという意味である。公的サービスの提供は，経済の
発展に寄与するものであるが，その財源調達手段となる税制ができるかぎり，
経済活動や経済の発展に支障をきたさないようにすることが大切である。中立
性の議論は，一般に，規制緩和と市場原理を重視する大きな流れを基礎として
登場した。この流れは，経済活動における政府の役割を縮小し，市場において
できるだけ自由な経済活動を保証し，経済社会の活力を促すという方向を目指
すものである。

　また，税支払額以上に追加的に負担が生じる場合もある。高い累進税率によ
る勤労意欲の減退，あるいは，特定の財のみに課税されると，消費者の好みを
変え，非課税の財へ購入を移すかもしれない。企業においても，生産や雇用に
おいて同じような変化が生じうる。課税の中立とは，この超過負担―課税によ
り惹起される歪み―を極力低くしようとする原則だといえる。

（3）　簡素の原則

　簡素の原則とは，税制のしくみをできるだけ簡素なものとし，納税者が理解
しやすいものとするという意味である。個人や企業が経済活動を行うにあたり，
その前提条件として，税制は常に考慮される要素である。税制が簡素でわかり
やすいこと，自己の税負担の計算が容易であること，さらに納税者にとっての
納税コストが安価であることは，国民が自由な経済活動を行う上で重要である。

また，納税者のみならず，課税庁のコストが安価であることも，税制を検討する上で重要な要請であると考えられる。

　税制が複雑になるほど，納税者は自己の税負担の計算が容易でなくなる。その結果，納税協力コストが高くなり，納税意欲を減退しかねない。また，納税者の例のみならず，課税庁も税制が複雑であるほど，各種の徴税コストが高まらざるを得ない。かくして，税制を簡素化することが必要になる。しかし，実際には，簡素という租税原則ほど，繰り返しその必要性が唱えられながらも，おろそかにされてきたものはない。それは，簡素が多くの場合，公平とトレード・オフの関係にたつと思われるからであろう。

（4）　公平と簡素の関係

　簡素という原則は，それ自体として完結して考えられるものではなく，他の租税原則と緊張関係にある。税制の簡素化は，用語は別として，実質的な内容としてはアダム・スミス以来主張されてきたものである[6]。従来は，どちらかといえば，付随的原則として提示されているにすぎなかった。それが今日，公平・中立と並んで，いわば3大原則の1つとして強調されるのは，現代の税制がいかに複雑化しているかを反映している。

　公平な税制というものは，程度の問題はあるにせよ，制度を複雑化するよりも，制度を簡素化することによって，実現することができるはずである。一般的にいって，税制は可能なかぎり簡素であることは，望ましくかつ必要なことでもある。だからといって，簡素でありさえすれば，無条件にすべて望ましいわけではない。課税の公平を侵害し，不公平が拡大するような，簡素化もありうるからである。この点に留意しつつ，簡素という視点から，公平・中立な税

6）　ちなみに，スミスは，租税負担配分の原則（公平の原則）に加えて，3つの税務執行上の原則—明確の原則，便宜の原則および徴税費最小の原則—を唱えている。スミスの租税原則論が有名であるのは，その科学的価値よりも，むしろ『国富論』という名著の一部分をなしていたためである。スミスは，当時までに世に行われた学説を承継したにすぎない。しかしながら，スミスの4原則が後世の学者に与えた影響は大であって，19世紀の英仏経済学者間に祖述せられ，現在においてすら，これに多少修正を加えて採用するものがある。

制の構築を検討するほうがよいであろう。

　地方税は租税の一種であるから，公平・中立・簡素の原則は，当然，地方税にも妥当する。もっとも，この3原則に加えて，地方税には固有の原則が存在している。わが国の場合は，地方税制度の基本的な部分が地方税法という国の法律によって定められるために，地方税原則は，特に重要である。

2　地方税原則

　自治省税務局（現総務省自治税務局）は，「地方税も租税の一種であるから，租税一般に要求される諸点，例えば負担の均衡をうること，収入が十分であること，国民経済の発展に相応していること等はもとより必要とされるのであるが，なお，それが個々の地方団体の行政運営に要する経費も賄うものであることから上に掲げられたもの以外に地方税に特に必要とされる諸点が存し，それが地方税の特性をなしている」として，7つの原則をあげている[7]。

（1）　十分・普遍性原則

　地方税は，地方団体の収入の中心となるものであり，かつ，歳入の主体とすることによって，地方団体の自治活動に対する財政的責任が究極的には住民に帰着するものであることが明瞭となり，自治運営に責任性を期待していくことができる。この意味において，収入を十分あげうる租税が地方税に含まれていなければならない。しかも，それぞれの地方団体が自主性をもって，その財政運営を行わなければならないものであるから，地方団体ごとに十分な収入をあげるような租税，すなわち，普遍性のある租税が必要である。

　つまり，地域的にみて，税収が片寄らない租税が，地方税として望ましいということである。地方税である以上，課税客体が豊かな地域に片寄ってしまう租税が，地方税として適していないことはいうまでもない。この第1原則は，つぎの第2原則と矛盾するものではない。豊かになった時期にも，貧しくなった時期にも，安定した収入が生じる租税は，豊かな地域にも，貧しい地域にも，

[7]　自治省税務局編『地方税制の現状とその運営の実態』3頁（地方財務協会，1997年）。

普遍的に税収をもたらすからである。

（2）　安定性原則

地方団体の経費には，その行政事務の性質上経常的なものが多いので，たとえ増減するとしても，年度間の調整ができる程度のものであることが必要である[8]。まして，社会の進展とともに地方団体の行政についても，住民の福祉を保障するための最低限の画一的行政が要請されているのであるから，収入の激変しやすいものや，単に一時的な収入を得るにすぎないものは望ましくない。

つまり，地方団体の使命は住民の生活を支えるサービスを提供することであるから，税収は景気によって変動しないほうが望ましいわけである。一方，国家には経済安定化機能があるので，国税は景気変動によって収入が変動する租税のほうが望ましい。なぜなら，好況時には税収が増加して景気を抑制し，不況時には税収が減少して景気を刺激するのに役立ったほうがよいからである。

（3）　伸張性原則

社会の発展に伴い，住民の福祉に直結している地方団体の行政も質量とも増加していく傾向にあるので，地方税もこのように増加していく経費に対応する収入をあげうることが必要である[9]。

（4）　伸縮性原則

地方団体がどのような行政をどの程度に行うかは，地方団体自らの意思によって決定されるべきものであるから，その行政に必要な経費を賄う収入につ

---

8)　もちろん，景気の変動に伴い収入の増減する税種も，地方税として必要であり，税収の増減を通じて，地方団体は，その区域内の事業発展や盛衰に関心を寄せ必要な対策を講じていくものである。なお，税収の増減の結果，地方団体の財政に混乱を与えないよう，すでに地方交付税制度が樹立されており，地方税と地方交付税の収入合計額では安定した財政収入が得られるしくみになっている。地方交付税の役割は，単に財政の苦しい地方に財源を交付することではない。財源の交付は，単なる手段にすぎないのであって，地方交付税の最終的な役割は，日本の国土や社会，国民生活を維持・改善してゆくことである。また，地方交付税は，単なる国から地方への財源移転の措置ではなく，わが国の行財政システムの基盤を構成するパーツの1つとして，国・地方の行財政の隅々にまで深い関連をもっている。

9)　この第3原則は，第2原則と相反することを求めている。言い換えれば，伸張性原則は，長期的な観点から，需要の所得弾力性値が1を上回るので，税収の所得弾

いても，地方団体の意思によって自らこれを増減しうる働きが必要である。このような働きは，自主財源たる地方税にこれを求めるべきものである。

（5）　負担分任原則

住民が地方団体の行政に要する経費を負担し合うということは，自治の基本として欠くことができないものである。このことから，広く一般住民が何程かでも，その地方団体の経費を分担するような税制が必要である[10]。地方税を負担するということは，地域社会の会費のようなものであるという考え方から生じている。

（6）　応 益 原 則

住民は，地方団体の行政，特にサービス行政の面から何らかの利益を受けているのが普通である。したがって，地方税には，こうした受益に応じて負担されるものがあってよい。また，地方自治の発展という意味においても，地方税のうちには，応益性のある租税があることが必要とされる。この応益性が要請されることに伴い，地方団体ごとに課税権の分別されやすいものであることも，同時に必要である。

要するに，国税では応能原則を重視するのに対して，地方税は応益原則を重視すべきだということを意味している。これは，国家には所得再分配機能という使命があるのに対して，地方団体にはそうした使命がないということに対応するものである。

（7）　自主性原則

地方税はまた，国民の担税力や負担の衡平などの観点から，国税と合わせて

力性値が1以上であることを要求している。これに対して，安定性原則は，短期的な観点から，需要の所得弾力性値1を維持するために，税収の所得弾力性値が1であることを要求している。このような観点の相違から，一見両者を組み合わせれば調和のとれた地方税体系になりそうに思える。しかしながら，地方税体系は中長期的に組み立てられるものであって，短期的観点はそう意味をなさないのである。

10)　ちなみに，負担分任原則は，応益原則の原型または特殊形態とも考えられる。具体的には，住民税に均等割が設けられていることや，個人住民税所得割の課税最低限が所得税より低く設定されていること，などに体現されている。詳しくは，第3章第1節2を参照のこと。

全体として体系づけられていなければならない。地方税法は，地方団体の課税権に一定の枠をはめたものであり，地方団体は，その枠の中で税種の選択も税率の決定も，それぞれの地方議会の議決を経て税条例により，それぞれの税制を設けている。したがって，住民の要求する行政内容によっては，地方団体間で，税負担が相違することもありうる。

　しかし，実際には，自主性原則が尊重されているとはいえない。なぜなら，地方税を自由に課税させてしまうと，国税の税源利用可能性が制限されてしまうからである。つまり，多額な収入をもたらす税目を，国税に確保しておくためである。

3　地方税に適する税目

　平成12年の中期答申では，「地方税の充実確保を図る際には，所得・消費・資産などの間における均衡がとれた国・地方を通ずる税体系のあり方等を踏まえつつ，税源の偏在性が少なく税収の安定性を備えた地方税体系を構築することが重要です」と，その考えを明らかにしている[11]。そこでは，図表1に表示したように，安定性と普遍性という2つの地方税原則を重視し，基幹税目について検討している。

図表1　地方の基幹税目

税　　目	租　税　の　性　格	安定性	普遍性
個人住民税	地域住民による地域社会の費用の負担分任	○	○
法人住民税	地域の構成員である法人による地域社会の費用の負担分任		
法人事業税	事業活動と行政サービスの受益関係に着目した企業課税	(○)	
地方消費税	消費に広く負担を求める消費課税	○	(○)
固定資産税	資産保有と行政サービスの受益関係に着目した資産課税	○	○

（注）1．安定性・普遍性に合致するものを○で示している。
　　　2．なお，法人事業税（外形標準課税）は安定的であり，地方消費税（清算後）は普遍的である。
（出所）　税制調査会『わが国税制の現状と課題―21世紀に向けた国民の参加と選択―答申』62頁（2000年）に基づき，筆者が作成。

---

11)　税制調査会・前掲注3）62頁。

　まず，政府税調は，「地方税の基幹税目の中では，個人住民税や固定資産税は，安定的で税収の変動が少なく，どの地方公共団体（地方団体）にも税源が広く存在し，その偏在が少ないという性格を持っており，また，地方消費税は，清算を行うことにより，同様の特徴を有しています。個人住民税は地域住民が地域社会の費用の負担分任の原則の下に負担する税であり，受益と負担の明確化という観点や自治意識の涵養という点からその充実が望ましい」として，個人住民税，固定資産税そして地方消費税が適格な税目だとしている[12]。

　さらに，政府税調は，「都道府県の基幹税目である法人事業税への外形標準課税の導入は，地方分権を支える安定的な税源の確保，応益課税としての税の性格の明確化，税負担の公平の確保，経済の活性化，経済構造改革の促進等の重要な意義を有する改革です」と述べ，外形標準課税もまた，地方税に適格な税目だとする[13]。したがって，地方税の適格性は，個人住民税，固定資産税，地方消費税そして外形標準課税にあり，法人住民税は不適格であるということになる。しかし，法人住民税は，果たして，不適格な税目だといえるのだろうか[14]。この点について，以下では，整理・検討を加える。

4　法人住民税の適格性

　都道府県別の地方税収をみると，図表2に表示したように，地方消費税（清算後）では最大県と最小県の格差は1.2倍しかなく，人口1人当たり税収額の指数90以上は46団体（構成比97.9%）である[15]。また，固定資産税でも，格差

---

12)　税制調査会・前掲注3）62頁。
13)　税制調査会・前掲注3）63頁。
14)　もちろん，複数の地方団体にまたがって活動する法人に対する課税は，地方税には馴染みにくいところがある。なぜなら，複数の地方団体による多重課税を避けるためには，現行の国際課税におけるような二重課税排除措置を設けるとか，あるいは，本店・支店ごとに独立の所得計算を行わなければならないからである。しかし，いずれも，かなり非現実的な方法である。唯一現実的な方法としては，課税ベースの人為的な分割・配分により，本店・支店ごとに法人所得税を課することが考えられる。これは，まさに，現行の法人税割の方式である。
15)　ちなみに，地方消費税を創設するにあたって，最終消費地と課税地の不一致を解

9

は2.3倍であり，23団体（49.0％）が指数90以上に入っている。これに対して，個人住民税では，格差は2.5倍に達し，指数90以上は15団体（31.9％）のみである。さらに，法人住民税および法人事業税（地方法人二税）では，格差は5.9倍にのぼり，6団体（12.8％）が指数90以上に入っているにすぎない[16]。

このような状況から考えると，安定性と普遍性については，地方消費税や固

図表2　人口1人当たり税収額の指数の分布状況（令和3年度決算）

指　　数	地方税収計	個人住民税	地方法人二税	地方消費税（清算後）	固定資産税
40〜49	―	―	1団体	―	―
50〜59	―	―	7団体	―	―
60〜69	―	5団体	11団体	―	1団体
70〜79	15団体	14団体	8団体	―	12団体
80〜89	11団体	13団体	14団体	1団体	11団体
90〜99	16団体	10団体	1団体	21団体	16団体
100〜	5団体	5団体	5団体	25団体	7団体
最大／最小	2.3倍	2.5倍	5.9倍	1.2倍	2.3倍
決　算　額	41.4兆円	12.8兆円	6.4兆円	6.2兆円	9.3兆円

（注）1．47都道府県の人口1人当たり地方税収額の指数（全国平均＝100）の分布状況を示している。
　　2．地方税収計の税収額は，超過課税，法定外普通税および法定外目的税を除いたものである。
　　3．個人住民税の税収額は，個人道府県民税と個人市町村民税の合計額であり，超過課税分を除く。
　　4．地方法人二税の税収額は，法人道府県民税，法人市町村民税および法人事業税の合計額であり，超過課税分を除く。
　　5．固定資産税の税収額は，都道府県分を含み，超過課税分を除く。
（出所）総務省『令和5年版地方財政白書』34頁（2023年）に基づき，筆者が作成。

消し，消費税の性格との整合性を図る観点から仕組まれたのが，地域間清算システム（清算制度）である。具体的には，各都道府県に払い込まれた地方消費税の納付額の合計額から国に支払う徴収取扱費を減額した額を，自都道府県を含む47都道府県のそれぞれの「消費に相当する額」に応じて按分することにより清算される（地法72の114）。

16）　総務省『令和5年版地方財政白書』34頁（2023年）。

定資産税が比較的それに対応している。個人住民税は両税に比べると，その程度はやや落ちるものの，地方法人二税に比べて安定性と普遍性は高いといえる。ただ，個人住民税に関しては，負担分任性が，また，地方法人二税，とりわけ法人事業税に関しては応益性が強調されてきたのも事実である。

　地方税は，地方の行政サービスを賄う重要な財源の1つである。地域住民の立場からいうと，地方税を納めコストを負担し，地方の行政サービスを購入することになる。言い換えれば，地方税は，行政サービスの対価である。国税とは別に，地方税が独自に存在する理由は，かかる点に求められる。行政サービスの対価という性格から，地方税は，一般に利益説に従って課税される。政府税調も，「地方税については，負担分任性や応益性を有する税制が望ましい」との立場にたっている[17]。

　利益説の考えが最もはっきり表示されているのは，法人にも住民税の納税義務を課したことである。にもかかわらず，政府税調は，法人住民税を地方税に適した税目とはしていない。たしかに，安定性と普遍性を重視すれば，法人住民税は不適格ということになるのかもしれない。しかし，法人住民税は，源泉地主義による個人住民税とも考えられ，住所地主義の欠点を補うものである[18]。個人住民税が地方税に適する税目であるならば，補完税である法人住民税もまた，地方税に適しているということができるはずである。

---

17)　税制調査会・前掲注3) 58頁。なお，利益説とは，租税は国や地方団体から各人が受ける保護や利益の対価として支払うものであり，その負担は公的な保護や利益の大きさに比例して配分されなければならない，という考え方である。この学説によると，租税の公平負担は，各人が受ける公的な保護や利益の大きさに応じて課税されるときに実現することになる。これが，応益原則である。これに対して，義務説とは，租税を納付することは国家の構成員である国民の義務である，という考え方である。この学説によると，税負担は，各人の受ける行政サービスの利益とは一応切り離して，各人の担税力に応じて配分されなければならない，ということになる。これが，応能原則である。

18)　詳しくは，第1章第1節3を参照のこと。

5 平成の地方税収額の推移

　平成元年度を振り返ると，当時の日本は，名目的には非常に豊かだった。日本の国内総生産（GDP）は427兆2,715億円で，世界のGDPの1割強を占め，純債権残高をみると最大の債権国となっていた。その後，バブル経済の崩壊，金融機関の破綻が相継いだ平成の金融危機，リーマン・ブラザーズ破綻に端を発した世界金融危機など激動の20年をたどった[19]。

　平成30年度の日本経済は，アベノミクスの取組の下，同24年末から緩やかな回復を続けており，GDPは548兆1,216億円で，過去最大を記録した。とはいえ，GDPは，昭和34年度からの30年間で27.6倍となったが，平成の30年間では1.3倍にすぎない。これを反映して，地方税収額は，昭和の30年間で49.3倍となったが，平成の30年間では1.2倍にすぎず，税制が財源調達機能を失った時代であったといえる。

（1）　道府県税の収入状況

　平成元年度の道府県税収入額は14兆7,541億円で，前年度（13兆8,775億円）と比べると8,766億円，6.3％増加しており，この伸び率は前年度（15.8％増）を大幅に下回っている。その税目別内訳は，事業税が6兆5,480億円で44.4％と最も大きな割合を占め，道府県民税4兆3,369億円（構成比29.4％）がこれに次いでおり，両税で道府県税総額の73.8％を占めている[20]。

　道府県民税については，個人分（2兆3,153億円）は7.6％減（前年度2.8％増）と16年ぶりに減少に転じ，法人分（1兆1,465億円）も1.3％減（同14.9％増）と3年ぶりに減少に転じたものの，利子割（8,751億円）が課税対象期間の平年度化等により147.4％と大幅に増加した。この結果，道府県民税全体では，7.9％増（前年度16.6％増）と15年連続して増収となっている。

　一方，平成30度の道府県税収入額は18兆3,280億円で，前年度（18兆3,967億円）と比べると687億円，0.4％減（前年度1.6％増）と7年ぶりに減少に転じ

---

19)　内閣府編『令和2年版経済財政白書』293頁（2020年）。

20)　自治省編『平成3年版地方財政白書』47頁（1991年）。

図表3　平成の道府県税の推移

年度	道府県税	道府県民税	事業税
元	14兆7,541億円（—）	4兆3,369億円（29.4％）	6兆5,480億円（44.4％）
5	13兆8,779億円（5.9％減）	4兆7,997億円（34.6％）	4兆8,239億円（34.8％）
10	15兆3,195億円（3.8％増）	3兆6,516億円（23.8％）	4兆4,825億円（29.3％）
15	13兆6,931億円（7.2％減）	3兆2,734億円（23.9％）	3兆8,458億円（28.1％）
20	17兆9,280億円（21.5％増）	6兆2,387億円（34.8％）	5兆4,194億円（30.2％）
25	14兆7,739億円（0.1％増）	5兆9,432億円（40.2％）	2兆8,552億円（19.3％）
30	18兆3,280億円（24.2％増）	5兆6,976億円（31.1％）	4兆4,505億円（24.3％）

（注）1．道府県税は，収入額（対平成元年度比）である。

　　　2．道府県民税・事業税は，収入額（構成比）である。

（出所）　自治省編『平成3年版地方財政白書』230頁（1991年）等に基づき，筆者が作成。

ている。その税目別内訳は，道府県民税が5兆6,976億円で31.1％と最も大きな割合を占め，次いで地方消費税が4兆8,155億円（構成比26.3％）となっており，両税で道府県税総額の57.4％を占めている[21]。

　道府県民税については，法人分（8,349億円）が9.5％増（前年度1.2％増）と3年連続して増収となったものの，個人分（4兆8,069億円）が9.6％減（同4.4％増），利子割（558億円）が5.9％減（同33.4％増）とそれぞれ2年ぶりに減少に転じた。この結果，道府県民税全体では，7.2％減（前年度4.2％増）と2年ぶりに減少に転じている。

　道府県税収入額は，平成の30年間で1.2倍となったものの，法人道府県税は27.2％減少している。道府県税制度の大きな変更をいえば，資本金1億円超の法人を対象として，外形基準の割合を4分の1とする外形標準課税が，平成16年度から法人事業税に適用されたことである。いま1つは，地方税源の充実を図る観点から，平成9年度から地方消費税が導入されたことである。

　（2）　市町村税の収入状況

　平成元年度の市町村税収入額は17兆410億円で，前年度（16兆2,394億円）と

---

21)　総務省『令和2年版地方財政白書』43頁（2020年）。

比べると8,016億円，4.9％増加したものの，その伸び率は前年度（6.7％増）を下回っている。その税目別内訳は，市町村民税が9兆2,750億円で54.4％と最も大きな割合を占め，固定資産税5兆6,877億円（構成比33.4％）がこれに次いでおり，両税で市町村税総額の87.8％（前年度85.1％）を占めている[22]。

市町村民税については，法人分（3兆3,519億円）の伸び率は前年度（16.4％増）を下回り，12.4％増にとどまった。一方，個人分（5兆9,231億円）の伸び率は7.1％増となっており，前年度（4.8％増）を上回っている。この結果，市町村民税全体では，8.9％増（前年度8.6％増）と32年連続して増収となっている。

図表4　平成の市町村税の推移

年度	市町村税	市町村民税	固定資産税
元	17兆410億円（―）	9兆2,750億円（54.4％）	5兆6,877億円（33.4％）
5	19兆7,134億円（15.7％増）	9兆7,024億円（49.2％）	7兆5,807億円（38.5％）
10	20兆6,027億円（20.9％増）	8兆8,158億円（42.8％）	9兆952億円（44.1％）
15	18兆9,726億円（11.3％増）	7兆6,366億円（40.3％）	8兆7,669億円（46.2％）
20	21兆6,305億円（26.9％増）	10兆1,969億円（47.1％）	8兆8,763億円（41.0％）
25	20兆6,004億円（20.9％増）	9兆1,720億円（44.5％）	8兆6,526億円（42.0％）
30	22兆4,235億円（31.6％増）	10兆5,324億円（47.0％）	9兆832億円（40.5％）

（注）1．市町村税は，収入額（対平成元年度比）である。
　　　2．市町村民税・事業税は，収入額（構成比）である。
（出所）　自治省編『平成3年版地方財政白書』236頁（1991年）等に基づき，筆者が作成。

一方，平成30度の市町村税収入額は22兆4,235億円で，前年度（21兆5,077億円）と比べると9,158億円，4.3％増（前年度1.1％増）と3年連続して増収となっている。その税目別内訳は，市町村民税が10兆5,324億円で47.0％と最も大きな割合を占め，次いで固定資産税が9兆832億円（構成比40.5％）となっており，両税で市町村税総額の87.5％を占めている[23]。

---

22)　自治省・前掲注20）48〜49頁。
23)　総務省・前掲注21）45〜46頁。

　市町村民税については，個人分（8兆1,056億円）が8.5％増（前年度1.4％増）と7年連続して増収となり，法人分（2兆4,268億円）が9.1％増（同0.7％増）と引き続き増加している。この結果，市町村民税では，8.6％増（前年度1.3％増）と3年連続して増収となっている。

　市町村税収入額は，平成の30年間で1.3倍となったものの，法人市町村税は35.6％減少している。市町村税制度の大きな変更をいえば，平成18年度税制改正により，国・地方の三位一体改革の一環として，所得税から個人住民税への3兆円規模の本格的な税源移譲が実施された[24]。一方で，平成26年度税制改正により，法人税割の税率を引き下げて国税「地方法人税」を創設し，その税収全額を「交付税及び譲与税配付金特別会計」の歳入とし，地方交付税の原資とされたことである[25]（特別会計法23一イ，地方交付税法6）。

（3）　地方法人税の創設

　地域間の税源の偏在性を是正し財政力格差の縮小を図ることを目的として，平成26年度に創設された地方法人税は，さらに，平成28年度税制改正により，消費税率10％段階において，法人税割の税率引下げに併せて，地方法人税の税率を10.3％（改正前4.4％）に引き上げている[26]。地方法人税の基本的なしくみは，つぎのとおりである。

---

24)　財務省『平成18年度税制改正の大綱』1頁（2005年）。

25)　財務省『平成26年度税制改正の大綱』73～74頁（2013年）。なお，地方交付税とは，「所得税，法人税，酒税及び消費税のそれぞれの一定割合の額並びに地方法人税の額で地方団体がひとしくその行うべき事務を遂行することができるように国が交付する税」をいい，国からの財源移転でありながらも，地方が共有する固有財源と考えられている（地方交付税法2一）。三位一体の改革以来，地方からは「地方交付税が地方の自主財源であることを明確化するため，国の一般会計を通さず，『地方共有税』として特別会計に直接繰り入れ等を行う方式に改めること」が求められていた。現行の地方交付税は，その原資が国の一般会計に入り，そこから特別会計に回る。地方共有税であれば，原資は特別会計に直入される。一般会計を管轄する財務省の関与を排除することで財源の固有化を図るのが，その狙いである（佐藤主光『地方税改革の経済学』239頁（日本経済新聞出版社，2011年））。

26)　財務省『平成28年度税制改正の大綱』45頁（2016年）。

イ　納税義務者

　　法人税を納める義務がある法人が，地方法人税の納税義務者となる（地法法4）。

ロ　課税対象

　　法人の各事業年度（課税事業年度）の基準法人税額が，地方法人税の課税対象とされる[27]（地法法5，7）。

ハ　課税標準

　　法人の各課税事業年度の基準法人税額（課税標準法人税額）が，地方法人税の課税標準とされる（地法法9）。

ニ　税額の計算

　　地方法人税額は，各課税事業年度の課税標準法人税額に10.3％の税率を乗じて計算した金額である[28]（地法法10①）。

　　所得に対する法人税額＋課税留保金に対する法人税額

　　　　　　　　　　　　　＝課税標準法人税額（1,000円未満切捨て）

　　課税標準法人税額×10.3％－税額控除額

　　　　　　　　　　　　　＝地方法人税額（100円未満切捨て）

ホ　申告納付

　　法人は，原則として，各課税事業年度の終了の日の翌日から2月以内に，税務署長に対して「地方法人税確定申告書」を提出しなければならない（地法法19①，地法規5）。また，法人税の中間申告書を提出すべき法人は，課税事業年度開始の日以後6月を経過した日から2月以内に，税務署長に対して「地方法人税中間申告書」を提出しなければならない[29]（地法法16①，17①，

---

27)　基準法人税額とは，①各事業年度の所得金額につき，所得税額控除，外国税額控除および仮装経理に基づく過大申告の場合の更正に伴う法人税額の控除に関する規定を適用しないで計算した法人税額（附帯税を除く）や，②各事業年度の退職年金等積立金に対する法人税額（附帯税を除く）をいう（地法法6）。

28)　もちろん，法人税について外国税額控除の適用を受ける場合で，控除対象外国法人税額が法人税の控除限度額を超えるときは，地方法人税についても外国税額控除の適用を受けることができる（地法法12①，地法令3）。

16

地法規2，4）。そして，法人は，これらの申告書の提出期限までに，地方法人税額を国に納付しなければならない（地法法20①，21①）。

（4）　法人住民税の存在意義

かくして，偏在是正策については，従来から，「国の消費税の一部を地方消費税にする一方で，地方法人二税の一部を同額国税化する，いわゆる税源交換を基本に検討するべき」との提言がなされていた[30]。税源交換を行った場合，地方法人二税の税収が多い地方団体では地方法人二税の税収が減少する一方で，地方消費税が充実するため，全体として偏在度が小さく安定的な地方税体系が構築される。その意味では，地方消費税の税率引上げを踏まえ，法人住民税の一部の交付税原資化が図られたことは，一定の評価が与えられよう[31]。

しかしながら，法人住民税は，地域の構成員である法人が，地方団体から産業集積に伴う社会資本整備などの行政サービスの提供を受けていることに対する応益負担であり，格差是正だけに着目した税源の見直しは極力避けるべきであろう。地方税の充実を図っていくにあたっては，税源の偏在性が少なく，税収の安定性を備えた地方税体系を構築するという観点から，地方消費税と並んで個人住民税が大きな柱になるものと考えられる。それに伴い，個人住民税の補完税としての法人住民税の存在意義は，高まることはあっても低まることはないものと思われる。

---

29)　もし仮に，法人が中間申告書を提出しなかった場合には，その提出期限において，税務署長に対して当該申告書の提出があったものとみなされる（地法法18）。

30)　地方財政審議会『地方公共団体間の財政力格差の是正についての意見』4頁（2007年）。

31)　もちろん，地方交付税に繰り入れられる国税は，本来であれば地方税で課税すべきではあるけれども，地方税で課税すると地域間格差が大きくなる租税に限定すべきである。そうだとすれば，消費税は地方交付税から除外し，地方消費税へ税源移譲を増やすことが望ましい。このように，税源移譲を推進すると同時に，地方交付税の対象税目も再検討されてもよい。しかし，地方交付税の規模は縮小するにしても，財源保障機能は存在するし，財政力の格差是正は強化されなければならない（神野直彦＝池上岳彦編『地方交付税何が問題か：財政調整制度の歴史と国際比較』254頁〔神野＝池上〕（東洋経済新報社，2003年））。

もっとも，令和3年度の住民税の収入状況をみると，住民税の収入額15兆8,537億円のうち，法人分は2兆4,680億円（構成比15.6%）にすぎない。だからといって，住民税制度において，法人の果たす役割が重要でないわけではない。個人住民税13兆3,857億円のうち，特別徴収の個人住民税（特徴分）が6兆8,288億円（51.0%）で，法人等が特別徴収義務を負っている[32]。このためにも，法人に係る住民税（法人分＋特徴分）の制度の理解と，その適正な運用が強く要請される。

　そこで，次章以下では，法人に係る住民税の基礎理論と基本問題について，テーマ別に整理・検討することにしたい。第1章は「法人と住民税」を，第2章は「納税義務者」を，第3章は「均等割」を，第4章は「法人税割」を，第5章は「申告納付と更正・決定」を，第6章は「特別徴収義務者」を，それぞれテーマとして取り上げている。

---

32)　総務省・前掲注16）33頁，同『令和3年度市町村税課税状況等の調』（令和4年4月），同『令和3年度道府県税の課税状況等に関する調』（令和5年3月）。

第1章　法人と住民税

chapter 1

　住民税は，地方団体がその住民のほか，その地方団体と何らかの密接な関係
をもっている個人および法人に対して，広く課する地方税である。その基礎に
ある思想は，負担分任―地方団体の住民等は，当然に，その経費を分任しあう
べきだ―という考え方である。住民税には，個人住民税と法人住民税があり，
いずれも道府県民税と市町村民税からなっている。

第1節　法人住民税の沿革と現代的意義

　法人住民税は，元来，戦後の税制の出発点をなすシャウプ勧告において予定
されていなかったが，シャウプ税制の変容の過程において発達してきた税目で
ある。住民たる法人に対して，負担分任の観点から，税負担を求める法人住民
税は，今日では地方税の基幹税目の1つとなっている。

1　法人住民税の成り立ち

　住民税の萌芽は，明治11年の府県税戸数割に見出すことができる[1]（地方税
規則1）。当時の戸数割は，従来の慣行により，区町村に配賦課税され，区町
村は種々の要素を勘案し，見立てによって課税していた。戸数割の本質は，補
完税たることにある。弾力性に富む半面，合理性を欠くことを免れなかった。

---

1)　さらに，徳川時代の旧慣，町村入用の割付にまで遡るという見解もある。

その後，人税に変じた府県税戸数割は，大正10年に賦課方法が合理化され，所得額，住家坪数または資産の状況などにより，その資力を算定して課税することに改められた[2]（府県税戸数割規則1～3）。しかしなお，戸数割は，資産の状況や住家坪数を課税標準とする見立て税であり，細民重課の悪税として非難の的になっていた[3]。

昭和15年の改正において，大正15年に府県税として創設された家屋税が国税に移されると同時に，戸数割が廃止され，新たに市町村民税が設けられることになった[4]。これが，住民税の設けられた最初である[5]。シャウプ税制の施行当時の地方財政委員会事務局長，荻田保氏は，「明治の初め以来，戸数割と名付ける所得税が，地方税，殊に市町村税の中枢をなしていたが，昭和15年の改正に際し，物税本位とする建前からと，その負担が余りにも不均衡であった点に鑑み廃止せられ，ただ負担分任の精神を表現し得る税目を地方税に残しておく趣旨により，極めて低額の，むしろ人頭割的の市町村民税を設けた」と，その創設の経緯を説明している[6]。

創設期の市町村民税は，立案担当者においては，専ら負担分任の精神を示す制度として位置づけられていた。当時は，「市町村内ニ事務所又ハ営業所ヲ有

2) この制度の整備は，戸数割に対して，はじめて統一的な近代的規制が加えられたものであり，市町村に対する法的規制も強化された（府県税戸数割4～10）。
3) たとえば，行判大正14年4月24日行録36集266頁，行判昭和7年3月12日行録43集138頁，行判昭和12年12月21日行録48集552頁，行判昭和13年6月9日行録49集365頁など，多くの戸数割に関する訴えがあった。
4) 大正15年の地方税制整理において，府県税戸数割を市町村に移譲する代わりに，従来主として都市で行われた家屋税を廃止し，府県税として全国同一の課税標準（賃貸価格）による家屋税として設けられていた（地方税ニ関スル法律1～5）。なお，戸数割は，昭和15年に廃止されるまで，市町村財政における主要な財源の1つを構成していた。
5) ただし，法律自体は，納税義務者，賦課期日および賦課額の制限を定めるのみで，細目の課税方法は，市町村条例をもって定めるべきものとされた。
6) 荻田保『地方財政講義』144頁（学陽書房，改訂新版，1955年）。背景に，所得課税の大部分を国の税収として吸収せざるを得ない，戦後下財政の要求があったことは否定できない。

スル法人」に対して、「其ノ事務所又ハ営業所毎ニ市町村民税ヲ課ス」もので
あった（昭和15年法64）。したがって、同一の市町村内に複数の「事務所又ハ営
業所ヲ有スル法人」は、法人格を有する主体としては1個であっても、納税義
務者としては、その市町村内に所在する「事務所又ハ営業所」の数だけ、複数
の納税義務を負っていた。どのような単位で、「事務所又ハ営業所」の数を数
えたかなど、技術的問題もあったと思われるが、このようにして法人住民税は
始まったのである。

　昭和21年の改正により、府県の独立税として、新たに府県民税が設けられ
た。府県民税は、市町村民税に準ずるものとされた[7]。府県民税の納税義務者
は、市町村民税の納税義務者と全く同一で、「府県内ニ事務所又ハ営業所ヲ有
スル法人」に対して、「其ノ事務所又ハ営業所毎ニ府県民税ヲ課ス」ものとさ
れたのである（昭和21年法48の2）。

　府県民税は市町村民税と同様、個人のみならず、法人をも納税義務者として
おり、戸数割と同じように、多くの税収を必ずしも期待することなく、できる
限り多くの住民に人税を賦課し、いわば住民としての財政的責務を果たさせる
べきだという考え方に基づくものであった[8]。このような状態が昭和24年ま
で続き、シャウプ税制を迎えることになる。昭和25年以降の住民税は、戸数
割および昭和15年創設期の市町村民税とは性格を相当程度異にする。

2　シャウプ税制と法人住民税

　昭和24年のシャウプ勧告は、法人擬制説にたって、「法人は住民税を課税さ

---

7)　府県民税創設の理由としては、府県には直接課徴の人税がなく、したがって、土
　地をもたず営業を営まない府県住民は、府県税を納付しない。しかしこれは、府県
　の民主化・自主化からみて好ましくなく、府県の費用負担を分任することにより府
　県自治に関心が増し、住民の府県政参加の空気が醸成されることがあげられる。
8)　主として人的側面に着目して課される租税—たとえば、所得税や相続税など—を
　人税（主体税）といい、納税者の人的事情が考慮されることが多い。これに対して、
　主として物的な側面に着目して課される租税—たとえば、固定資産税や消費税など
　—を物税（客体税）といい、人的事情は一般に考慮の外に置かれる。

れるべきでない」と提言した[9]。ところが，課税対象については，法人も納税義務者とすべしという意見が相当有力に行われた[10]。もっとも，関西経済連合会等は，シャウプ勧告の趣旨に反するから，法人は市町村民税の納税義務者にすべきでないとの反対論を唱えた[11]。しかし結局，昭和25年の改正により，均等割だけは，法人もまた，市町村の構成員なりとの考えの下に，個人より高い額を課することになった。昭和25年の地方税法に法人税割が含まれなかったのは，シャウプ勧告の法人擬制説の論理的帰結であった[12]。

当初は，「市町村内に住所を有する個人」，「市町村内に事務所，事業所又は家屋敷を有する個人で当該市町村内に住所を有しない者」および「市町村内に事務所又は事業所を有する法人又は法人でない社団若しくは財団で代表者若しくは管理人の定のあるもの（法人等）」を納税義務者とし，法人等に対しては，「その事務所又は事業所」ごとに均等割のみを課税するものであった（昭和25

---

9) シャウプ使節団『シャウプ使節団日本税制報告書』185頁（連合国最高司令官本部，1949年）。法人とは，結局，法人に出資する投資家である個人の集合に帰せられるとするのが，いわゆる「法人擬制説」である。この学説においては，法人をフィクションにすぎないものとみる。これに対して，「法人実在説」というのは，法人とは個人の集合なのではなく，個人とは独立して社会的に影響力をもった実体であるとして理解する考え方である。この学説によると，法人自体について公平性の議論をすることができるし，個人と同様，法人にも累進課税をするという主張も簡単にできる。しかし，個人とは異なり，法人は分割や合併ができるから，法人実在説を基礎として法人税制度を設計することは，適当ではないと考えられる。

10) シャウプ勧告は，地方税にはむしろ応益原則を基礎とした税種が適当だという考え方に基づき，都道府県に付加価値税を，市町村に固定資産税を基幹的税目とした。この点からみて，法人市町村民税均等割の導入は，シャウプ勧告の法人擬制説的な考え方と何ら矛盾するものではない。

11) たとえば，旧民法34条法人（公益法人），学校法人および宗教法人は，課税対象から除外すべきだとの要請（文部省）や，生活保護による生活扶助を受ける者以外に，国または地方団体による生活救済事業に使用されるものは除外すべきだという意見（労働省総務課長）もあった。さらに，自由党では，協同組合は法人単位に課税し，支部（事務所）は非課税とするという，中島委員長試案をたてた。

12) シャウプ勧告が法人擬制説を採用した理由は，必ずしも明らかではない。しかし，おそらく，近代的な資産市場の育成と企業の近代化を目的としたものであったと思われる。

図表5　昭和25年当初の法人住民税の税率

区　　　分	均　等　割	法人税割
人口50万以上の市	2,400円（4,000円）	
人口5万以上50万未満の市	1,800円（3,000円）	―
上記以外の市町村	1,200円（2,000円）	

（注）　各税率は，標準税率（制限税率）である。
（出所）　地方財務協会編『地方税制の現状とその運営の実態』354頁（2003年）
に基づき，筆者が作成。

年法294）。

　法人市町村民税均等割は，納税義務者である法人等の状況に関係なく，市町村の人口規模のみに着目するもので，個人住民税と同様の考え方が採用されていた。すなわち，法人住民税の均等割額は，図表5に表示したように，人口によって，人口50万以上の市で標準税率2,400円（制限税率4,000円），人口5万以上50万未満の市で1,800円（3,000円），その他の市町村で1,200円（2,000円）とする3段階の税率区分を採用したのである[13]（昭和25年法321①・②）。

　翌26年には，法人税額を課税標準として，標準税率15％（制限税率16％）とする法人税割も課税されるようになった[14]（昭和26年法294，310⑤）。荻田氏に

13)　ちなみに，当時の個人住民税は，所得割の標準税率18％（制限税率20％）であり，均等割は，人口50万以上の市で標準税率800円（制限税率1,000円），人口5万以上50万未満の市で600円（750円），その他の市町村で400円（500円）とする3段階の税率区分であった（昭和25年法311①・②，313①）。なお，標準税率とは，「地方団体が課税する場合に通常よるべき税率でその財政上その他の必要があると認める場合においては，これによることを要しない税率」をいう（地法1①五）。標準税率を定める税目については，併せてそれ以上の税率で課税してはならないという，上限の制限税率が定められている。したがって，地方団体は，標準税率と制限税率の間の税率を採用することになる。ただし，ある税目について標準税率を下回る税率を定め，他の税目について標準税率を超える税率を定めることは，違法と解される。また，標準税率と異なる税率を設けようとする場合においても，税率構造について，地方税法で定められている構造と同様にしなければ違法となる。

14)　ちなみに，法人税法は，「地方公共団体（地方団体）は，法人税の附加税を課することができない」（法法158）と規定している。だが，法人税割は，法人税の附加税の性質をもつ。そのため，地方団体が法人税の附加税を課することを禁じた法人税法158条は，空文化している。

よれば，昭和25年の新税制では，「均等割だけは，法人もまた市町村の構成員なりとの考えの下に個人より高い額を課することにしたが，従前の市町村民税の負担に比較すれば，個人が急激に上ったのに対し，法人は激減したのである。このことは一般の感情に即せず，また，所得税においては，法人の二重課税を避けるため配当の2割5分税額を控除することになっており，この分が市町村民税では漏れることになる」ので，法人税割を復活することになったと説明される[15]。

　つまり，法人税割創設の理由は，シャウプ勧告そのものにも内在していた。それは，第2次シャウプ勧告が指摘する配当控除の市町村民税の課税漏れを改め，個人と法人の課税上の不均衡を是正するためであった[16]。当時，わが国においては，むしろ法人実在説的な考え方が一般的であり，個人と法人の間における市町村民税負担の激変は，必ずしも一般の理解を得ることができなかった。一般的には，法人にも相当の市町村民税を負担させ，個人と法人の間における市町村民税の負担の不均衡を是正すべきだとの考え方が，根強く存在していたのである。

　さらに，昭和29年度税制改正により，市町村民税の一部を都道府県に移譲し，個人道府県民税および法人道府県民税が創設された[17]。創設当時の道府県民税は，法人税割の標準税率5％（制限税率6％），法人の均等割の標準税率600円，所得割の標準税率5％，個人の均等割の標準税率100円の一定税率であっ

---

15)　荻田・前掲注6) 146頁。
16)　法人は，当期純利益から法人税等を支払った後の残額をもって配当利益を算出し，その一定部分を株主に配当金として配分するところ，株主が収得した配当金には配当所得として所得税が課されるから，これをそのまま放置しておくと，配当について法人段階と個人段階で所得課税の重複が生ずることになる。そこで，この重複課税を，株主の段階で，その受取配当の一定割合の金額を所得税額から控除することによって排除する趣旨で設けられたのが，配当控除である。
17)　背景には，シャウプ勧告による府県民税の廃止に伴い，都道府県においては住民が広く負担を分任する税種がなく，事業税など専ら都市に偏在している税源に依存していたため，農山漁村においては，都道府県から多くの行政上の利益を受けながら，みるべき税負担をしていない実情があった。

た（昭和29年法51①，52①）。その後，法人の均等割の負担の合理化や法人税割の税率の変更などが行われたものの，法人税割と均等割の組合せによる法人住民税の制度は，昭和29年以来ほとんど変わらず，現在に至っている[18]。

3　都市財政と法人住民税

　このようにして，現行の住民税は，そのうちに個人分と法人分を含み，法人も個人と同様に，さまざまな利益を行政サービスから受けるとして，法人実在説の立場から，法人に賦課している。もちろん，法人自体は，投票権や参政権をもっていない。だが，多くの地方団体では，各種の委員会や審議会に産業界の代表として委員に加わってもらい，法人の意見や要望を行政や「まちづくり」に反映させることに努めてきた。したがって，地方法人所得課税は，利益説の立場にたち，各法人がその地域で経済活動を行うにあたって，地方団体から受ける便益に対して応分の負担を負うことは当然だという立場をとってきたのである。

　わが国の都市財政・地方財政は，経済発展の少ない地域—具体的には農村—の住民（夜間人口）を前提に，明治以来つくられている。ところが，大都市に集中していた人口と産業が周辺に拡散して，大都市周辺にこれまでより一層規模の大きい都市群を形成し，大都市を核としながら，それらの都市の間に有機的な関連をもつ1つの大都市圏といわれる地域を作り上げるに至った。現在の都市の人口状態は，明治期のそれとは非常に変化し，極度に流動化しており，昼間人口と夜間人口の差が一層ひらいている。

　令和2年国勢調査の結果によると，全就業者数6,500万人のうち，他市区町村で従業する就業者数は2,931万人で，その割合は45.1％にのぼる。たとえば，大阪市の場合，夜間人口275万人に対して，昼間人口365万人になっており，昼夜人口比率は132.7％である。その個人は，昼間と夜間で，2つの市町村から，行政サービスの便益を受けることになる。応益関係は，住所地（夜間）の

18）　均等割の変遷については，第3章第1節1を参照のこと。

ほか，従業地（昼間）との間にも派生しているのである[19]。

　このような都市地域では，住民の地域間の移動，昼間流動，そして企業活動や経済活動の広域性によって，行政サービスもまた，行政区域の境界を越えてスピン・オーバー（拡散）する。ところが，個人住民税は，地方団体内に「住所を有する個人」に対して，「均等割額及び所得割額の合算額」によって課税される（地法24①一，294①一）。この場合における住所とは，納税義務者本人の生活の本拠をいい，地方税法上その施行地を通じて1人1箇所に限られる[20]（取扱通知（市）2章6）。それゆえ，住所地と従業地が異なる地方団体の場合には，その個人は，従業地の地方団体から受ける便益に対して，応分の負担を負わないことになる。

　かつて，牛嶋正教授は，「厖大な昼間流入人口を受け入れている大都市は税源の分散と流入人口のもたらす特別の財政需要に遭遇するわけであるが，それに対処すべき新たな税目を設定するか，あるいは，大都市においてだけ住民税に一部源泉地主義を導入し，そこで所得を獲得するすべての個人に対して，超過課税の形で特別住民税を賦課することも考えられる」と主張した[21]。

　法人段階の課税による税負担も，究極的に個人に帰着するものと考え，しかも，税負担の個人への帰着の態様と，法人を介しての間接的便益の個人への帰属の態様とがほぼ一致する。とすれば，法人住民税は，従来いわれてきた意義に加えて，牛嶋教授の提唱する「特別住民税」の役割を果たすものとも考えられる。しかも，法人が納めなければならない住民税としては，法人住民税のほ

---

19)　総務省統計局『令和2年国勢調査従業地・通学地による人口・就業状態等集計結果の概要』3頁・9頁（2022年）。ちなみに，総務省の『令和2年度市町村決算カード』をみると，大阪市民税の個人分が2,199億円であるのに対して，法人分は1,094億円になっており，法人分が個人分の半分ある。ただ，政令指定都市全体では，法人分は，個人分の2割弱程度にすぎない。

20)　もちろん，地方団体内に「事務所，事業所又は家屋敷を有する個人」で，その地方団体内に「住所を有しない者」は，個人住民税の均等割の納税義務を負う（地法24①二，294①二）。だが，所得割については，複数の地方団体が課税することはない。

21)　牛嶋正『租税体系論』150頁（中央経済社，第4版，1985年）。

か，特別徴収の個人住民税がある。住民税制度において，法人の果たす役割は，現在でも大きいものと思われる。

第2節　法人と個人

法人住民税は，法人税の附加税であるため，法人税の納税義務者が法人住民税の納税義務を負う。法人税の納税義務の有無は，法人であるか否か，つまり，私法上「法人格」を有するか否かによって，基本的に決定される[22]。私法上「法人格」を与えられていない場合には，事実として何らかの組織体があったとしても，そのことは課税ルールの決定上は考慮されない[23]。したがって，法人でなければ，個人のみが租税法の眼にとられることになる。

1　法　　人

法人の定義は，租税法上なく，私法上の概念がそのまま妥当する，いわゆる「借用概念」である。民法では，権利義務の主体となりうる地位（法人格）は，

---

22)　わが国の法人税制度の基本的な骨格をみると，①対象となる法人が法人税の納税義務を負う。②法人からの利益の分配は，所得計算上損金に算入できない。③法人からの利益の配分は，株主等において配当として性質決定される。④法人は，株主等にマイナスの損失を分配することはできない。これらの4点が，私法上の法人格と結びついて，法人格をもつものは，直ちに法人所得課税の対象となる。

23)　たとえば，「民法上の組合（任意組合）」（民法667），「商法上の組合（匿名組合）」（商法535），投資事業有限責任組合（LPS）および有限責任事業組合（LLP）については，組合自体が納税主体とならず，各組合員が納税義務者となり，組合自体の課税はない。また，外国のLPSに対する課税も，通常はパススルー課税とされている。しかしながら，最高裁は，「（米国デラウェア州LPS法に基づく）各LPSは，自ら法律行為の当事者となることができ，かつ，その法律効果が本件各LPSに帰属するものということができるから，権利義務の帰属主体であると認められる」と述べ，米国のLPSは「所得税法2条1項7号等に定める外国法人に該当する」と判示しており，実態によっては法人課税とされる（最判平成27年7月17日民集69巻5号1253頁）。なお，LPSは，いわゆる「投資ファンド」のための事業体であり，最低1人の無限責任組合員を設けることを要求する。これに対して，LLPは，幅広く一般の共同事業に活用される事業体であり，組合員全員の有限責任を確保している。

個人（自然人）と法人（法律上の人格者）にのみ認められている。民法3条1項は、「私権の享有は、出生に始まる」と規定することで、自然人が出生によって、当然に権利能力を取得することを定めている[24]。

　一方、人の集合である団体（社団）や財産の集合体（財団）が権利義務の主体となるためには、法律の定める一定の要件を満たして、法人格の付与を受けなければならない。団体や財産の集合という社会実体があっても、当然には、法人格を取得しないのである。この点が、当然に法人格を取得する自然人とは異なる。

（1）　公益法人と一般法人

　公益法人とは、公益―不特定多数の者の利益を図ること―を目的とする法人をいう[25]。公益法人は、非営利部門の活動を担う代表的な主体として、これまで大きな役割を果たしてきた。反面、明治29年の民法制定以来、110年間抜本的な見直しが行われず、①主務官庁の許可主義の下、法人設立が簡便でなく、②公益性の判断基準が不明確であり、③公益性を時代に即して柔軟に見直すしくみがなく、④営利法人類似の法人が存在しているなど、公益法人制度に対する批判もあった。

　平成18年の公益法人制度改革では、主務官庁による許可主義を改め、法人格の取得と公益性の判断が分離された[26]。そのため、公益社団法人または公

---

24)　ちなみに、自然人の権利能力は出生に始まるから、出生以前の胎児は、一般に権利能力をもたない。ただ、例外として、「不法行為に基づく損害賠償」（民法721）、「相続」（民法886）および「遺贈」（民法965）に関しては、胎児はすでに生まれたものとみなされる。

25)　民法33条2項は、「学術、技芸、慈善、祭祀、宗教その他の公益を目的とする法人」を公益法人と定義している。ただし、「学術、技芸」関係では私立学校法が、「慈善」関係では社会福祉事業法が、「祭祀、宗教」関係では宗教法人法が、それぞれ特別法として成立している。民法上の公益法人は、主として「その他の公益」に関するものである。また、民法は、2種類の法人を規定している。このうち、社団法人とは、一定の目的のために、結合した人の集合を基礎とする事業体が法人となったものをいう。一方、財団法人とは、一定の目的のために、捧げられた一団の財産（目的財産）を基礎とする事業体が法人となったものである。

26)　許可主義は、主務官庁の許可によって設立するものであるが、成立を認めるかど

益財団法人（公益法人）は，まず，「一般社団法人及び一般財団法人に関する法律」（一般法人法）に準拠して，一般社団法人または一般財団法人（一般法人）を設立する（一般法人法3）。それから，「公益社団法人及び公益財団法人の認定等に関する法律」（認定法）に規定された「公益認定の基準」をクリアしなければならない[27]（認定法2，4）。

　一般法人法は，剰余金の分配を目的としない社団または財団について，その行う事業の公益性の有無にかかわらず，準則主義により簡便に法人格を取得することができる一般的な法人制度を創設し，その設立，組織，運営および管理について定めている。いわば，一般法人法は，公益法人も含めて，新制度による法人の要件と規律を定める基本法として位置づけられる。もっとも，公益法人の場合，その社会的役割にかんがみ，一般法人に求められる要件と規律に加えて，目的，事業，機関設計，役員の資格，情報公開，残余財産の帰属などが制限され，あるいは加重される。

（2）営利法人

　営利法人は，専らその構成員の経済的利益の追求を目的とし，法人の獲得した利益を利益配当その他のかたちで，最終的には構成員に分配する法人である。したがって，利益が最終的に構成員に帰属するので，営利社団法人は考えられるが，構成員が存在しない営利財団法人は考えられない。営利法人は，その事

うかは行政的裁量に委ねられる。この方式は，法人政策上一定の意味はある。しかし，それと表裏一体の関係にあった指導監督体制の問題が大きい。これに対して，準則主義とは，法定の要件を具備すれば，法人の設立が当然認められる方式をいい，要件が充足しているか否かは法人登記に際して審査（形式的審査）されるが，特定の所管庁による関与がない点で自由度が大きい。

27）　なお，認定法は，公益認定の基準として，18項目を規定している。主な公益認定の基準としては，①公益目的事業を行うことを主たる目的とするものであること，②公益目的事業に係る収入がその実施に要する適正な費用を償う額を超えないと見込まれること，③公益目的事業比率が100分の50以上となると見込まれるものであること，④遊休財産額が保有の制限を超えないと見込まれること，⑤配偶者・3親等内の親族等が理事総数の3分の1以内であること，⑥公益認定取消または合併により消滅する場合，公益目的取得財産残額を類似の公益団体，国・地方団体へ1月以内に贈与する旨を定款で規定すること，などである（認定法5）。

業活動を会社法の規定に準拠して設立され，株式会社がその典型例である。

　なお，法人の獲得した利益の分配の方法は，①剰余金配当―株主による出資金を財源の１つとして事業を行い，これにより会社が獲得した利益を株主に分配する方法―によると，②残余財産の分配―債務の弁済をなした後に，原則として各株主の有する株式数に応じて，会社の残余財産を株主に分配する方法―によるとを問わない。

　また，会社は，それ自体が利益を生じる事業を含まなければならない。したがって，「社会福祉への出費」，「永年勤続退職従業員の扶助」あるいは「会社及び業界の利益のための出費並びに政治献金」などを目的として，会社を設立することはできない。そのほか，税理士や弁護士などのように，一定の資格のある者に限って，その事業を行うことができるとされている事業を目的として，会社を設立することもできない。

2　法人の種類

　法人税割が「法人税額を課税標準として課する」ものであるため，法人税法における法人の分類が法人住民税においても意味をもつ（地法23①三，292①三）。法人税法上，法人の種類は，大きく内国法人と外国法人に分類される（法法２三・四）。内国法人には，公共法人，公益法人等，協同組合等，人格のない社団等および普通法人という５つがあり，一方，外国法人は，協同組合等を除く４つからなる（法法２五～九）。

（1）　内国法人と外国法人

　外国法人は，内国法人でない法人をいい，内国法人とは，日本法に準拠した組織を備え，かつ，国内に住所を有するものと解されている[28]。外国法人のうち，「国，国の行政区画及び商事会社」は，わが国においても，当然に権利能力の主体として認許される。しかし，これ以外の法人，殊に公益法人

---

28)　両者の区別の基準については，①内国法，外国法のいずれによって設立されたかを基準とするものと，②主たる事務所の所在地―住所の内外―をもって区分の基準とするものとに学説が分かれている。しかし，この両説は，結局，同一に帰する。

は，「法律又は条約の規定」によって特例を認められないかぎり，認許されない（民法35①）。外国の公益法人に対して，このような狭い態度をとったのは，①外国で公益と認められることも，わが国では，必ずしも公益と認められるとは限らないこと，②公益法人に対しては，もともと厳格な監督的態度をとっていること，などの理由によるものである。

　すなわち，法人税法は，内国法人を「国内に本店又は主たる事務所を有する法人」（法法2三）とし，外国法人を「内国法人以外の法人」（法法2四）と定義している。なお，外国法人には，協同組合等に該当する法人はなく，公共法人，公益法人等，人格のない社団等および普通法人という4つからなる[29]（法法2五・六・八・九）。また，外国法人が国内に事務所をもったときには，その事務所の所在地において登記することが必要とされる[30]（民法37①）。

　内国法人は，無制限納税義務者として，その源泉が国内にあるか国外にあるかを問わず，すべての所得について納税義務を負い，外国法人は，国内源泉所得についてのみ納税義務を負う（法法4①・③，5，9）。これは，諸外国でも一般的に採用されている課税制度のパターンである。所得の源泉の所在地に関する法原則を「ソース・ルール」と呼ぶ。ソース・ルールは，国によって異なるが，法人税法は恒久的施設（PE）に帰せられるべき所得などを源泉所得としている[31]（法法138一）。

（2）公共法人

　公共法人とは，法人税法「別表第1に掲げる法人」をいい，地方公共団体，

29）　外国において法人格を与えられていないものであっても，わが国の法人税法上，法人として扱われる場合がある。たとえば，権利能力なき社団は，明文の規定で法人とみなされるから，外国のものも含めて法人として扱われる（法法2八，3）。

30）　この場合，外国法人の本来の事業年度―たとえば，1月1日～12月31日―ではなく，その支店の登記日が開始事業年度の始期―たとえば，3月22日（登記日）～12月31日―となる。

31）　このほか，①国内にある資産の運用・保有から生ずる所得，②国内にある資産の譲渡から生ずる所得，③人的役務の提供事業の対価，④国内不動産の賃貸料等，⑤その他の国内源泉所得，などがある（法法138①二～六）。なお，恒久的施設（PE）については，第2章第8節を参照のこと。

各種の基金，公団，公庫および事業団などがこれに属する（法法2五）。これらの法人は，いずれも公共的性格が強く，その行う事業が公共サービスないし準公共サービスに属するものであるため，完全に法人税の納税義務が免除される[32]（法法4②）。

なお，地方税法上「公共法人等」という分類がある。これは，法人税法別表1の公共法人および一部の公益法人等—法人税法別表2の公益法人等ならびに防災街区整備事業組合，管理組合法人および団地管理組合法人，マンション建替組合およびマンション敷地売却組合，認可地縁団体，法人である政党等ならびに特定非営利活動法人—で，均等割のみが課税されるものである（地法52②三括弧書，312③三括弧書）。この概念は，法人住民税において特に注意を要する。

（3）　公益法人等

公益法人等とは，法人税法「別表第2に掲げる法人」をいい，民法上の公益法人をはじめ，特別法に基づいて設立された各種の非営利法人が，これに属する（法法2六）。これらの法人等は，公益を目的とするものであるため，その所得のうち，「収益事業から生じた所得」のみが課税対象とされ，それ以外の所得は課税対象から除外されている（法法4①但書）。公益法人等に対しては，普通法人に対する税率23.2%よりも低い軽減税率19%が適用される[33]（法法66①～③）。

たとえば，行政庁から公益認定を受けた公益法人は，法人税法上，公益法人等として取り扱われる。さらに，公益認定を受けていない一般法人のうち，①非営利性が徹底された法人—事業により利益を得ること，またはその得た利益を分配することを目的としない法人—や，②共益的活動を目的とする法人—会員から受け入れる会費により会員に共通する利益を図るための事業を行う法人—も，「非営利型法人」として，法人税法上，公益法人等として取り扱われる（法法2九の二）。

また，特定非営利活動法人（NPO法人）—特定非営利活動を行うことを主たる目的とし，特定非営利活動促進法（NPO法）の定めるところにより設立され

32）　公共法人の地方税法上の取扱いについては，第2章第4節を参照のこと。
33）　公益法人等の地方税法上の取扱いについては，第2章第5節を参照のこと。

た法人―は，法人税法上，公益法人等とみなされ，収益事業を行う場合のみ，普通法人と同じ税率で法人税が課される[34]（NPO法2②，70①，法法66①・②）。なお，その設立にあたっては，申請書を主たる事務所の所在する都道府県の知事―その事務所が一の政令指定都市の区域内のみに所在するNPO法人にあっては，政令市長―に提出して，設立の認証を受けなければならない（NPO法9，10①）。

　さらに，認定または特例認定を受けた特定非営利活動法人（認定・特例認定NPO法人）の場合，その収益事業に属する資産のうちからその収益事業以外の事業のために支出した金額については，公益法人等と同じく，その収益事業に係る寄附金の額とみなされる（法法37①・⑤）。ここで，認定NPO法人とは，NPO法人のうち，その運営組織および事業活動が適正であって公益の増進に資するものとして，所轄庁の認定を受けたものをいい，令和5年6月現在1,267法人が認定の有効期間内にある[35]（NPO法44①）。

　（4）　協同組合等

　協同組合等とは，法人税法「別表第3に掲げる法人」をいい，図表6に表示

---

34)　たとえば，NPO法人が行う老人介護等の事業のうち，介護サービス事業は医療保険業に，福祉用具貸与は物品貸付業に，福祉用具販売は物品販売業に，住宅改修は請負業に，それぞれ該当し，そのほとんどが収益事業とみなされる。なお，特定非営利活動としては，①保健，医療または福祉の増進を図る活動，②社会教育の推進を図る活動，③まちづくりの推進を図る活動，④観光の振興を図る活動，⑤農山漁村または中山間地域の振興を図る活動，⑥学術，文化，芸術またはスポーツの振興を図る活動，⑦環境の保全を図る活動，⑧災害救援活動，⑨地域安全活動，⑩人権擁護または平和の推進を図る活動，⑪国際協力の活動，⑫男女共同参画社会の形成の促進を図る活動，⑬子どもの健全育成を図る活動，⑭情報化社会の発展を図る活動，⑮科学技術の振興を図る活動，⑯経済活動の活性化を図る活動，⑰職業能力の開発または雇用機会の拡充を支援する活動，⑱消費者の保護を図る活動，などである（NPO法2・別表）。

35)　内閣府『所轄庁認定・特例認定NPO法人名簿』（令和2年12月）。なお，新たに設立されたNPO法人のうち，その運営組織および事業活動が適正であって特定非営利活動の健全な発展の基盤を有し公益の増進に資すると見込まれるものは，所轄庁の特例認定を受けることができる（NPO法58①）。令和5年6月現在，34法人が特例認定を受けている。

図表6　法人税法別表3の協同組合等

共済水産業協同組合連合会	漁業協同組合	漁業協同組合連合会
漁業生産組合	商工組合	商工組合連合会
商店街振興組合	商店街振興組合連合会	消費生活協同組合
消費生活協同組合連合会	信用金庫	信用金庫連合会
森林組合	森林組合連合会	水産加工業協同組合
水産加工業協同組合連合会	生活衛生同業組合	生活衛生同業組合連合会
生活衛生同業小組合	生産森林組合	船主相互保険組合
たばこ耕作組合	中小企業等協同組合	内航海運組合
内航海運組合連合会	農業協同組合	農業協同組合連合会
農事組合法人	農林中央金庫	輸出組合
輸出水産業組合	輸入組合	労働金庫
労働金庫連合会		

（出所）　法人税法「別表第3協同組合等の表（第2条，附則第19条の2関係）」に基づき，筆者が作成。

したように，農業協同組合や漁業協同組合など，各種の協同組合がこれに属する（法法27）。協同組合等は，その全所得に対して課税されるが，営利を目的とせず，組合員の共同の利益の増進を目的とするものであるため，公益法人等の場合と同じく，軽減税率19％が適用される（法法66③）。

（5）　人格のない社団等

人格のない社団等とは，「法人でない社団又は財団で代表者又は管理人の定めがあるもの」をいい，法人とみなされる[36]（法法2八，3）。これは，人格のない社団等も実質的に法人と異ならない活動をしていることにかんがみ，それを法人と同様に扱うことが実体に合致するのみでなく，公平に税負担を配分するゆえんでもあるという考慮に基づくものである。もっとも，この概念は，私

---

36)　逆に，法人格の否認は，少なくとも実定法の領域では，これが認められる余地はほとんどない。また，裁判例においても，「『法人格否認の法理』は，法人格自体を否認するものではなく，法人そのものの存続は認めながら，法人格を不法に利用した特定の取引関係に限ってその法人格を否認して，当該取引の相手方を保護しようとする法理であり，会社の法形態を利用した者が，税務官庁を含め相手方の損失において法人格否認を自己の利益に援用することは許されない」とされている（大阪地判昭和50年5月29日訟月21巻8号1730頁）。

法からの借用であり，人的結合体または財産が，その構成員またはその個人財産とは別の独立した社会的存在と認められるかどうかにより判断される。

　なお，判例は，「権利能力のない社団といいうるためには，（①）団体としての組織をそなえ，そこには（②）多数決の原則が行なわれ，（③）構成員の変更にもかかわらず団体そのものが存続し，しかして（④）その組織によって代表の方法，総会の運営，財産の管理その他団体としての主要な点が確定しているものでなければならない」という4点が，「権利能力なき社団」の成立要件であるとしている[37]。

　また，法人税法上，「多数の者が一定の目的を達成するために結合した団体のうち法人格を有しないもので，単なる個人の集合体でなく，団体としての組織を有して統一された意志の下にその構成員の個性を超越して活動を行うもの」を「法人でない社団」といい，民法上の組合（任意組合）や商法上の組合（匿名組合）などは含まれない[38]（法基通1-1-1）。これに対して，「一定の目的を達成するために出えんされた財産の集合体で特定の個人又は法人の所有に属さないで，一定の組織による統一された意志の下にその出えん者の意図を実現すべく独立して活動を行うもののうち法人格のないもの」が「法人でない財団」とされる（法基通1-1-2）。

　いずれの場合においても，「代表者又は管理人の定めがあるとは，当該社団又は財団の定款，寄附行為，規約等によって代表者又は管理人が定められている場合のほか，当該社団又は財団の業務に係る契約を締結し，その金銭，物品等を管理する等の業務を主宰する者が事実上あることをいうもの」とされ，収

益事業を行うものには，代表者または管理人の定めのないものは通常あり得ない（法基通1-1-3）。したがって，人格のない社団等に対して，法人税が課されるのは「収益事業を営む場合」に限られ，課税所得の範囲も「収益事業から生じた所得」に限られる[39]（法法4①）。

（6）普通法人

普通法人とは，公共法人，公益法人等および協同組合等以外の法人をいい，人格のない社団等を含まない（法法2九）。たとえば，①株式会社，合資会社，合名会社，合同会社（LLC），②医療法人，監査法人，企業組合，③証券取引所，商品取引所，④日本銀行，などである。また，一般法人のうち，非営利型法人以外の法人も，普通法人に含まれ，全所得に課税される[40]（法法2九の二）。

普通法人，一般法人または人格のない社団等に対する法人税額は，「各事業年度の所得の金額に100分の23.2の税率を乗じて計算した金額」とされる（法法66①）。ただし，「普通法人のうち各事業年度終了の時において資本金の額若しくは出資金の額が1億円以下であるもの若しくは資本若しくは出資を有しないもの，一般社団法人等又は人格のない社団等の各事業年度の所得の金額のうち年800万円以下の金額」については，軽減税率19％が適用される（法法66②）。

また，普通法人のうち，同族会社については，①「特定同族会社の特別税率（留保金課税）」（法法67）と，②「同族会社の行為又は計算の否認」（法法132）という特別の定めがなされている[41]。ここで，同族会社とは，「会社の株主等

---

39) 人格のない社団等の地方税法上の取扱いについては，第2章第3節を参照のこと。
40) このほか，税理士法人や弁護士法人などがある。これらの法人は，いずれも合名会社（持分会社の一種）に関する会社法の規定が準用され，普通法人として，その全所得に対して課税される。なお，持分会社のうち，合同会社（LLC）とは，出資者の全員が有限責任社員であり，内部関係については任意組合と同様の規律が適用される会社である。全員有限責任で内部自治が徹底している点では，LLPと同様であるが，LLCには法人格がある点で両者は異なる。
41) 同族会社においては，多額の利益を配当せずに会社内部に留保し，株主レベルでの高い累進税率による所得課税を回避しようとする行為が，しばしばみられる。そこで，通常と考えられる以上の留保金に特別な税率で課税し，配当された場合との課税の公平を図ろうとする制度が，留保金課税である。すなわち，同族会社が各事業年度に獲得した利益で留保された金額から，一定の控除額（留保控除額）を控除

の 3 人以下並びにこれらと政令で定める特殊の関係のある個人及び法人がその会社の発行済株式又は出資の総数又は総額の100分の50を超える数又は金額の株式又は出資を有する場合その他政令で定める場合におけるその会社」をいい，わが国の法人の大部分は，これに該当する（法法2十）。

　もっとも，同族会社の留保金課税の対象となるのは，特定同族会社に限定される。特定同族会社とは，「被支配会社で，被支配会社であることについての判定の基礎となった株主等のうちに被支配会社でない法人がある場合には，当該法人をその判定の基礎となる株主等から除外して判定するものとした場合においても被支配会社となるもの」をいい，同族関係者 1 グループで株式等を50％超保有している会社である（法法67①括弧書・②）。

第 3 節　法人の設立と消滅

　法人の設立は，法律に準拠することが必要である。具体的な準拠の形態は，法人の種類ごとに異なる[42]（民法33）。法人税法は，普通法人，そのうちでも，

　　した金額に対して，3 段階の超過累進税率—課税留保金額3,000万円以下の部分は10％，3,000万円超 1 億円以下の部分は15％，1 億円超の部分は20％—による課税が法人税とは別に行われる（法法67①一～三）。さらに，同族会社は，会社の所有と経営の分離が完全ではなく，通謀して，さまざまな行為または計算が行われることにより，会社や関係者の税負担が不当に減少させられることが，しばしば見受けられる。そこで，法人税法では，「税務署長は，…，その法人（同族会社）の行為又は計算で，これを容認した場合には法人税の負担を不当に減少させる結果となると認められるものがあるときは，その行為又は計算にかかわらず，税務署長の認めるところにより，その法人に係る法人税の課税標準若しくは欠損金額又は法人税の額を計算することができる」（法法132①柱書）と規定されている。もちろん，この否認の効力は，租税法の範囲内にとどまり，それらの行為または計算の私法上の効力には影響を及ぼさない。

42)　たとえば，1 つの法人を設立するために特別の法律を制定する方式を「特許主義」といい，日本銀行（日本銀行法）やNHK（放送法）などが，この例である。特殊な例としては，法人の設立を強制するという「強制主義」がとられることがある。税理士会や弁護士会などが，それにあたる。また，学校法人や社会福祉法人などは，特別法で「認可主義」が採用されており，法律の定める要件を具備して主務官庁に申請すれば，必ず認可が与えられる。主務官庁に裁量権がなく，認可の要件

営利法人を念頭において規定を設けており，法人税収の大部分は，営利法人，とりわけ株式会社からなるものである。このことは，法人住民税についても同じである。

1　法人の設立

　営利法人の中核をなす株式会社についてみると，会社の設立は，「株式会社」という1個の法人を成立させる手続であり，準則主義がとられている。具体的には，①団体の根本規則である定款の作成，②株式発行事項の決定と株式の引受けの確定，③機関の決定，④株式引受人による出資の履行・会社財産の形成，その結果として設立時の株主が確定し，「株式会社」という団体の実体が形成される[43]。会社の実体が形成されると，株式会社は，その本店の所在地において設立の登記をすることによって，法人格を取得し成立する[44]（会社法49，911）。

　　が充たされているのに，認可が与えられなかった場合には，裁判所の司法審査の対象となる。さらに，相続人不在の場合の相続財産法人も，法律上，当然に法人とされる（民法951）。この方式を「当然主義」といい，主体のない財産では困ると考えられるために，法律技術上，法人とされたものであり，その性質は財団法人に近い。家庭裁判所が相続財産の管理人を選任したときに，実際に活動を始め，その後，相続人が現れれば，はじめに遡って消滅する（民法952，955）。

43)　ちなみに，令和4年3月31日現在，全法人数286万4,386社のうち，株式会社261万2,677社（構成比91.2%），合名会社3,325社（0.1%），合資会社1万2,482社（0.4%），合同会社（LLC）16万132社（5.6%）が占めている（国税庁長官官房企画課『令和3年度分会社標本調査─調査結果報告─税務統計から見た法人企業の実態』14頁（2023年））。なお，合名会社では，社員となる者1人以上が定款を作成すれば，会社の実体は完成する（会社法576②）。また，合資会社では，無限責任社員になる者と有限責任社員になる者，それぞれ1人以上が合意して定款を作成すれば，会社の実体は完成する（会社法576③）。一方，LLCにあっては，有限責任社員となる者1人以上が定款を作成すれば，会社の実体は完成する。ただし，全員が有限責任社員なので，株式会社と同様，全額払込規制がとられ，出資の履行も会社の成立前にしなければならない（会社法576④，578）。

44)　法人登記の立法には，2種類の法制度がある。まず1つは，成立要件主義で，登記を備えないと，法人の設立，変更された内容および解散などは，その効力を生じない法制度である。もう1つは，対抗要件主義で，登記を備えないと，相手側から，

　設立登記は，法人としての株式会社を成立させる効力（創設的効力）がある。逆に，設立登記前の会社はまだ権利能力は有しないので，発起人が会社の設立のために取得し，または負担した権利義務は，形式的には発起人に帰属するといわざるを得ない。もっとも，会社が成立すれば，設立中の法律関係のすべてがそのまま成立した会社の法律関係となる。すなわち，発起人が会社設立のために取得し，または負担した権利義務は，実質的には「設立中の会社」に帰属していると考えられるから，会社が成立すれば，それらは当然に会社に帰属するわけである。

　また，損益の帰属については，「法人の設立期間中に当該設立中の法人について生じた損益は，当該法人のその設立後最初の事業年度の所得の金額の計算に含めて申告することができるもの」とされている[45]（法基通2-6-2本文）。もっとも，会社設立後最初の事業年度開始の日は，あくまで設立登記のあった日であるため，設立準備期間中に稼働を始めた減価償却資産の償却計算や，その期間中に支出した交際費についての損金算入額計算については，設立登記の日から起算して計算することになる。

2　法人の事業活動

　民法34条は，「法人は，法令の規定に従い，定款その他の基本約款で定められた目的の範囲内において，権利を有し，義務を負う」と定めており，法令の規定の範囲内でのみ，法人は権利を有し義務を負うものである。しかしながら，法人の目的の範囲外の行為とはいっても，定款や寄附行為には通常種々の本来

　　法人であること，変更事項や解散の事実などを認めることはできるものの，法人側
　　から，それらを主張することはできない法制度である。民法は対抗要件主義をとっ
　　たのに対して，商法・会社法は成立要件主義をとっている。法人をめぐる特別法に
　　は，成立要件主義をとるものが多い。というのは，このほうが法律関係が明確だか
　　らである。
[45]　ただし，「設立期間がその設立に通常要する期間を超えて長期にわたる場合」や，
　　「法人が個人事業を引き継いで設立されたもの（法人成り）である場合」は，この
　　取扱いの対象外とされる（法基通2-6-2但書）。

的事業が列挙された後，「その他目的を達成するために必要な事業」などの一文がある。たとえ，このような一文がなくとも，目的達成に相当と認められる行為は，すべて含まれると通常解されている。そうでなければ，著しく取引の安全が害されるからである。

　もっとも，営利法人については，そもそも民法34条の適用がないと考えられている。仮に，適用があるとしても，その経済活動のゆえに，法人の利益となる行為は広く目的の範囲に含まれるといえよう。判例は，「目的の範囲内の行為とは，定款に明示された目的自体に限局されるものではなく，その目的を遂行するうえに直接または間接に必要な行為であれば，すべてこれに包含されるものと解するのを相当とする」として，目的の範囲を広く解することで，事実上制限がないに等しい解釈をしている[46]。

　法人の活動として，どのような活動が行われるかは，それぞれの法人によって異なる。財団法人はもちろん，社団法人でも，法人の資産は法人の健全な活動の基礎となるものであり，非常に重要といえる。この財産がいかなる状態にあるかは，社団構成員にとっても，主務官庁にとっても，財産的観点から法人の健全な運営がなされているか否かのバロメータになる。また，法人の取引相手にとっても，法人が十分な資力をもっているか否かは，取引の安全のための前提となる基礎情報である。

　株式会社の計算についてみると，会社法は，会計帳簿の作成・保存義務のほか，貸借対照表，損益計算書，株主資本等変動計算書および注記表（計算書類），事業報告およびこれらの附属明細書の作成など，詳細な規制を設けている[47]

---

46)　最判昭和45年6月2日民集24巻6号625頁。この判決では，政治献金も，「客観的，抽象的に観察して，会社の社会的役割を果たすためになされたものと認められるかぎりにおいては，会社の定款所定の目的の範囲内の行為である」と判示した。しかし，同じ政治献金であっても，税理士会の場合は，「会社とはその法的性格を異にする法人であり，その目的の範囲についても，これを会社のように広範なものと解するならば，法の要請する公的な目的の達成を阻害して法の趣旨を没却する結果となることが明らかである」から，その目的の範囲外の行為となる（最判平成8年3月19日民集50巻3号615頁）。

47)　ちなみに，株主資本等変動計算書は，貸借対照表および損益計算書と並ぶ第3の

（会社法432～444）。株式会社の会計を会社法が規制する理由は，①剰余金分配額の規制と，②会社の利害関係者への情報提供という2点からである。

すなわち，前者の理由は，株主の有限責任の制度的裏づけである株主に対する剰余金の分配など，財産分配の限度額（分配可能額）を定める手段としての必要性である。分配可能額の規制は，会社の非任意債権者を含む利害調整であるから，会社法による一律の規制をせざるを得ない。後者の理由は，会社債権者が債権回収の可能性を判断し，株主が将来のリターン・リスクを予測するなど，会社の利害関係者がそれぞれ意思決定を行う前提となる情報（会計情報）を会社から開示させる必要性である。開示事項等の会社法による統一は，関係者の取引費用の削減に資する。

これらの計算書類の作成に関して，会社法431条は，「一般に公正妥当と認められる企業会計の慣行に従うもの」と定めている[48]。法人税法においても，各事業年度の所得金額は，「一般に公正妥当と認められる会計処理の基準に従って計算されるもの」（法法22④）と規定しており，法人所得の計算のしくみは企業会計を基礎とするものということができる[49]。しかしこれは，すべ

計算書類であり，かつての利益処分計算書に代替するとともに，純資産の期中変動を網羅的に明示することを目的とする。株主資本等変動計算書が必要となったのは，①会社法の施行により，株式会社は，剰余金の配当をいつでも決定でき，また株主資本の内訳をいつでも変動できるようになったこと，②貸借対照表の純資産の部に直接計上される項目・純資産の変動要因が増加した結果，各項目の数値の連続性の把握が困難になっている状況を解消するためである。また，事業報告は，貸借対照表や損益計算書では十分に表現できなかった会社の経済活動の全体像を文章や数字を用いて記載したもので，貸借対照表や損益計算書の計数を解釈する前提となる企業の実態に関する情報としての意義をもつ。

48）　会社法に基づく会社法会計のほか，金融商品取引法は，投資者への情報提供という観点から，会計を規制し開示を要求している。金融商品取引法に基づく会計は，「金融商品取引法会計」と呼ばれる。

49）　ちなみに，事業年度とは，「法人の財産及び損益の計算の単位となる期間（会計期間）で，法令で定めるもの又は法人の定款，寄附行為，規則，規約その他これらに準ずるものに定めるもの」をいい，「これらの期間が1年を超える場合は，当該期間をその開始の日以後1年ごとに区分した各期間」である（法税13①）。なお，法人住民税における事業年度は，法人税におけるそれと同一の概念である。

ての企業の会計慣行が認められることを意味するものではない。

税務会計は，企業会計の利害調整・情報提供という目的と異なり，歳入の公平な徴収（負担の公平な配分）と国庫の歳入を保障するという，独自の計算目的をもつからである。租税関係法規，租税裁判例および租税通達に基づく税務会計的計算は，実際には，企業の経理ないし決算に重要な影響を及ぼしている[50]。つまり，税務会計は，企業会計上の損益計算を通じて純粋に算定された企業利益を出発点としてなされるわけではなく，企業の会計実務そのものの段階においても深い関連と交渉をもっているのである。

3　法人の消滅

法人が従来行っていた本来の活動を停止することを「解散」といい，解散の後に財産関係を整理することが「清算」である。解散した法人（清算法人）は，清算目的に縮減された範囲内において，なお権利能力を有する。そして「清算の結了」によって，法人は，完全に消滅する。

（1）解　散

株式会社の解散についてみると，その解散事由としては，①「定款で定めた存続期間の満了」（会社法471一），「定款で定めた解散の事由の発生」（会社法471二），「株主総会の決議」（会社法471三），「合併」（会社法471四）など，株主の意思によるものと，②「破産手続開始の決定」（会社法471五），「解散を命ずる裁判」（会社法471六），「休眠会社のみなし解散」（会社法472）など，株主の意思によらないものとがある[51]。このほか，業種によっては，事業の免許の取

50）　たとえば，企業会計の準則が不明確な場合には，法人税法等における税務会計に関する規定または解釈通達が企業会計準則を表明したものとして援用されることがある。また，法人税法および租税特別措置法が，何らかの政策的理由から，企業会計の考え方と両立しない損金算入を認める場合には，企業会計上も同様の取扱いをすることをその条件とすることが多い。

51）　平成18年以前は，最低2年に1度は取締役の変更登記の必要が生じることにかんがみ，休眠会社については，「最後ノ登記後5年ヲ経過シタル会社」（旧商法406の3の①）と規定されていた。これに対して，会社法では，最低約10年に1度，取締役の変更登記の必要が生ずることに照らし，休眠会社については，「株式会社

消しが会社の解散事由となる[52]。

　解散により，株式会社は，会社の合併や破産手続開始決定の場合を除いて，清算手続に入る（会社法475一）。破産の場合は，破産手続の中で清算が行われ，破産手続開始の決定によって解散した法人または解散した法人で破産手続開始の決定を受けたものは，破産手続による清算の目的の範囲内において，破産手続が終了するまで存続するものとみなされる（破産法35）。

（2）　清　　算

　清算段階に入ると，取締役はその地位を失い，清算人がとって代わる。これに対して，株主総会や監査役は継続する。また，株式は，解散後も自由に譲渡できる。株式会社の清算手続は，①裁判所の監督に服さない「通常清算」（会社法475〜509）と，②裁判所の監督に服する「特別清算」（会社法510〜574）とがある。このうち，まず，通常清算の概要についてみる。

　通常清算は，会社の法人格の消滅前に，会社の業務の中止・後始末（現務の結了）を行い，債権の取立ておよび債務の弁済をして，株主に残余財産の分配をする手続である（会社法481）。清算株式会社は，清算の目的の範囲内において，清算が結了するまでは，なお存続するものとみなされる（会社法476）。清算株式会社では，取締役はその地位を失い，清算人が清算事務を執行する。株主は，利益配当は受けず，残余財産の分配を受ける。会社の規模の拡大をもたらす新株発行はできず，社債発行や支店新設などもできない。また，会社全体を終結させる段階なので，資本減少もできない。

　清算株式会社には，1人または2人以上の清算人を置かなければならない（会社法477①）。もっとも，定款に別段の定めがある場合または株主総会にお

に関する登記が最後にあった日から12年を経過したもの」（会社法472①括弧書）と規定されている。なお，休眠会社は，いわゆる「休業法人」として法人住民税が課され，みなし解散後は「清算法人」として課税されることになる。詳しくは，拙稿「会社の消滅に係る地方法人二税の検討（下）休業法人を中心に」税理62巻10号186頁（2019年）を参照のこと。

52)　たとえば，内閣総理大臣の免許を取り消されたときは，銀行は解散するものとされている（銀行法40）。

いて他の者を清算人に選任した場合を除き，取締役全員が清算人となる[53]（会社法478①）。清算人は，その就任後，遅滞なく，清算開始日現在の財産目録および貸借対照表を作成し，清算人会設置会社の場合は，清算人会の承認を受けた上で，それらを株主総会に提出し，その承認を受ける（会社法492①〜③）。

　また，清算株式会社は，各清算事務年度（清算事業年度）に係る貸借対照表および事務報告ならびにこれらの附属明細書を作成する[54]（会社法494①・②）。それから，監査役設置会社の場合は，これらの書類につき監査役の監査を受けた上で，また，清算人会設置会社の場合は，これらの書類を清算人会で承認した上で，貸借対照表および事業報告を定時株主総会に提出し，貸借対照表については定時株主総会の承認を受け，事務報告についてはその内容を定時株主総会に報告しなければならない（会社法495，497）。

　株式会社においては，会社財産だけが債権者への責任財産となるため，その債務を弁済するにあたっては，2月以上の債権申出期間を設け，それを官報に公告し，かつ，知れている債権者には各別に催告した上で，この期間が経過した後，申出を行った債権者全員に弁済を行う（会社法499，500①）。清算人は，これらの債務の弁済をなした後に，会社の残余財産を株主に分配することができる（会社法502）。

　清算人は，清算事務が終了した後，遅滞なく，法務省令で定めるところによ

---

53)　平成18年以前は，株式会社の清算について，取締役に関する規定が準用されていたために，清算人が複数いる場合には清算人会の設置が義務づけられていた（旧商法430②）。これに対して，会社法では，実務界からの迅速かつ低廉なコストでの清算手続の要望を踏まえ，機関の簡素化を図り，複数の清算人がいる場合でも，清算人会の設置を義務づけないものとし，その設置は任意とされている。なお，清算人会を置くときは，清算人の員数は3人以上とし，定款に定めて設置する（会社法477②）。ただし，定款で監査役会を置くことを定めた場合は，必ず清算人会を置かなければならない（会社法477③）。

54)　会社が解散すると，決算期間を表す事業年度は，清算事務年度（清算事業年度）となる。ここで，清算事業年度とは，清算開始日またはその後毎年その日に応当する日から始まる各1年の期間をいい，会社の解散を契機に決算期間が変更されるわけである（会社法494①括弧書）。たとえば，3月末決算の会社が5月10日に解散した場合には，清算事業年度は5月11日から翌年5月10日までの期間となる。

り，決算報告を作成し，清算人会設置会社においては，その承認を受けた上で，それを株主総会に提出または提供し，その承認を受けなければならない（会社法507①・②）。清算人は，総会による決算報告承認後2週間内に，その本店所在地において，清算結了の登記をしなければならない（会社法929）。この清算結了の登記により，会社は，完全に消滅する。

　一方，特別清算は，倒産処理手続の1つである[55]。裁判所は，債権者，清算人，監査役または株主より特別清算開始の申立てがされると，清算の遂行に著しい支障をきたすべき事情があること，または債務超過の疑いがあることを認めるときは，清算株式会社に対して特別清算開始を命ずる（会社法511，514）。特別清算は，通常清算と異なり，裁判所の監督の下で行われるので，清算人の権限は制約され，一定額以上の財産の処分行為などには裁判所の許可が必要となる（会社法535，536）。

　清算株式会社は，協定が成立した場合にはこれを実行し，清算事務が終了すると，裁判所は特別清算終結の決定をし，これにより特別清算は終了する（会社法573）。また，①協定の見込みがない場合，②協定の実行の見込みがない場合，③特別清算によることが債権者の一般の利益に反する場合には，裁判所は，清算株式会社に破産手続開始の原因となる事実があると認めれば，職権で破産手続の開始を決定する（会社法574①）。破産手続開始の決定があったときは，特別清算は終了する。

（3）　会社の継続

　これら2種類の清算のうち，通常清算を前提として，会社の解散から清算結了に至るまでに必要とされる期間をみると，財産もきわめて少なく，残余財産

55）　特別清算の手続は，破産手続と同様に，清算を目的とする。しかし，この手続は，①清算株式会社のみが利用できることのほか，②破産手続は裁判所が選任した破産管財人が清算事務を遂行するのに対して，原則として従前の清算人が清算事務を遂行すること，③破産手続は債権額に比例して定められる配当額を法律で定められた手続に従い債権者に配当するのに対して，債権者の多数決によって定められる協定に基づいて弁済が行われるなど，柔軟で手続コストも低廉であること，などの点において破産手続とは異なる。

もほとんどない会社では，法定の手続に要する日数（約2月半）で済む[56]。一方，取引先が多く，有価証券や不動産を多く抱えている会社では，債権の取立てや財産の換価処分にかなりの時間がかかり，数年必要となる場合もある。

　清算手続に入った後，情勢の変化によって，解散前の会社に戻して事業を再開すること（会社の継続）がある。たとえば，株式会社は，①定款で定めた解散の事由の発生，②定款で定めた存続期間の満了，③株主総会の決議によって解散した場合—休眠会社のみなし解散にあたっては，解散したものとみなされた後3年以内の場合—には，清算が結了するまで，株主総会の決議によって，会社を継続することができる（会社法473）。

　また，解散した会社であっても，他の会社と合併して事業を再開することもできる。もっとも，清算株式会社は，被合併会社（消滅会社）にはなれるものの，自ら合併会社（存続会社）となることはできない（会社法474）。

（4）　会社の合併

　合併の場合は，その他の解散の場合と異なり，消滅会社の財産は存続会社または新設会社に包括的に承継され，消滅会社の株主は存続会社または新設会社の株主となるため，清算手続の必要はない。ここで，会社の合併とは，2以上の会社が契約によって1つの会社に合体することをいう[57]。このような1つの会社への合体には，吸収合併と新設合併がある[58]。

---

56)　債権申出期間は，任意に短縮することは許されないので，その期間は2月を下回ることができない（会社法499①）。しかも，清算結了後，裁判所に提出する書類保存者選任申立書や，課税庁への清算結了届には，清算結了登記後の閉鎖登記簿謄本の添付が義務づけられており，登記申請後登記完了までには，通常7日間は必要となる。

57)　ちなみに，合併の法的性質については，①当事会社が合体する組織法上の特別契約であると考える人格合一説と，②消滅会社がすべての財産を現物出資し，存続会社が増資し，または新設会社が設立されると考える現物出資説とがある。しかし，今日では，いずれの見解をとっても，具体的問題の解決に差異はない。

58)　実際には，吸収合併のほうがよく利用される。なお，会社法の制定に伴い，これまで合併時に消滅会社の株主に交付すべき合併対価が存続会社の株式および交付金に限定されていたものを，広く財産的価値を有するものを交付することができるという，合併対価の柔軟化の改正が行われている。具体的には，ある会社（存続会

　このうち，吸収合併とは，会社が他の会社とする合併であって，合併により消滅する会社の権利義務の全部を合併後存続する会社に承継させるものをいう（会社法２二十七）。消滅会社の資産が存続会社に引き継がれ，消滅会社の株主に存続会社の株式，社債，新株予約権，新株予約権付社債または他の財産のみが交付される（会社法749①二・三）。それで，実質的な合併手続は，すべて完了する。会社法は，合併の登記を要求するが，吸収合併の効力は合併契約において定めた効力発生日に生じる。

　一方，新設合併とは，２以上の会社がする合併であって，合併により消滅する会社の権利義務の全部を合併により設立する会社に承継させるものをいう（会社法２二十八）。消滅会社の資産が新設会社に引き継がれるとともに，消滅会社の株主に新設会社の株式が交付され，当事会社は合体する（会社法753①六・七）。新設合併の効力は，吸収合併の場合とは異なり，会社成立の日（設立登記の日）に生じる（会社法754①・②）。

　社）が他の会社（消滅会社）を合併する際に，存続会社の株式ではなく，存続会社の親会社の株式を対価として交付する合併（三角合併）ができる。ちなみに，会社の分割にも，承継会社の株式ではなく，承継会社の親会社の株式を対価として交付する分割（三角分割）がある。

第2章　納税義務者

chapter 2

　法人住民税の納税義務者は，①地方団体内に「事務所又は事業所（事務所等）を有する法人」，②地方団体内に「寮，宿泊所，クラブその他これらに類する施設（寮等）を有する法人」で，その地方団体内に事務所等を有しないものである[1]（地法24①三・四，294①三・四）。すなわち，内国法人および外国法人は，事務所等または寮等を有する地方団体―都道府県および市町村―に対して，法人住民税の納税義務を負う。

　また，法人ではないが，③「法人課税信託の引受けを行うことにより法人税を課される個人」で，地方団体内に事務所等を有するものも，法人住民税の納税義務者となる（地法24①四の二，294①五）。この場合には，法人税割のみが課税される。

---

1)　ちなみに，納税義務者とは，租税法が定めている課税要件を備えるため，納税義務を負う者をいう。一方，納税者とは，租税法が定める課税要件を備え，租税法の定める税金が確定している者または具体的に税金を納めることになる者である。納税義務者というだけでは，税金が課税されていないので，直ちに納税者となるわけではない。納税申告書を提出したり，納税通知書が送達されることによって，納税義務が確定し，納税者となる。逆に，納税義務者でない者に納税通知書が送付されるとか，納税義務のない者が誤って納税申告書を提出しても，法律上は何の効果も生じない。

第1節　事務所等を有する法人

　地方団体内に事務所等を有する法人に対しては，「均等割額及び法人税割額の合算額」によって課税される（地法24①三，294①三）。ここでいう「事務所等」とは，事務所および事業所を指す。もっとも，両者の区分は，法人住民税において，特に意味があるわけではない。

1　事 務 所 等

　事務所等とは，それが自己の所有に属するものであるか否かにかかわらず，事業の必要から設けられた人的および物的設備であって，そこで継続して事業が行われる場所をいう（取扱通知(県)1章6(1)前段・(市)1章6(1)前段）。自己の所有に属するものであるか否かを問わないということは，事務所等の敷地はもとより，建物や機械設備などの所有権がなく，他者のものを有償または無償で借り受けている場合でもよい。したがって，貸ビルや貸室などを借りている場合も含まれる。

　事務所等において行われる事業は，法人の本来の事業の取引に関するものであることを必要とせず，本来の事業に直接・間接に関連して行われる付随的事業であっても，社会通念上，そこで事業が行われていると考えられるものについては，事務所等として取り扱って差し支えない（取扱通知(県)1章6(1)後段・(市)1章6(1)後段）。たとえば，従業員の技術研修のための研修所，研究開発事業のための研究所または会社内診療所なども，ここでいう「事務所等」に該当する。

　もっとも，事業とは，一定の計画に従い，ある特定の目的を達成するために，継続的に行われる一連の経済活動であるから，事業の必要から設けられたものであっても，法人の内部的・便宜的目的のみに供されるものについては，そこで事業が行われないかぎり，事務所等には該当しない。たとえば，宿泊所，従業員詰所，番小屋および監視所などで，番人や小使などのほかに別に事務員を配置せず，専ら従業員の宿泊や監視などの内部的・便宜的目的のみに供されるものは，事務所等の範囲に含まれない[2]（取扱通知(県)1章6(1)後段・(市)1章

6（1）後段）。

2　事務所等の3要件

　要するに，事務所等として認定するためには，人的設備，物的設備および事業の継続性という3要件を備えていることが必要である。この3要件の内容は，以下のとおりである。

（1）人的設備

　人的設備とは，事業に対して労務を提供することにより，事業活動に従事する自然人をいい，労務契約を結んでいる正規従業員のみでなく，法人の役員，清算法人における清算人，アルバイトまたはパートタイマーなども含まれる。人材派遣会社から派遣された者も，派遣先企業の指揮および監督に服する場合は，人的設備となりうる。もっとも，規約上，代表者または管理人の定めがあるものについては，特に事務員等がいなくとも人的設備があるものと解されている（昭和40年自治大税務別科質疑回答）。

（2）物的設備

　物的設備とは，事業活動を有効適切に実現させるために，人為的に設けられる有形施設の総体をいい，自然的な場所だけでは足らず，事業に必要な土地建物および機械設備など，事業を行うのに必要な設備を設けているものである。もっとも，規約上，特に定めがなく，代表者の自宅等を連絡所としているような場合でも，そこで継続して事業が行われていると認められるかぎり，物的設備として認められる（昭和40年自治大税務別科質疑回答）。

（3）事業の継続性

　事務所等と認められるためには，その場所において行われる事業がある程度の継続性をもつものであることを要するので，たまたま2，3月程度の一時的な事業の用に供する目的で設けられる現場事務所や仮小屋などは，事務所等の

2）　もちろん，官公庁または得意先との連絡，折衝および業界情報の収集などを行わせるために，駐在所等を設け，常時，係員を駐在させているような場合は，事務所等に該当する。

範囲に入らない（取扱通知(県) 1章6 (2)・(市) 1章6 (2)）。事業の継続性には，各事業年度または各年の全期間にわたり，連続して行われる場合のほか，定期的または不定期的に，相当日数，継続して行われる場合を含む[3]。なお，事務所等であるためには，そこで事業が行われるものであれば足り，その結果，収益ないし所得が発生することは，必ずしも必要ではない[4]。

3　事務所等の範囲

このように，人的設備，物的設備および事業の継続性という3要件を備えているものが，事務所等である。しかし，これが事務所等に該当するかどうかの判断は，実際にはさほど簡単なことではない。事務所等の認定にあたり，問題となったケースをあげると，以下のものがある。

（1）　未開業法人（登記のみ）

事務所等とは，人的および物的設備を有し，そこで継続的な事業が行われる場所をいうものであるから，単なる法人の設立登記に用いた法人の所在地のみをもって事務所等があるとはいいがたい（昭和31年4月12日自丁市53号自治庁市町村税課長回答）。したがって，本店（または支店）登記があっても，人的設備，物的設備および事業の継続性がなければ，事務所等に該当しない。逆にいえば，人的設備，物的設備および事業の継続性がある場合は，本店（または支店）登記がなくとも，事務所等に該当する。

（2）　代表者の自宅と社宅内の出張所

自宅の一部を他の居住用に供する部分と区別して，社会通念上，事務所等とみなされる設備を施し，専ら法人の事務を行っている場合は，事務所等に該当する。もちろん，事業活動が継続的に行われている場合であっても，物的設備がなければ，人的設備のみをもって納税義務者であるとみなすことはできない。

---

3)　たとえば，短期かつ定期的に，一定期間特定の場所―毎月一定期間営業する支店や出張所―を巡回している場合など，出張販売等に使用する場所である。

4)　自治省税務局編『住民税逐条解説』47頁（地方財務協会，増補版，1996年）。たとえば，販売品の仕入または引渡のみを行う場所であっても，相当の物的設備があれば事務所等に該当する。

単に事務を行うことのみをもって，事務所等に含めるのは適当でない。とはい
え，代表者の自宅のほかに事務所等を置かず，そこで継続して事業が行われて
いると認められるかぎり，物的設備があると認められる（昭和40年自治大税務別
科質疑回答）。

　同様に，社宅に設置された出張所についても，社員の居住部分から区分して，
社会通念上，事務所等とみなされる設備を施し，専ら法人の事務を行っている
場合は，事務所等に該当する。ただし，法人の出張所や連絡所などを社員の自
宅に置き，別に事務所たる設備を備えず，また社員以外の事務員を配置せず，
社員自らが事務を処理しているような場合には，その社員の自宅は事務所等に
該当しない[5]（昭和26年6月14日地財委税1034号地方財政委員会事務局税務部長通知）。
この点は，代表者の自宅の場合の取扱いと異なる。

　（3）　テレワーク

　テレワークとは，情報通信技術（ICT）を活用した，場所や時間にとらわれ
ない柔軟な働き方をいい，働く場所によって，自宅利用型テレワーク，モバイ
ルワークまたは施設利用型テレワークの3つに分けられる。

　イ　自宅利用型テレワーク

　　自宅にいて，会社とはパソコンとインターネット，電話，ファクスで連
　　絡をとる働き方（在宅勤務）である。事務所等の3要件に照らせば，物的
　　設備の観点からみて，在宅勤務を行っている社員の自宅を事務所等と認定
　　するのは難しい（取扱通知(県)1章6(1)前段・(市)1章6(1)前段）。

　ロ　モバイルワーク

　　顧客先や移動中に，パソコンや携帯電話を使う働き方である。モバイル

---

5)　たとえば，新聞社の通信部のうち，記者の自宅を通信部とし通信員のほかに事務
　員を配置しないもの，または通信員の単なる詰所等は事務所等に該当しない（昭
　和26年6月12日地財委税1022号地方財政委員会事務局市町村税課回答）。また，
　保険会社の代理店のうち，事務用設備の維持や事務員の雇用などについて，私人が
　これを負担しているような情況にあっては，居室と明らかに区別を設けて事務を
　行っていたとしても，これを事務所等とは認めがたい（昭和28年9月22日自丙税
　発207号自治庁税務部長回答）。

ワークの場合は，物的設備を有しておらず，事務所等の概念に入らない（取扱通知(県)１章６(２)・(市)１章６(２))。

ハ　施設利用型テレワーク

　勤務先以外のオフィススペースでパソコンなどを利用した働き方（サテライトオフィス勤務）である。一社専用で社内LANがつながるスポットオフィス，専用サテライト，数社の共同サテライト，レンタルオフィスなどの施設が利用される。会社の業務遂行上の必要性から経常的にサテライトオフィスやレンタルオフィスなどを利用している場合は，人的設備，物的設備および事業の継続性の３要件を備えており，原則として事務所等に該当する（取扱通知(県)１章６(１)前段・(市)１章６(１)前段)。

（４）　材料置場・倉庫等

　事務所等とは，人的および物的施設を有し，そこで継続的な業務が行われる場所をいい，それが自己の所有に属するものであるかどうかは問わない。つまり，事務所等であるためには，そこで事業が行われていれば足り，直接，収益の発生を要件としないわけである。したがって，単に販売品の仕入もしくは引渡のみを行う場所，または発電所もしくは変電所なども，事務所等と解して差し支えない。だが，単に物的施設のみが存する材料置場，倉庫および車庫などで独立して設けられたものは，事務所等の概念に入らない[6]（昭和26年６月14日地財委税1034号地方財政委員会事務局税務部長通知)。

（５）　診療所と厚生施設

　法人が従業員の福祉のために診療所を設置し，医師その他の従業員を配置した場合とか，法人が従業員の厚生施設として運動場や娯楽場などを設置した場合において，単に番人や小使などを配置するにとどまらず，事務員を配置して従業員の厚生や施設の維持などに関する事務上の処理をするのであれば，診療所および厚生施設は事務所等に該当する（昭和26年６月14日地財委税1034号地方財政委員会事務局税務部長通知)。

---

6)　たとえば，①NHKの無人中継所，②無人工場，③数日に１回程度，集金・点検するコインランドリーや自動販売機などは，いずれも人的設備を欠く。

（6）　宿泊所・監視所等

　宿泊所，従業員詰所，番小屋および監視所などで，番人や小使などのほかに別に事務員を配置せず，専ら従業員の宿泊や監視などの内部的・便宜的目的のみに供されるものは，事務所等の範囲に含まれない（取扱通知(県)1章6(1)後段・(市)1章6(1)後段）。ただし，ビルメンテナンスの詰所に作業員等を配属し，業務契約，出勤管理および給与計算などの事務を行わせている場合は，事務所等に該当する。

（7）　電車・バス等の停留所

　電車やバスなどの停留所で，物的設備はあっても，別に切符等の売りさばきをしない場所，または社員を駐在させないで，隣接の個人に住宅あるいは会社の施設の一部で切符等を売りさばかせ，契約により売上高に対する報償金を交付しているような場合における個人の住宅または会社の施設は，事務所等に該当しない。また，バスの車庫に車両を定置し，単に運転手または車掌を車庫の一部に宿泊させている場合における車庫についても，同様である。なお，車両や船舶そのものは，事務所等ということはできない[7]。なぜなら，一定の場所に定着しないものは，応益性に欠けるからである。

　一方，5人程度の従業員をもって，駅のプラットホームの一部を借り受け，その場所にカウンター，その他業務に必要な最小限度の施設を設け，常時一定量の商品を置き，継続的に販売を行っている場合には，この物的および人的施設を事務所等に該当すると解して差し支えない（昭和36年6月13日自丁市48号自治省市町村税課長回答）。

（8）　現場事務所・仮小屋等

　事務所等と認められるためには，その場所において行われる事業がある程度の継続性をもったものであることを要するので，たまたま2，3月程度の一時的な事業の用に供する目的で設けられる現場事務所や仮小屋などは，事務所等の範囲に入らない（取扱通知(県)1章6(2)・(市)1章6(2)）。

---

7)　自治省税務局・前掲注4) 47頁。

この場合において，３月を超えるものであっても，建設工事に係る現場事務所—建設工事現場で行われる工事の施工，指揮および管理に欠くことのできない工程管理，出来高確認，連絡または打合せのみを行うもの—で，明らかにその設置期間が半年に満たない仮設のものについては，仮に机等が配置されている場合でも，事務所等の範囲に含めないものとして取り扱うことが適当である（昭和61年４月１日自治省府県税課長・市町村税課長内かん）。

　また，発注者の工場内に設けた現場事務所で，表面的には元請会社の看板を出しているものの，実際そこで勤務する者は全部下請会社の従業員で，元請会社が直接雇用する者は１人もいない場合については，３月を超えるものは下請会社の事務所等に該当し，元請会社の事務所等の範囲には入らない（昭和33年10月４日自治庁府県税課長回答）。

（９）　税理士事務所に本店登記している関与先法人

　税理士が関与先法人を確保しておくなどの理由から，自己の事務所の所在地に本店登記している場合は，雇用契約の内容が税理士の生活のうち，継続して一定の時間を法人の支配下に置くことを内容としているものであるかぎり，その法人の事務所等に該当する。もっとも，両者の間に雇用契約がなければ，帳簿等の記帳や決算事務の代行を行うことは，税理士としての通常の業務内であり，その税理士はこれらの業務を自己の事務所で行っているにすぎず，関与先法人の事務所等とは認められない（昭和40年11月９日自治府134号自治省税務局長回答）。

（10）　親会社の所在地に本店登記している子会社

　親会社常勤の兼務役員が子会社からの給与の支給を受けることなく，親会社において子会社の事務の一部を処理している場合は，兼務役員が両社の事務に従事する形態に継続性が認められるかぎり，その役員は人的設備にあたる。また，親会社に登記した場所は物的設備の実態を備えているので，その場所は子会社の事務所等に該当する。しかし仮に，子会社の事務の一部を担当しているのが，子会社から給与の支給を受けていない親会社の従業員であれば，その従業員は子会社の人的設備と認められないので，その場所は子会社の事務所等に

該当しない（昭和40年11月9日自治府134号自治省税務局長回答）。

（11）　デパートの売店等

デパートの売店等の形態としては，つぎのように賃貸借，消化仕入または委託がある。

イ　賃貸借

　デパートが業者に対して一定の場所を賃貸し，業者の商品を自己の従業員が販売する形態（賃貸借）である[8]。通常，売場の面積や装飾などは，両者で協議することとされているものの，その決定権はデパートにある。なお，ある程度業者の商号等の表示が行われ，包装紙等も業者のものを用いていることが多い。このような場合については，業者の責任（実質的な危険負担者）で自己の従業員を使用し，販売業務を執行しているので，その場所は業者の事務所等に該当する[9]（昭和40年11月9日自治府134号自治省税務局長回答）。

ロ　消化仕入

　デパートの一部に売店を設けて，業者が自己の従業員を使用して自己の商品を自己の商標および商号を用い販売することがある。デパートとの関係は，自己の搬入した商品がその場所で売られた都度，仕入がなされたものとするという「消化仕入」である。その売上はデパートに帰属し，デ

---

8)　賃貸借とは，当事者の一方（賃貸人）がある物の使用および収益を相手方（賃借人）にさせることを約し，相手方がこれに対してその賃料を支払うことを約する有償・双務・諾成契約である（民法601）。賃料を支払う点で，使用貸借と区別され，借りた目的物そのものを返還する点で，消費貸借と区別される。なお，使用貸借とは，友人から本を借りる場合のように，当事者の一方が無償で使用および収益をした後に返還をする要物契約である（民法593）。また，消費貸借とは，当事者の一方が種類，品質および数量の同じ物をもって返還をする要物契約をいい，金銭の貸借がその典型例である（民法587）。これは，資本の獲得や投下の手段として，きわめて重要な契約である。

9)　ちなみに，職員の福利厚生事業の一環である官庁内の売店は，業者が自らの計算で事業を営んでいると認められるかぎり，業者の事務所等に該当する。また，JRのホームにある売店は，カウンター等がある程度固定化され，かつ，継続的に販売を行っているのであれば，売店を経営する業者の事務所等に該当する。

パートは売上の一定割合を控除した残額を業者に支払っている場合は，業者の責任（実質的な危険負担者）で自己の従業員を使用し，販売業務を執行しているので，その場所は業者の事務所等に該当する（昭和40年11月9日自治府134号自治省税務局長回答）。

ハ　委　　託

業者がデパートの依頼により，自己の責任において自己の従業員を使用し，食堂等を経営する形態（委託）である[10]。その売上はデパートに帰属し，業者に対しては原価率相当分─通常の仕入価格に相当する額─を支払い，その場所で飲食をする者は通常その経営者が業者であるということを知ることができないような状態にあるとしても，業者の責任（実質的な危険負担者）で自己の従業員を使用し，販売業務を執行しているので，その場所は業者の事務所等に該当する（昭和40年11月9日自治府134号自治省税務局長回答）。

もっとも，業者の納品した商品の価格の決定はデパートが行い，デパートの商標および商号を用い，主として業者の従業員が販売にあたり，デパートはその商品売上高の10％程度を販売手数料として業者に支払っているような場合で，一般の顧客はそれが業者によって販売されているということがわからないのであれば，納品した商品の売場における販売業務の執行の責任を業者が有し，その売場に派遣された業者の従業員が業者の責任者の指揮に服しているなど，明らかに販売事務の委託を業者が受けていると認められる場合を除き，その場所は業者の事務所等に該当しない（昭和40年11月9日自治府134号自治省税務局長回答）。

第2節　寮等を有する法人

地方団体内に寮等を有する法人で，その地方団体内に事務所等を有しないも

---

10)　一定の行為を他人に依頼することを「委託」（民法643）といい，委託者と受託者の間に信任関係を生じ，一定の法律関係の基礎となる。たとえば，法律行為の委託は「委任」であり，法律行為以外の事務処理の委託は「準委任」（民法656）である。

のに対しては,「均等割額」によって課税される（地法24①四, 294①四）。なお,寮等は,事務所等の 3 要件とは異なり,常時設けられている施設であれば,必ずしも人的設備を要するものではない。

1　寮　　等

　寮等とは,寮,宿泊所,クラブ,保養所,集会所その他これに類するもので,法人が従業員の宿泊,慰安および娯楽などの便宜を図るために常時設けている施設をいい,それが自己の所有に属するものであるか否かを問わない。したがって,寮等の所有権を有することは必要でないので,他から借りた施設を寮等として使用している場合も含まれる。もっとも,季節的に私人の住宅等を借り上げて,臨時に従業員に開放する「海の家」のような施設は,寮等の範囲から除かれる（取扱通知(県) 2 章51・(市) 2 章 9 ）。

2　寮等の範囲

　このように,法人が従業員の宿泊,慰安および娯楽などの便宜を図るために常時設けている施設が,寮等である。寮等の認定にあたり,問題となったケースをあげると,以下のものがある。

（1）宿　泊　施　設

　寮等の認定にあたっては,施設の使用実態に基づいて行われるので,施設の名称が,寮,宿泊所またはクラブなどと呼ばれるものであっても,たとえば,鉄道会社の従業員の乗継のための宿泊施設のように,その実質において事務所等に該当するものは,寮等に含まれない（取扱通知(県) 2 章51中段・(市) 2 章 9 中段）。同じく,電力会社の散宿所も,寮等に該当しない[11]。

（2）独　身　寮

　たとえ,施設の名称が,寮,宿泊所またはクラブなどと呼ばれるものであっても,独身寮や家族寮といった特定の従業員の居住のための施設は,寮等に含

11）　散宿所とは,事業所兼住宅で,従業員が居住し,通常は一般需要家の検針および集金事務を行う電業所をいう。

まれない（取扱通知(県)２章51・(市)２章９）。なお，独身寮の食堂は，事務所等に該当しない。というのは，委託契約が締結されていても，委託者との雇用契約で雇われたものと同程度の業務責任であれば，委託者の人的設備と認定されるからである。

（３）　リゾートマンションの１室

寮等とは，「法人が従業員の宿泊，慰安，娯楽等の便宜を図るために常時設けている施設をいい，それが自己の所有に属するものであると否とを問わない」（取扱通知(県)２章51前段・(市)２章９前段）と解釈されている。この場合における「常時設けられている施設」とは，法人が従業員に利用させようと思えば，いつでも利用させうる状態にある施設をいう。必ずしも，施設全体である必要はなく，施設内の特定の部屋が確保されているような場合でも，「常時設けられている施設」と認められる。

さらに，寮等は，「従業員の宿泊，慰安，娯楽等の便宜を図る」ものであれば足りるから，その場所で，法人の事業が行われている必要はなく，また，法人による管理・運営が行われていることも必要でない。したがって，従業員の宿泊の便宜を図るために常時設けられており，誰でも，いつでも利用できる形態のもので，特定の従業員の居住のための施設でないかぎり，リゾートマンションの１室であっても寮等に該当する[12]。

第３節　人格のない社団等

人格のない社団等で，収益事業を行うもの（収益事業を廃止したものを含む）または法人課税信託の引受けを行うものは，法人とみなされ，法人住民税が課される[13]（地法24⑥，294⑧）。逆にいえば，人格のない社団等であっても，収益事業または法人課税信託の引受けを行わないものに対しては，法人住民税は

---

[12]　保養所である旨の表示および管理人の有無は，直接関係ない。ちなみに，保養所としての持分の取得によるリゾートホテルは，部屋が不特定で利用が申し込み順により調整するなど，常に宿泊の用に供していない場合は，寮等に該当しない。ただし，そのホテルの一部の部屋を常に利用できる状態であれば，寮等に該当する。

[13]　人格のない社団等については，第１章第２節２（５）を参照のこと。

課されないわけである[14]。

1　法人税割の課税団体

　人格のない社団等が収益事業または法人課税信託の引受けを行う場合は，法人とみなして，法人に関する規定を適用する。法人とみなされるものに対する法人税割は，これらの収益事業または法人課税信託の引受けを行う事務所等所在の地方団体において課税される（地法24⑥，294⑧）。たとえば，収益事業または法人課税信託の引受けを行う事務所等がA県・a市内にあるとしても，B県・b市内に所在する事務所等が収益事業および法人課税信託の引受けを行っていない場合には，B県・b市は法人税割を課税することはできない。

　ここで，収益事業とは，販売業，貸付業および製造業など，法人税法施行令5条に列記する事業で，継続して事業場を設けて営まれるものをいう（地令7の4本文，47）。現実には，大部分の社会通念上の営業行為が含まれる。また，法人課税信託とは，信託段階において，受託者を納税義務者として法人税が課される新たな信託の類型をいい，法人課税信託の受託者は，各法人課税信託の信託資産等および固有資産等ごとに，それぞれ別の者とみなして取り扱われる[15]（地法24の2①，294の2①）。

2　均等割の課税団体

　均等割については，収益事業または法人課税信託の引受けを行う事務所等に限らず，人格のない社団等の有するすべての事務所等または寮等について，そ

---

14)　平成20年以前は，法人との負担の均衡を確保する趣旨から，人格のない社団等が収益事業を行わない場合は，均等割のみを課税することとされていた（旧地法24①四，294①四）。ところが，収益事業を行わない人格のない社団等については，法人税の納税義務者とならないので，捕捉が困難であり，実際には各地方団体において，申請に基づき課税免除等を行い，実質的に均等割の負担を求めていない場合が多かった。こうした実態を踏まえ，平成20年度税制改正により，人格のない社団等が収益事業を行わない場合の取扱いが統一され，均等割を課税しないこととされている（地法24⑥，294⑧）。

15)　法人課税信託については，第4章第3節を参照のこと。

の事務所等または寮等所在の地方団体が課税することとされている[16](取扱通知(県)2章3(2)後段・(市)2章8(2)後段)。したがって，収益事業または法人課税信託の引受けを行う事務所等所在のA県・a市はもちろん，収益事業および法人課税信託の引受けを行っていない事務所等所在のB県・b市および寮等所在のC県・c市も，均等割を課税することになる。

なお，①法人でない社団または財団の規約・規則等において代表者または管理人を置くものとし，規約・規則等に基づいて代表者または管理人が定められているとき，②規約・規則等に基づかないものであっても，法人でない社団または財団の事業活動を代表する者または管理する者が定められていると認められているとき，③上記①・②に該当しないが，外部的にみてその団体を代表しまたは管理する者があると認められるとき，いずれかに該当する場合に代表者または管理人の定めのある人格のない社団等と認められる[17](取扱通知(県)1章19(1)・(市)1章19(1))。

第4節　絶対的非課税法人

地方団体は，国，非課税独立行政法人，国立大学法人等，都道府県および市町村など，地方税法上の公共法人に対しては，法人住民税を課することができない[18](地法25①一，296①一)。それ以外の公共法人は，最低税率の均等割のみが課税される。その場合であっても，法人税が非課税であるので，法人税割

---

16) もちろん，収益事業の結果，所得が発生せず，法人税割を納付しない場合でも，均等割の納税義務に変わりはない。

17) たとえば，その経理の収支が法人でない社団または財団の一定の者の名においてのみ行われ，または一定の者が法人でない社団または財団の行為として行ったものが通常その団体の行為として認められる場合などが，上記③に該当する（取扱通知(県)1章19(1)ウ・(市)1章19(1)ウ）。

18) なお，非課税独立行政法人とは，その資本金の額もしくは出資金の額の全部が国により出資されることが，法律において定められているもの，またはこれに類するものであって，その実施している業務のすべてが国から引き継がれたものとして，総務大臣が指定したものに限る。また，国立大学法人等とは，国立大学法人および大学共同利用機関法人をいう（地法25①一括弧書）。

は発生しない。

1　地方税法上の公共法人

　地方税法25条1項1号および296条1項1号に掲げる公共法人（地方税法上
の公共法人）は，その性格から，いかなる場合においても，法人住民税が非課
税とされる。もっとも，この非課税とされる法人の範囲は，必ずしも，法人税
法2条5号に掲げる法人（法人税法別表1の公共法人）の範囲とは一致していな
い。それゆえ，法人税法別表1の公共法人に該当するのであれば，常に，法人
住民税が非課税とされるわけではない。

図表7　地方税法上の公共法人

国	非課税独立行政法人	国立大学法人等
日本年金機構	都道府県	市町村
特別区	地方公共団体の組合	財産区
合併特例区	地方独立行政法人	港務局
土地改良区	土地改良区連合	水害予防組合
		独立行政法人郵便貯金
水害予防組合連合	土地区画整理組合	簡易生命保険管理・郵便局ネットワーク支援機構

　（出所）　地方税法25条1項1号，296条1項1号に基づき，筆者が作成。

2　法人税法別表1の公共法人

　法人税法別表1の公共法人のうち，沖縄振興開発金融公庫，株式会社国際協
力銀行および株式会社日本政策金融公庫など，地方税法上の公共法人以外の公
共法人については，最低税率の均等割のみが課税される。なぜなら，法人税
法別表1の公共法人は法人税を納める義務がないので，法人税額を課税標準
とする法人税割も課税されないからである（地法25①，296①，法法2五，4②）。
もっとも，地方団体の多くは，税条例により，地方税法上の公共法人以外の公
共法人に対して均等割を減免している[19]。

19）　たとえば，神奈川県は，法人税法2条5号の公共法人で均等割のみを課税される
　　ものに対する均等割を減免している（神奈川県税規則2一）。また，横浜市も，地

図表 8　法人税法別表 1 の公共法人

沖縄振興開発金融公庫	株式会社国際協力銀行	株式会社日本政策金融公庫
港務局	国立大学法人	社会保険診療報酬支払基金
水害予防組合	水害予防組合連合	大学共同利用機関法人
地方公共団体	地方公共団体金融機構	地方公共団体情報システム機構
地方住宅供給公社	地方税共同機構	地方道路公社
地方独立行政法人	独立行政法人	土地開発公社
土地改良区	土地改良区連合	土地区画整理組合
日本下水道事業団	日本司法支援センター	日本中央競馬会
日本年金機構	日本放送協会	福島国際研究教育機構

（注）1.　下線の引いてある法人は，地方税法上の公共法人に含まれる。
（出所）　法人税法「別表第 1 公共法人の表（第 2 条関係）」に基づき，筆者が作
　　　　　成。

第 5 節　　条件付非課税法人

　地方団体は，日本赤十字社，社会福祉法人，更生保護法人，宗教法人およ
び学校法人など，公益法人等に対して法人住民税を課することはできない[20]。
ただし，公益法人等が収益事業または法人課税信託の引受けを行う場合は，こ
の限りでない（地法 25①二・②，296①二・②）。

1　　地方税法上の公益法人等

　地方税法 25 条 1 項 2 号および 296 条 1 項 2 号に掲げる公益法人等（地方税法

　　方税法 312 条 3 項 4 号に掲げる公共法人等—均等割のみが課税される法人税法別表
　　1 の公共法人—については，市税条例 39 条 1 項 3 号（市民税の減免）の規定により，
　　必要に応じてその納付すべき均等割の全額を減免することができる（横浜市税規則
　　18 の 3④）。
[20]　なお，社会福祉法人とは，社会福祉事業—社会福祉の増進に資することを目的と
　　して，法的規制の対象とする事業—を行うことを目的として，社会福祉法の定め
　　るところにより設立された法人をいう（社会福祉法 22）。また，更生保護法人とは，
　　更生保護事業—犯罪を行った者の更生に必要な保護を行う事業—を営むことを目的
　　として，更生保護事業法の定めるところにより設立された法人をいう（更生保護事
　　業法 2⑥）。

上の公益法人等）は，その目的や性格などにかんがみ，また，これらの法人に対しては，法人税法においても，収益事業または法人課税信託の引受けを行うことから生じた所得以外の所得に対しては法人税を課さないので，これらの法人が収益事業または法人課税信託の引受けを行う場合を除き，法人住民税は課されない[21]（地法25②，296②，法法4①但書）。

　公益法人等が収益事業を行う場合は，収益事業を行う事務所等所在の地方団体においてのみ，法人税割と均等割の両方が課税される（地法24⑤，294⑦）。逆にいえば，それら以外の事務所等所在の地方団体は，たとえ，他の地方団体において収益事業が行われているとしても，これらの法人に対して法人税割も均等割も課税することはできない[22]。

　また，公益法人等が法人課税信託の引受けを行う場合は，法人課税信託に係

図表9　地方税法上の公益法人等

日本赤十字社	社会福祉法人	更生保護法人
宗教法人	学校法人	準学校法人
労働組合	職員団体等	漁船保険組合
漁業信用基金協会	漁業共済組合	漁業共済組合連合会
信用保証協会	農業共済組合	農業共済組合連合会
農業協同組合連合会	中小企業団体中央会	国民健康保険組合
国民健康保険団体連合会	全国健康保険協会	健康保険組合
健康保険組合連合会	国家公務員共済組合	国家公務員共済組合連合会
地方公務員共済組合	全国市町村職員共済組合連合会	地方公務員共済組合連合会
日本私立学校振興・共済事業団	博物館を設置することを主たる目的とする公益法人	学術の研究を目的とする公益法人
法人である政党等		

（出所）　地方税法25条1項2号，296条1項2号に基づき，筆者が作成。

[21]　たとえ，その営む収益事業が公益法人等の本来の目的たる事業であるときであっても，その事業から生ずる所得については法人税が課される（法基通15-1-1）。

[22]　もちろん，収益事業に関する経理事務や収益事業に従事する従業者の人事給与の事務を「主たる事務所」で行っていると考えられるので，「主たる事務所」所在の地方団体は，法人住民税を課することができる。この場合の分割人員は，専ら「収益事業に従事する当該法人等の従業者」のみが対象となる（昭和37年4月16日自治丙府33号自治省税務局長通達）。

る所得に対して法人税が課される（法法4①但書）。そのため，法人課税信託に係る所得が生じ法人税が課されたときは，法人税割は法人税額を課税標準として課税することとされているので，法人課税信託に係る法人税額を課税標準として法人税割が課税されることになる。この場合，法人課税信託の信託事務を行う事務所等所在の地方団体においてのみ，法人税割と均等割の両方が課税される（地法24⑤，294⑦）。

2　収益事業の特例

社会福祉法人，更生保護法人，学校法人または私立学校法64条4項の法人（準学校法人）については，これらの法人の本来の事業目的に照らし，税制上においても考慮することが適当であるとの趣旨から，これらの法人が行う事業において，その所得金額の100分の90以上の金額をその法人が行う社会福祉事業，更生保護事業，私立学校，私立専修学校または私立各種学校の経営に充てているものは，収益事業の範囲に含めないこととされている（地法24⑨，294⑨，地令7の4，47）。

ここで，所得金額の100分の90以上の金額とは，その事業により生じた所得から法人税法38条（法人税額等の損金不算入）の規定により損金に算入されない法人税等を控除した金額の100分の90以上の金額をいい，また，社会福祉事業等の経営に充てているかどうかについては，その法人の当該事業年度の決算の確定の日において判定すべきものとされている[23]。これらの収益事業において，その所得金額がなく経営に充てていない場合も，同様である。もっとも，これらの法人の行う経営そのものが法人税法施行令5条に規定する事業で，継続し

---

23)　もちろん，法人の納付する租税公課は，その性質上費用性をもたないものを除き，すべて損金に算入される。たとえば，法人税および法人住民税ならびに公益法人等に課される相続税および贈与税は，損金に算入されない（法法38①・②）。なぜなら，法人税および法人住民税は，もともと所得の中から納付するからである。また，公益法人等は，収益事業以外の所得には法人税を課さないから，その受贈益は非課税である。したがって，受贈益に対して課される相続税および贈与税は，収益事業の費用ではないわけである。

て事業場を設けて営まれるものに該当するときは，この限りでない（取扱通知（市）2章8（4））。

3　法人税法別表2の公益法人等

　地方税法上の公益法人等の範囲は，必ずしも，法人税法2条6号に掲げる法人（法人税法別表2の公益法人等）の範囲と一致するものではない。法人税法別表2の公益法人等のうち，地方税法上の公益法人等以外の公益法人等については，収益事業または法人課税信託の引受けを行うかどうかにかかわらず，均等割の納税義務を負う。もっとも，これらの法人が収益事業を行わない場合には，地方団体の税条例によって，均等割を課税しないところもある[24]。

　また，NPO法70条1項（税法上の特例）の規定において，いわゆる「NPO法人」は，法人税法別表2の公益法人等とみなされている[25]。しかし，NPO法人は，地方税法上の公益法人等とみなされているわけではない。したがって，NPO法人は，収益事業または法人課税信託の引受けを行うかどうかにかかわらず，均等割の納税義務を負う。もっとも，NPO法人が収益事業または法人課税信託の引受けを行わない場合には，法人税が課されないので，法人税額を課税標準とする法人税割も課税されない（地法24⑤，294⑦，法法4①但書）。

　言い換えれば，非営利型法人やNPO法人など，地方税法上の公益法人等以外の公益法人等は，収益事業または法人課税信託の引受けを行い，法人税が課されると，法人税割も課税されることとなる[26]。この場合，法人税割につい

24）　たとえば，神奈川県は，法人税法2条6号の公益法人等で均等割のみを課税されるものに対する均等割を減免している（神奈川県税規則2一）。また，横浜市も，地方税法312条3項4号に掲げる公共法人等―均等割のみが課税される法人税法別表2の公益法人等―については，市税条例39条1項3号（市民税の減免）の規定により，必要に応じてその納付すべき均等割の全額を減免することができる（横浜市税規則18の3④）。

25）　NPO法人については，第1章第2節2（3）を参照のこと。

26）　ちなみに，一般法人であっても，営利法人と異なる特性を有するものについては，常に法人税の課税を行うこととせず，利益を獲得すると認められる事業，すなわち，営利法人と競合する収益事業を行う場合にのみ収益事業課税を適用する。この収益

図表10　法人税法別表２の公益法人等

委託者保護基金	非営利型の一般財団法人	非営利型の一般社団法人
社会医療法人	外国人技能実習機構	貸金業協会
学校法人	企業年金基金	企業年金連合会
危険物保安技術協会	行政書士会	漁業共済組合
漁業共済組合連合会	漁業信用基金協会	漁船保険組合
勤労者財産形成基金	軽自動車検査協会	健康保険組合
健康保険組合連合会	原子力損害賠償・廃炉等支援機構	原子力発電環境整備機構
高圧ガス保安協会	広域的運営推進機関	広域臨海環境整備センター
公益財団法人	公益社団法人	更生保護法人
小型船舶検査機構	国家公務員共済組合	国家公務員共済組合連合会
国民健康保険組合	国民健康保険団体連合会	国民年金基金
国民年金基金連合会	市街地再開発組合	自動車安全運転センター
司法書士会	社会福祉法人	社会保険労務士会
宗教法人	住宅街区整備組合	酒造組合
酒造組合中央会	酒造組合連合会	酒販組合
酒販組合中央会	酒販組合連合会	商工会
商工会議所	商工会連合会	商工組合
商工組合連合会	使用済燃料再処理機構	商品先物取引協会
消防団員等公務災害補償等共済基金	職員団体等	職業訓練法人
信用保証協会	生活衛生同業組合	生活衛生同業組合連合会
税理士会	石炭鉱業年金基金	船員災害防止協会
全国健康保険協会	全国市町村職員共済組合連合会	全国社会保険労務士会連合会
損害保険料率算出団体	地方競馬全国協会	地方公務員共済組合
地方公務員共済組合連合会	地方公務員災害補償基金	中央職業能力開発協会
中央労働災害防止協会	中小企業団体中央会	投資者保護基金
独立行政法人	土地改良事業団体連合会	土地家屋調査士会
都道府県職業能力開発協会	日本行政書士会連合会	日本勤労者住宅協会
日本公認会計士協会	日本司法書士会連合会	日本商工会議所
日本消防検定協会	日本私立学校振興・共済事業団	日本税理士会連合会
日本赤十字社	日本電気計器検定所	日本土地家屋調査士会連合会
日本弁護士連合会	日本弁理士会	日本水先人会連合会
認可金融商品取引業協会	農業共済組合	農業共済組合連合会
農業協同組合連合会	農業信用基金協会	農水産業協同組合貯金保険機構
負債整理組合	弁護士会	保険契約者保護機構
水先人会	輸出組合	輸入組合
預金保険機構	労働組合	労働災害防止協会
労働者協同組合		

（注）　1.　下線の引いてある法人は，地方税法上の公益法人等に含まれる。
（出所）　法人税法「別表第２公益法人等の表（第２条，第３条，第37条，第66条，
　　　　　附則第19条の２関係）」に基づき，筆者が作成。

ては，収益事業または法人課税信託の引受けを行う事務所等所在の地方団体に
対して納税義務を負うことになる。

　なお，これらの法人が収益事業を開始した場合は，収益事業の開始事業年度
については，前年の4月1日から収益事業の開始日の前日までの期間の「均等
割額」と，収益事業の開始日から事業年度の末日までの期間の「均等割額及び
法人税割額」を合算して，申告納付することになる（取扱通知(県)2章42(2)・
(市)2章47(3)）。

第6節　税条例による課税免除

　およそ租税に関して，負担能力に対する配慮なしには，制度の存続そのもの
が危うくなる。負担能力に対する配慮は，法律のレベルのみならず，条例のレ
ベルにおいてもなされる。したがって，地方税法上の非課税措置とは別に，地
方団体の自主的判断によって課税をしないこと（課税免除），または不均一課税
を行うことができる[27]。また，地方税法の許容する減免も，税条例の定める
ところによって実施することとされている。

1　自主財政主義

　そもそも，地方団体は，憲法上の自治権の一環として，課税自主権をもち，
それによって，自主的に，その財源を調達することができる。日本国憲法は，
「地方公共団体（地方団体）の組織及び運営に関する事項は，地方自治の本旨
に基いて，法律でこれを定める」（憲法92）とした上で，地方団体は，「その財

　事業課税を行う一般法人は，いわゆる「非営利型法人」として，法人税法別表2の
　公益法人等の範囲に含まれる。非営利型法人には，①非営利性が徹底された法人と，
　②共益的活動を目的とする法人との2類型が規定されている。
27)　不均一課税とは，地方税について認められている制度で，地方団体が一部の住民
　に対して他の住民と異なる税負担を課することである。地方団体は，公益上その他
　の事由のある場合には，一部の住民の税負担を軽減することができ，また逆に，特
　に一部の住民にだけ行政サービスの恩恵がある場合には，その一部の住民の税負担
　を重くすることができる（地法6②，7）。

産を管理し，事務を処理し，及び行政を執行する権能を有し，法律の範囲内で条例を制定することができる」(憲法94)と定めている。さらに，憲法84条の「法律」には，条例も含まれると一般に解される。

　ここでいう「地方自治の本旨」は，2つの自治からなる。地方自治の実現のためには，何よりもまず，その地域のことは，その地域の住民が自ら決定するという「住民自治」が不可欠である。それを実現するためには，その地域における公共事務が国から独立して行われるべきだという「団体自治」が要請される。すなわち，地方自治は，住民自治が基本であり，そのために，団体自治があると捉えられる。

　住民自治の下では，地方税の賦課徴収は，住民の代表機関である地方議会の制定した税条例の根拠に基づかなければならない。地方税の場合には，税条例によって，「代表なければ課税なし」という，租税法律主義の古典的理念が満たされる[28]。しかも，自主財政権の主要な内容をなす課税自主権の中心が租税立法権にあることからも，地方税条例主義が要求されるわけである。

　自主財政主義の趣旨にかんがみると，地方団体の自主性が十分に尊重されるべきであって，国の法律で地方税のすべてを一義的に規定しつくすことは適当でなく，国の行政機関の指揮監督はなるべく排除すべきである。もっとも，自主財政主義は，地方団体ごとに税制が区々になり，住民の税負担が甚だしく不均衡になるのを防ぐために，地方団体の課税自主権に対して，国の法律で統一的な準則や枠を設けることを全面的に否定するものではない。そのような準則を設定した法律として，地方税法がある[29]。

---

28)　今日の租税法律主義の意義としては，経済活動に対する法的安定性や予測可能性を保障することが重要であり，そのため，課税要件法定主義や課税要件明確主義が重視される。課税要件法定主義とは，課税要件は必ず法律で定められなければならないとする原則をいい，一方，課税要件明確主義は，租税においては自由裁量が排除されるという原則である。

29)　ちなみに，地方団体は，住民に対しては，憲法上，課税権を行使しうる。それ以外に，どの程度の範囲に納税義務者を拡大しうるかについては，法律によってなされねばならず，地方税法が制定されることの存在意義の1つも，そこにある。

　地方税の賦課徴収に関する法規は，基本的には，原則として税条例で定立されるべきものであり，例外として住民の税負担の不平等や財政状況の不均衡の是正の必要があるときにかぎり，法律をもって制限を加えるものとして定立されている。地方税法6条1項は，「地方団体は，公益上その他の事由に因り課税を不適当とする場合においては，課税をしないことができる」と定めており，この措置が課税免除である。

　すなわち，地方税法自体が課税しないと定めている場合を「非課税」というのに対して，地方団体の自主的な課税をしない措置を「課税免除」と呼ぶ。しかしながら，納税義務者の立場からすれば，その根拠が地方税法であるか，税条例であるかの違いがあるだけで，租税債務が発生しない点において，非課税にほかならない。

2　課税免除の実例：神戸市税条例

　いずれにせよ，課税免除とは，税条例による「地方団体の自主的な非課税措置」だといってよい。したがって，その内容は，地方団体ごとに異なる。たとえば，神戸市税条例をみると，法人住民税について，以下のような課税免除の規定が設けられている。

（1）法人税法別表1の公共法人

　神戸市税条例19条の3は，まず1項で「（地方税法）第296条第1項第1号及び第2号に掲げる者に対しては，市民税の均等割を課さない」とし，2項で「第296条第1項第1号及び第2号に掲げる者に対しては，市民税の法人税割を課さない」とした上で，3項において「法人税法第2条第5号の公共法人（第1項に該当する者を除く）に対しては，均等割を課さない」と規定している。結果として，法人税法別表1の公共法人は，法人税が非課税であるので，地方税法上の公共法人に該当するかどうかにかかわらず，法人住民税は非課税とされる。

（2）均等割の免除

　つぎのものに対して課する法人市民税については，均等割を免除する[30]。

ただし，その法人が法人税割を課せられるときは，この限りでない（神戸市税規則15の2④）。

　　イ　政治資金規正法に規定する政党

　　ロ　納税貯蓄組合法に規定する納税貯蓄組合および納税貯蓄組合連合会

　　ハ　学校教育法1条に規定する学校の教職員組合および後援団体

　　ニ　神戸商工会議所

　　ホ　防犯協会，防火協会，交通安全協会，自治会，管理組合法人，団地管理
　　　　組合法人，マンション建替組合，認可地縁団体，青年団，婦人会その他市
　　　　長が特に認めるもの

　したがって，これらの法人は，法人税が非課税になる場合には，法人住民税も免除される。逆に，欠損法人であったとしても，法人税が非課税でないかぎり，法人住民税は課されることになる。この点は，NPO法人，非営利型法人または公益法人の場合も，同様である（神戸市税規則15の2⑤・⑥）。これらの課税免除の規定によって，地方税法上の公益法人等以外の公益法人等についても，収益事業を行わないかぎり，均等割は課税されないことになる。

第7節　多様な組織体の納税義務

　旧来からある任意組合，匿名組合，協同組合，協業組合および企業組合などのほか，平成10年以降，NPO法人，特定目的会社（SPC），証券投資法人（投資法人），中間法人，LLPおよびLLCなど，新しい型の組織体が立法過程の前面に次々と登場した[31]。これらの組織体には，法人税・法人住民税の納税義

---

30)　このほか，①清算法人か，②連絡所・詰所等で従業者2人以下の法人の，いず
　　れかに該当し，「市長が必要があると認めるものに対する市民税については，それ
　　ぞれ該当する期間に応じ，均等割額の10分の5に相当する額を減免する」として，
　　均等割の課税免除を行っている（神戸市税条例33③）。もちろん，課税免除である
　　以上，いずれの場合も，事務所等に該当することが前提となる。後者は，零細企業
　　に対する特例措置と考えられる。

31)　ちなみに，中間法人とは，これまで，営利も公益も目的としない法人の総称とし
　　て使われてきた名称である。平成13年に制定された中間法人法は，①不適正公益
　　法人の中間法人化政策，②権利能力のない社団の吸収，③NPO法の補充的立法と

務を負うものと負わないものとがある。

1　任意組合・匿名組合と協同組合等

　法人税・法人住民税の納税義務者は，図表11に表示したとおり，公共法人，公益法人等，協同組合等，人格のない社団等および普通法人に分けられる。たとえば，協同組合，協業組合および企業組合は，法人税法では法人格が認められ，法人税が課される。協同組合は，その性格と経済的負担能力を考慮して，法人税率が軽減されている。一方，協業組合・企業組合は，普通法人として通常の法人税率が適用される。また，協同組合，協業組合および企業組合に対しては，法人住民税も課される。

　同じ「組合」という名称が付されていても，任意組合は，租税法上法人では

図表11　法人税・法人住民税の納税義務者

法 人 の 区 分	収益事業等	法人税	法人住民税	
			均等割	法人税割
地方税法上の公共法人	―	非 課 税		
上記以外の公共法人	―	非課税	課 税	非課税
地方税法上の公益法人等	無	非 課 税		
	有	課 税		
上記以外の公益法人等	無	非課税	課 税	非課税
	有	課 税		
協同組合等	―	課 税		
人格のない社団等	無	非 課 税		
	有	課 税		
普通法人	―	課 税		

（注）　なお，収益事業等とは，収益事業，法人課税信託の引受けまたは退職年金業務等である。

（出所）　地方税法24条，25条，294条，296条，法人税法4条に基づき，筆者が作成。

　いう，別の意義を担わされて立法されたものである。ここで，中間法人とは，「社員に共通する利益を図ることを目的とし，かつ，剰余金を社員に分配することを目的としない社団」につき，準則主義により設立を認めるものをいう（中間法人法2一）。しかし，中間法人法は，立法目的とは裏腹に，十分に機能しなかったため，一般法人法の施行に伴い，平成20年12月1日をもって廃止された。

なく，契約関係として捉え，組合員が参加する協同事業として，その取扱いを定めている。匿名組合も，任意組合と同様に，契約関係であり，法人でないことは共通する。しかし，匿名組合の組合員は，営業者に出資して利益の分配を受けるものの，共同して事業を行わない。これに対して，任意組合は組合員による共同事業であるため，両者に相違がある。とはいえ，租税法は，匿名組合も営業者と出資者の契約として扱っており，任意組合・匿名組合は法人格が認められないので，法人税・法人住民税は課されない。

2　特別法上の法人

　特別法に基づく法人としては，従来から，医療法に基づく医療法人および公認会計士法に基づく監査法人などがあったが，近年，多くの特別法上の法人が創設されている。たとえば，税理士法に基づく税理士法人および弁護士法に基づく弁護士法人などである。

（1）医療法人

　医療法人制度は，医療事業の経営主体を法人化することにより，医業の永続性を確保するとともに，資金の集積を容易にし，医業経営の非営利性を損なうことなく，医療の安定的普及を図るため，昭和25年に創設された。医療法人とは，病院，医師もしくは歯科医師が常時勤務する診療所，介護老人保健施設または介護医療院の開設・所有を目的とする社団法人または財団法人をいう（医療法39）。その設立には，法律の定める要件を具備し，都道府県知事の認可を受けなければならないという「認可主義」が採用されている（医療法44）。

　医療法7条7項では，「営利を目的として，病院，診療所又は助産所を開設しようとする者に対しては，第4項（要件の適合性）の規定にかかわらず，第1項の許可（開設地の都道府県知事の許可）を与えないことができる」と規定され，医療法人も営利を目的としないよう「医療法人は，剰余金の配当をしてはならない」（医療法54）と厳格に規制されている。この非営利性が，医療法人の最大の特徴といえる。医療法人は，法人事業税において特別法人とされ，一般の法人よりも軽減された税率が適用される[32]（地法72の24の7①・⑥十）。

　もっとも，社会医療法人以外の医療法人については，法人税では普通法人と同様の取扱いとなる[33]。さらに，法人住民税においても，普通法人とされる。医療法人のうち，社団たる医療法人で持分の定めのあるものは，その「資本金等の額」に応じて均等割額を算定し，それ以外の医療法人は「保険業法に規定する相互会社以外の法人で資本金の額又は出資金の額を有しないもの」の区分の均等割額を適用する（地法52①表一，312①表一）。なお，令和4年3月現在，5万7,141医療法人のうち，3万7,490法人（構成比65.6％）が持分のある社団医療法人である[34]。

（2）監査法人

　監査法人制度は，監査の水準を一定以上に保ち，かつ，組織規律と相互監視の下で監査の公正性と信頼性を高めるための組織的監査の必要性から，昭和41年の公認会計士法改正により創設された。監査法人とは，他人の求めに応じ報酬を得て，財務書類の監査または証明をする業務を組織的に行うことを目的として，公認会計士法に基づき5人以上の公認会計士が共同して設立した法人をいい，社員の民事責任は合名会社制度をベースに無限連帯責任とされている（会計士法1の3③，2，34の2の2，34の7）。

　監査法人の民事責任に関しては，諸外国において有限責任形態の監査事務所が一般化していることや，わが国においても社員数が数百人を超える大規模な監査法人が出現している現状などにかんがみ，平成19年の公認会計士法改正

---

32)　このほか，特別法人としては，法人税法別表3の協同組合等（第1章第2節2（4）参照）がある（地法72の24の7⑥，法法2ニ⑦）。

33)　ちなみに，社会医療法人とは，医療法人のうち，救急医療等確保事業に係る業務を行っていること，その業務を行う病院または診療所の構造設備・体制・実績に関し厚生労働大臣が定める基準に適合していること，などの一定の要件に該当するものとして，都道府県知事の認定を受けたものをいい，令和4年3月現在，338法人が認定されている（医療法42の2①，厚生労働省『種類別医療法人数の年次推移』（令和4年3月））。社会医療法人は，その組織や事業運営に関する規律面や事業内容などにおいて，他の法人税法別表2の公益法人等と同様の性格を有しているので，法人税法別表2の公益法人等の範囲に含まれる。

34)　厚生労働省・前掲注33)。

により，従来型の無限責任監査法人―その社員の全部を無限責任社員とする定款の定めのある監査法人―に加え，虚偽証明に関与していない社員の責任を有限責任化するための有限責任監査法人制度が，新たに創設されている[35]（会計士法1の3④・⑤）。

　すなわち，有限責任監査法人とは，その社員の全部を有限責任社員とする定款の定めのある監査法人をいう（会計士法1の3④）。有限責任監査法人の各社員の責任が限定されていることに対応して，監査法人の財産的基盤の充実等を通じて債権者の保護を図る観点から，①登録制度，②業務を担当する社員の指定，③財産的基盤の充実，④ディスクロージャーの充実，などが規定されている（会計士法34の10の5，34の24，34の32～34の34）。

　いずれの類型の監査法人についても，法人税法に特段の定めがなく，普通法人と同様の取扱いとなる。したがって，各事業年度に収益があれば，益金の額として扱われ，経費等の損金の額を控除した残額を課税所得として法人税が課される。さらに，監査法人は，普通法人として法人住民税が課される。

（3）　税理士法人

　税理士法人とは，平成13年の税理士法改正により創設された，税理士業務を組織的に行うことを目的として，2人以上の税理士が共同して設立する法人である[36]（税理士法48の2）。税理士業務の内容が複雑化し，税理士が高齢化すると事務所の永続性も問題となる。また，税務過誤訴訟の納税者からの損害賠償請求も，高額化している[37]。そこで，複数の税理士からなる税理士法人を認めることが，税理士業務の発展や納税者の利便，規制緩和という面から望ま

---

35)　ちなみに，令和5年6月現在，281監査法人のうち，36法人が有限責任監査法人として登録されている（金融庁『有限責任監査法人登録一覧』（令和5年6月），日本公認会計士協会『会員数等調』（令和5年6月））。

36)　ちなみに，令和5年6月現在，4,884法人が税理士法人として届け出ている（日本税理士会連合会『税理士登録者・税理士法人届出数』（令和5年6月））。

37)　たとえば，大阪地判平成9年5月20日判時1633号113頁，大阪高判平成10年3月13日判時1654号54頁，千葉地判平成9年12月24日判タ980号195頁，東京高判平成10年11月9日判タ1034号166頁，東京地判平成10年11月26日判タ1067号244頁などがある。

しいと考えたのである。

　税理士法人の業務の性質上，多額の財産を有することは予測されないことも
あり，税理士法人の社員は，税理士法人の財産をもってしても，その責務を完
済できないときは無限連帯責任を負う。このように，税理士法人は，人的会社
である合名会社の性格を有しているので，合名会社（持分会社の一種）に関する
会社法の規定を多く準用している（税理士法48の21）。

　税理士法人については，法人税法に特段の定めがなく，普通法人と同様の取
扱いとなる。したがって，各事業年度に収益があれば，益金の額として扱われ，
経費等の損金の額を控除した残額を課税所得として法人税が課される。ただし，
会社法2条1号の会社に準ずるとする規定が税理士法に包含されていないので，
税理士法上の特別法人とされ，同族会社に該当することはない。また，法人住
民税においても，税理士法人は普通法人として，この法人税額を課税標準とす
る法人税割と均等割が課税される。

（4）　弁護士法人

　弁護士法人とは，平成13年の弁護士法改正により創設された，弁護士業務
を行うことを目的とする法人である[38]（弁護士法30の2）。弁護士業務の複雑化
等に伴い，総合的な法律サービスを提供することができるように，国民の利便
や規制緩和などの観点から，法人化することが認められたのである。

　弁護士法人は，営利を目的とするものではなく，株式会社等の会社とは異な
る。また，弁護士法人は，一般法人法に基づく一般社団法人や公益社団法人で
もなく，弁護士法に基づいて設立される特別法人である。弁護士法人は，専門
家たる弁護士が社員間の人的信頼関係に基づき設立するもので，弁護士業務の
性質上，個人としての責任が強く，それに多額の財産を有することが想定され
ないので，人的会社である合名会社（持分会社の一種）の規定を準用するか，ま
たは類似の規定を設けている（弁護士法30の30）。

---

[38]　ちなみに，令和5年6月現在，1,615法人が弁護士法人として日本弁護士連合会
　　の会員となっている（日本弁護士連合会『日弁連の会員』（令和5年6月））。

弁護士法人については，法人税法に特段の定めがなく，普通法人と同様の取扱いとなる。したがって，各事業年度に収益があれば，益金の額として扱われ，経費等の損金の額を控除した残額を課税所得として法人税が課される。ただし，会社法2条1号の会社に準ずるとする規定が弁護士法に包含されていないので，弁護士法上の特別法人とされ，同族会社に該当することはない。また，法人住民税においても，弁護士法人は普通法人として，この法人税額を課税標準とする法人税割と均等割が課税される。

3　特定目的会社と投資法人

　平成初めのバブル崩壊後，巨額の不良債権が発生した。この不良債権の解消のため不動産売買を活性化しようと，不動産投資信託市場が整備され，新しい組織体として，特定目的会社と投資法人が創設されたのである。

（1）　特定目的会社

　もともと，「資産の流動化に関する法律」（資産流動化法）の制定は，不良債権処理の一環として検討され始めた。特定目的会社の創設当時，金融機関等の抱える膨大な不良債権の流通を促進することが不可欠であると判断された。ところが，既存の流動化システムでは，その機能を果たせず，新しいメカニズムが必要となった。それが，平成10年の資産流動化法の成立につながる。

　特定目的会社（SPC）とは，会社法上の会社とは異なり，資産の流動化を行うことのみを目的として，資産流動化法に基づき設立された社団法人である（資産流動化法2③）。具体的には，SPCは，資産対応証券を発行し，それによって得られる金銭をもって特定資産を取得し，その資産の管理および処分により得られる金銭をもって，資産対応証券の元本や金利・配当等を支払う一連の業務を行う（資産流動化法2②）。さらに，資産流動化法は，平成12年に改正され，対象資産が不動産に限定されず，対象資産が拡大されるとともに，流動化の媒体として新たに信託形態が認められ，SPCと並んで特定目的信託が導入された。

（2）　投資法人

　平成10年に，金融システム改革の一環として，証券投資信託法を改正し，「証券投資信託及び証券投資法人に関する法律」（旧投信法）が制定された。この改革により，会社組織を利用した証券投資信託と同様の集合的スキームである，証券投資法人が創設された。さらに，旧投信法は，「投資信託及び投資法人に関する法律」（投信法）に改められ，新たに不動産投資も行える投資法人（会社型不動産投資信託）も認められることになり，いわゆる「日本版リート」が平成12年に登場した。

　投資法人とは，資産を主として特定資産に対する投資として運用することを目的として，投信法に基づき設立された社団法人である（投信法2⑫）。投資法人は，法人格を有し，株式会社と同様に商人とみなされる（投信法61，65）。しかし，資産の運用以外の行為を営業とすることはできず，資産の運用についても外部の専門家に委ねられる（投信法63①）。その結果，事業所や従業員は必要なく，本店以外に営業所を設け，または使用人を雇用することはできない（投信法63②）。

（3）　導管型法人の課税ルール

　SPC・投資法人は，いずれも導管型法人として，その利益の大部分を社員に配当することが予定されている[39]。これらの法人のうち，一定の要件を満たすものが，利益の90％超を配当した場合には，配当に充てた金額は，損金に算入し課税対象から除外することにされた（旧措法67の14，67の15）。この措置により，実質的にSPC・投資法人に対する法人税は非課税となり，導管型法人としての機能が高められる。また，法人税が非課税となるので，法人税割も課税されない。もっとも，SPC・投資法人は，あくまで法人格を有する普通法人であるから，事務所等の3要件を備えているかぎり，均等割は課税される。

　また，集団的投資スキームとして，特定目的信託・特定投資信託の有する機

39）　導管型法人とは，法人税の納税義務を負うが，収益の大部分を配当するなどの一定の条件下で，株主等への利益分配の損金算入が認められる結果，法人税を実質的に負担しない法人をいう。

能は，SPC・投資法人のそれと類似する[40]。税制の投資中立性を維持するためには，特定目的信託・特定投資信託をSPC・投資法人と課税の上で同様に取り扱う必要がある。こうした観点から，特定目的信託・特定投資信託の所得に対して法人税を課することとし，SPC・投資法人と同様，一定の要件を満たす場合には，配当に充てた金額は，損金に算入し課税対象から除外することにされた（旧措法68の3の3，68の3の4）。

　この特定目的信託・特定投資信託に対する課税ルールは，税制として先進的であり，きわめて興味深いものであった。ところが，その適用例がほとんどなかったため，平成19年度税制改正で廃止され，法人課税信託の制度に統合されている[41]。

4　LLPとLLC

　アメリカやイギリスでは，平成元年代に人的資産を活用する新たな組織形態として，LLP（Limited Liability Partnership）やLLC（Limited Liability Company）が導入され，ベンチャー企業の受け皿として活用されていた。このような状況の中で，わが国においても，「有限責任事業組合契約に関する法律」（LLP法）を制定し，平成17年から日本版LLPが解禁された。また，日本版LLCについては，会社法により，翌18年に創設されている。

（1）　有限責任事業組合

　有限責任事業組合（LLP）とは，共同で営利を目的とする事業を営むため，LLP法に規定する有限責任事業組合契約により成立する組合である（LLP法2）。

40）　特定目的信託とは，資産流動化法の定めるところにより設定された信託であって，資産の流動化を行うことを目的とし，かつ，信託契約の締結時において委託者が有する信託の受益権を分割することにより，複数の者に取得させることを目的とするものである（資産流動化法2⑬）。一方，特定投資信託とは，投信法2条3項に規定する投資信託のうち，①委託者指図型の証券投資信託と，②受益証券の発行に係る募集が公募により主として国内において行われる投資信託との2種類を除く，すべての投資信託である（旧法法2二十九の三）。

41）　法人課税信託については，第4章第3節を参照のこと。

なお，有限責任事業組合契約は，個人または法人が出資して，それぞれの出資の価額を責任の限度として共同で営利を目的とする事業を営むことを約し，各当事者がそれぞれの出資に係る払込みまたは給付の全部を履行することによって，その効力を生ずる（LLP法3①）。

　LLPは，①構成員全員が有限責任で，②損益や権限の分配が柔軟に決めることができるなど内部自治が徹底し，③構成員課税の適用を受けるという，3つの特徴を兼ね備えている。つまり，LLPは，民法上の組合（任意組合）の特例で法人格がなく，権利義務や事業上の損益が構成員に直接帰属するので，構成員課税が適用されるのである。したがって，LLPに対しては，法人税・法人住民税は課されない。

（2）合同会社

　合同会社（LLC）は，会社法で創設された新しい種類の会社である（会社法2一）。LLCは，社員となろうとする者が定款を作成して，その全員がこれに署名または記名捺印し，出資する金銭を全額払込み，または金銭以外の財産について全部を給付することを要し，本店所在地において設立登記をすることによって成立する（会社法575①，578，579）。LLCの最大の特徴は，会社の組織運営に関して定款自治が大幅に認められていることにある。

　LLCの運営については，組合と同様に社員が直接業務にあたり，定款変更など会社の基本についても社員全員で決定するという会社であり，会社存立の基盤が社員自身にあるという意味では，人的会社ということができる。このように，構成員が有限責任であることはもとより，内部関係について定款自治を基本としているため，LLPとLLCの違いは，簡単にいえば，①法人格の有無と，②構成員課税の有無との2点である。

　LLCは，合名会社および合資会社と同じく持分会社の一種であり，内部関係についての規律は同一の規定が適用され，法人格を有する（会社法575①）。こうした会社形態から，LLCは，合名会社・合資会社と同じく，持分会社として普通法人に含まれ，法人税・法人住民税の課税対象となる（法法2九）。米国LLCのように，構成員課税を適用するには，合名会社・合資会社と異なる

課税を行う強い理由が必要であろう[42]。

　もっとも，米国LLCが，日本国内に事務所等を有する場合には，アメリカの税務上，事業体課税または構成員課税のいずれの選択を行ったかにかかわらず，わが国の税務上，外国法人として法人税・法人住民税の納税義務を負う（法法2四）。なぜなら，米国LLCは，商行為をなす目的で各州のLLC法に準拠して設立された事業体であり，その設立に伴い商号等の登録（登記）等が行われ，法的主体となることが認められていることなどから，原則的には，わが国の私法上，外国法人に該当するものと考えられる[43]。

第8節　外国法人の納税義務

　外国法人は，内国法人と同様，日本国内に事務所等を有する場合には，地方法人二税の納税義務を負う。外国法人とは，国内に「本店又は主たる事務所若しくは事業所を有しない法人」をいい，「恒久的施設をもって，その事務所又は事業所とする」ものである[44]（法24③，72の2⑥，294⑤）。

1　外国法人の事務所等

　国際間における課税通念，二重課税の回避または脱税の防止の見地から，恒久的施設をもって，その外国法人の事務所等とされる。いわゆる「恒久的施設（PE）」（地法23①十八，292①十四）については，その特殊性から，国際慣行等を考慮して，特に政令で定められており，支店PE，建設PEおよび代理人PE

---

42)　LLCに対する構成員課税の適用については，立法段階で議論され，参議院法務委員会で「合同会社に対する課税については，会社の利用状況，運用実態等を踏まえ，必要があれば，対応措置を検討する」との附帯決議がなされている（平成13年6月28日162回国会参議院法務委員会会議録26号）。

43)　国税庁「米国LLCに係る税務上の取扱い」『質疑応答事例』（平成29年7月）。

44)　内国法人が「国内に本店又は主たる事務所を有する法人」（法法2三）と定義されるので，外国法人とは，外国法によって，設立された法人で，国外に本店または主たる事務所を有するものということができる（法法2四）。なお，内国法人は，そのすべての所得について，わが国において法人税の納税義務があるのに対して，外国法人は，日本国内で生じた所得に限って，納税義務を負うことになる。

の3種類がある。

（1）　支店ＰＥ

支店PEとは，国内にあるつぎに掲げる場所をいう（地令7の3の2①，10①，46の2の3①，法令4の4④）。

イ　事業の管理を行う場所，支店，事務所，工場または作業場

ロ　鉱山，石油または天然ガスの坑井，採石場その他の天然資源を採取する場所

ハ　その他事業を行う一定の場所

（2）　建設ＰＥ

建設PEとは，外国法人の国内にある建設もしくは据付けの工事，またはこれらの指揮監督の役務の提供で1年を超えて行う場所（長期建設工事現場等）をいう [45]（地令7の3の2②，10②，46の2の3②，法令4の4②）。

もっとも，つぎに掲げる活動の区分に応じて定める場所は，支店PE・建設PEに含まれない（地令7の3の2④，10④，46の2の3②，法令4の4④）。

イ　外国法人に属する物品または商品の保管，展示または引渡しのためにのみ使用する施設

ロ　外国法人に属する物品または商品の在庫を保管，展示または引渡しのために保有することのみを行う場所

ハ　外国法人に属する物品または商品の在庫を事業を行う他の者による加工のために保有することのみを行う場所

ニ　その事業のために物品もしくは商品を購入し，または情報を収集することのみを目的として保有する支店PEに掲げる場所

ホ　その事業のために上記イ～ニに掲げる活動以外の活動を行うことのみを目的として保有する支店PEに掲げる場所

ヘ　上記イ～ニに掲げる活動およびそれ以外の活動を組み合わせた活動を行

---

45)　なお，契約を分割して建設工事等の期間を1年以下とした場合には，分割された期間を合計した期間（重複する期間を除く）が1年を超えるかどうかで判定される（地令7の3の2③，10③，46の2の3②，法令4の4③）。

うことのみを目的として保有する支店PEに掲げる場所

（3） 代理人PE

代理人PEとは，国内において外国法人に代わって，その事業に関し，反復して，つぎに掲げる契約を締結し，または外国法人により重要な修正が行われることなく，日常的に締結される契約の締結のために反復して主要な役割を果たす者（契約締結代理人等）をいう（地令7の3の2⑦，10⑦，46の2の3③，法令4の4⑦）。

　　イ　外国法人の名において締結される契約

　　ロ　外国法人が所有し，または使用の権利を有する財産について，所有権を移転し，または使用の権利を与えるための契約

　　ハ　外国法人による役務の提供のための契約

もっとも，国内において外国法人に代わって行動する者が，その事業に係る業務を，外国法人に対して独立して行い，かつ，通常の方法により行う場合には，その者（独立代理人）は，契約締結代理人等に含まれない。ただし，独立代理人が，専らまたは主として1または2以上の自己と特殊の関係にある者に代わって行動する場合は，この限りでない（地令7の3の2⑧，10⑧，46の2の3③，法令4の4⑧）。

ところで，国内法における恒久的施設の定義は，昭和37年度税制改正において，わが国が締結していた租税条約の規定の例などを踏まえて定められた骨格がおおむね維持されてきており，わが国が締結している租税条約の多くやOECDモデル租税条約における恒久的施設の定義との乖離が大きくなっていた。このような恒久的施設を巡る国内外の状況にかんがみ，平成30年度税制改正により，上記のように恒久的施設の範囲を国際的なスタンダードに合わせられた。また，併せて，恒久的施設に係る租税条約と国内法の規定の適用関係も明確化されている[46]。

46）　財務省『平成30年度税制改正の解説』658頁（2018年）。これにより，BEPS防止措置実施条約等による租税条約での対応と，今般の国内法の見直しによる対応が

2　租税条約における恒久的施設

　恒久的施設に該当する範囲について，国内法と租税条約の間で差異がない場合には，いずれの基準で判断しても，結果は同じである。ところが，租税条約の恒久的施設に関する規定が法人住民税に適用される場合において，恒久的施設の範囲が地方税法23条1項18号および292条1項14号に掲げるものと異なるときは，租税条約において恒久的施設とされた場所をもって外国法人に係る事務所等とすることとされている（取扱通知（県）2章3（1）・（市）2章8（1））。

　たとえば，日本とアメリカの間には，「所得に対する租税に関する二重課税の回避及び脱税の防止のための日本国政府とアメリカ合衆国政府との間の条約」（日米租税条約）がある。それによれば，恒久的施設（PE）とは，事業を行う一定の場所であって，企業がその事業の全部または一部を行っている場所をいい，特に，事業の管理の場所，支店，事務所，工場，作業場，鉱山，石油または天然ガスの坑井，採石場，その他天然資源を採取する場所を含むものとされている（日米租税条約5①・②）。

　このほか，企業に代わって行動する者（独立代理人を除く）が，一方の締約国内で，企業の名において契約を締結する権限を有し，かつ，この権限を反復して行使する場合には，企業は，その者が企業のために行うすべての活動について，一方の締約国内に恒久的施設を有するものとされる（日米租税条約5⑤）。

　また，建築工事現場，建設もしくは据付けの工事，または天然資源の探査のために使用される設備，掘削機器もしくは掘削船については，これらの工事現場，工事または探査が12月を超える期間存続する場合には，恒久的施設を構成するものとされる（日米租税条約5③）。したがって，アメリカに主たる事務所を有する法人は，1年を超える期間，建設工事の現場事務所を設けている場合には，現場事務所は恒久的施設に該当し，法人住民税の納税義務を負う。

　なお，つぎの場合は，恒久的施設に含まれない（日米租税条約5④）。

　イ　企業に属する物品または商品の保管，展示または引渡のためにのみ施設

　　相まって，わが国においても恒久的施設認定を人為的に回避することによる租税回避への対応が強化される。

を使用する場合

ロ　企業に属する物品または商品の在庫を保管，展示または引渡のためにのみ保有する場合

ハ　企業に属する物品または商品の在庫を他の企業による加工のためにのみ保有する場合

ニ　企業のために物品もしくは商品を購入し，または情報を収集することのみを目的として，事業を行う一定の場所を保有する場合

ホ　企業のためにその他の準備的または補助的な性格の活動を行うことのみを目的として，事業を行う一定の場所を保有する場合

ヘ　上記イ〜ホの活動を組み合わせた活動を行うことのみを目的として，事業を行う一定の場所を保有する場合[47]

　さらに，企業は，通常の方法でその業務を行う仲立人，問屋その他の独立の地位を有する代理人を通じて一方の締約国内で事業を行っているという理由のみでは，一方の締約国内に恒久的施設を有するものとされない（日米租税条約5⑥）。しかも，一方の締約国の居住者である法人が，他方の締約国の居住者である法人もしくは他方の締約国内において事業を行う法人を支配し，またはこれらに支配されているという事実によっては，いずれの一方の法人も，他方の法人の恒久的施設とはされない（日米租税条約5⑦）。

---

47)　ただし，一定の場所における，このような組合せによる活動の全体が準備的または補助的な性格のものである場合に限る（日米租税条約5④但書）。

第3章　均等割

chapter 3

　均等割は，均等の額によって課する住民税であり，その税率は標準税率の制度がとられている。法人道府県民税均等割の標準税率は，「資本金等の額」に応じて，年額80万円から2万円までの5段階に区分され，さらに，法人市町村民税均等割の場合は，「資本金等の額」および「従業者数」に応じて，年額300万円から5万円までの9段階に区分される[1)]（地法52①，312①）。

第1節　均等割の現代的意義

　法人住民税の均等割は，当初，個人住民税の定額制に対応するものであった[2)]。昭和50年代の地方税法改正によって，法人道府県民税の場合には，「資本等の金額（平成18年度税制改正後は，資本金等の額）」，法人市町村民税の場合には，「資本等の金額（資本金等の額）」および「従業者数」という外形標準が採用されるようになっている。

1　均等割の変遷

　その経緯を振り返ってみると，まず，昭和42年度税制改正により，法人住民税は，均等割の税率を合理化するため，資本の金額または出資金額によって

---

1)　法人道府県民税均等割には制限税率はないのに対して，法人市町村民税均等割については，制限税率（＝標準税率×1.2）が定められている（地法312②）。
2)　詳しくは，第1章第1節2を参照のこと。

税率を区分することとされた[3]。均等割の税率区分は，図表12に表示したように，「資本の金額又は出資金額が1,000万円を超える法人及び保険業法に規定する相互会社」の標準税率を道府県民税にあっては年額1,000円，市町村民税にあっては年額4,000円（制限税率7,000円）に，その他の法人等の標準税率を道府県民税にあっては年額600円，市町村民税にあっては年額2,400円（4,000円）に，それぞれ改められた（昭和42年法52①，312①・②）。

図表12　昭和42年当時の均等割の税率

区　　　分	道府県民税	市町村民税
資本の金額または出資金額が1,000万円超の法人および保険業法上の相互会社	1,000円	4,000円(7,000円)
上記以外の法人等	600円	2,400円(4,000円)

（注）　各税率は，標準税率（制限税率）である。
（出所）　丸山高満『日本地方税制史』579頁（ぎょうせい，1985年）に基づき，筆者が作成。

次いで，昭和51年に相当抜本的な改正がなされた。法人市町村民税に関して，資本の金額または出資金額と従業者数の組合せによる均等割制度となった。すなわち，「資本の金額又は出資金額が1億円を超える法人及び保険業法に規定する相互会社で，市町村内に有する事務所，事業所又は寮等の従業者の数の合計数が100人を超えるもの」の標準税率を年額2万4,000円（制限税率4万円）に，「（上記）以外のもの並びに資本の金額又は出資金額が1,000万円を超え1億円以下である法人」は1万2,000円（2万円）に，その他の法人等は7,200円（1万2,000円）に，それぞれ改められた[4]（昭和51年法312①・②）。

---

3)　この改正について，自治省（現総務省）は，あくまで中小企業の税負担の急変を避けるためと説明する（地方財務協会『改正地方税制詳解昭和42年』133頁（地方財務協会，1967年））。しかし，昭和50年代に入ると，資本規模による税率区分が細分化され，軽減税率の適用というよりも，事業活動規模による税率区分と理解したほうがよい状況になっている。その点で，この改正は，事業活動規模による税率区分の出発点，少なくとも，そうした方向を可能にするようなものであった。

4)　なお，法人道府県民税均等割の税率区分については，「資本の金額又は出資金額が1億円を超える法人及び保険業法に規定する相互会社」の標準税率を年額6,000円に，「資本の金額又は出資金額が1,000万円を超え1億円以下である法人」の標

　これらの改正によって，事業活動規模による税率区分が明確にされたのである。しかしなお，当時の均等割は，個人の場合と同様に低率の負担であった。加えて，巨額の資本を有し，経済活動の大きな法人が赤字であることのために，このような低額の均等割のみの負担にとどまることは，地方団体の経費を分任するという点からみて，割り切れないものがある。この点において，均等割の性格や税率をさらに検討する必要があった。政府税調も，『今後の税制のあり方についての答申』（昭和52年10月）において，「法人住民税の均等割については，税率区分の検討等も含め今後も負担を強化する方向で検討すべき」ことを求めている[5]。

　昭和56年度税制改正では，税率区分の基準について，資本の金額または出資金額に資本積立金額を加えた「資本等の金額」とした[6]。昭和58年や翌59年の地方税法改正を経て，平成6年度税制改正により，法人道府県民税均等割の標準税率は，「資本等の金額」に応じて，年額80万円から2万円までの5段階に区分される（平成6年法52①）。さらに，法人市町村民税均等割の場合は，「資本等の金額」のみならず，「従業者数」の要素も用いられ，年額300万円から5万円までの9段階に区分されるようになった（平成6年法312①）。

　法人市町村民税にあっては，従業者数が税率の区分に含まれているのに対して，法人道府県民税においては含まれない。なぜ，このような使い分けをしているのか，理由は判然としない。法人市町村民税均等割における「たとえ資本の金額等が同一のランクの法人であっても各市町村の区域内の事務所等の従業者数が少数なもの，たとえば小規模な出張所に対して，従業者数が多い本店や支店と同様な税負担を求めることは適当でない」という自治省（現総務省）の考え方は，理論上は法人道府県民税の場合にも妥当するはずである[7]。

　　準税率を年額3,000円に，その他の法人等の標準税率を年額1,800円に，それぞれ
　　改めている（昭和51年法52①）。
　5)　税制調査会『今後の税制のあり方についての答申』11頁（1977年）。
　6)　昭和50年代は，それまでの減税の時代に対して，増税の時代であり，その対象
　　となった法人所得課税の有力候補の1つが法人住民税の均等割であった。その大き
　　な理由は，均等割であれば，赤字法人にも税負担を求められるからである。

法人道府県民税と法人市町村民税について，区分する基準の違いはあるものの，均等割を適用する区分の細分化の歴史であった。それも，外形標準課税の色彩の強い均等割の拡充の歴史であったといってよい。もともと，均等割は，地方団体の構成員である法人に対して，所得の多寡にかかわらず，地域社会の会費（負担分任）として求められる性格のものである。にもかかわらず，「資本等の金額（平成18年度税制改正後は，資本金等の額）」または「従業者数」によって，均等とはいえない負担を求めるようになっている。

　これは，法人という主体のみに着目したというよりは，その事業活動規模を意識した制度であるといえる。それほどに，応益課税の性格を強めていったのである。

2　応益負担と負担分任

　負担分任原則とは，地方税について可能なかぎり，広い範囲の住民が負担すべきとする考え方をいう。地方自治法10条2項の規定において「住民は，法律の定めるところにより，その属する普通地方公共団体（地方団体）の役務の提供をひとしく受ける権利を有し，その負担を分任する義務を負う」と定められており，法律上の原則であるかのような外観を呈している。とはいえ，負担分任原則は，住民が負担を分かち合う基本精神を述べたものであって，そこから自動的に一定の税制が導かれるわけではない。

　負担分任の考え方は，住民が行政から受ける利益に着目するもので，その意味では応益原則を強調するものともいえる。しかも，負担分任と応益負担の区別または関連も，それほど明らかではない。1つの考え方として，負担分任原則は，地方団体の構成員としての「一般的な受益」に対応するものであり，応益原則は「個別的な受益」に対応するもので，両者の間には捉えられる受益の考え方に差があるとするものがある。しかしながら，この場合でも，「一般的

---

7)　自治省税務局編『住民税逐条解説』122〜123頁（地方財務協会，増補版，1996年）。もちろん，都道府県は市町村と違って，その区域が広いので，行政区域の狭い市町村のレベルにおけるような考慮は必要でないとの見解もある。

な受益」と「個別的な受益」を分ける具体的基準は定かでない。

　もともと，地方税は，負担の根拠としての利益説によるべきものである。他方で，能力のある者が負担するのは，公平である。たとえ，利益を享受していても，能力のない者に負担を求める税制は不公平ではないか，といわれれば，応益原則は引き下がらざるを得ない[8]。地方税についても，応益関係の明確化は困難なことかもしれない。それゆえ，負担の根拠は利益説だが，負担の配分は，応能原則をとらざるを得ない場合が多いわけである。

　税負担の配分に関する原則として，税負担は，国民の間に担税力に即して公平に配分されなければならず，各種の租税法律関係において，国民は平等に取り扱われなければならないという「租税公平主義（租税平等主義）」がある。これは，近代法の基本原理である平等原則の課税の分野における現われであり，直接的には，憲法14条1項の命ずるところである[9]。内容的には，担税力に即した課税と，租税の公平・中立を要請する。税負担が担税力に即して配分されなければならないことは，今日の租税理論が一致して認めるところである。

　租税公平主義は，租税法の定立にあたって，租税の観点から，本質的に同じ場合を恣意的に異なって取り扱い，または本質的に異なる場合を恣意的に同じように取り扱うことを禁ずる。しかし，実際には，その判断は，必ずしも容易ではない。最高裁も，サラリーマン税金訴訟において，「その立法目的が正当なものであり，かつ，当該立法において具体的に採用された区分の態様が右目的との関連で著しく不合理であることが明らかでない限り，その合理性を否定することができず，これを憲法14条1項の規定に違反するものということは

---

8)　たとえば，負担分任を一番極端なかたちで表現しているのが，イギリスのサッチャー政権が導入したコミュニティ・チャージである。だが，この税金は，国民の負担能力を無視して強権的に導入された税金だけに，国民の反撃にあって，結局，政府は撤回せざるを得なかった。

9)　憲法14条1項にいう「法の下の平等」とは，法適用の平等のみならず，法そのものの内容も平等の原則に従って定立されるべきだという法内容の平等をも意味するものであり，各人の性別，能力，年齢，財産，職業または人と人の特別な関係など，種々の事実的・実質的差異を前提として，法の与える特権の面でも，法の課する義務の面でも，同一の事情と条件の下では均等に取り扱うということである。

できない」と述べ，合理的根拠の基準を採用している[10]。

　日本国憲法の平等原則は，応益原則を完全に否定するものではないという立場にたって，現行の地方税法は設けられていると思われる[11]。たとえば，法人事業税の外形標準課税についての議論の中で，占部裕典教授は，応能原則，応益原則「どちらも公平の原則の１つの基準であり，それは憲法14条の保障するところである。応益課税原則は，憲法92条や94条のもとでもさらに肯定されているといってよかろう。よって，応益課税を強調することにより赤字法人課税に対する批判に一応は応えることができる」と説明している[12]。

　均等割に関しては，法人市町村民税の場合には「資本金等の額」および「従

---

10)　最判昭和60年３月27日民集39巻２号247頁。これまで，立法上の平等原則に反するとした裁判例はなく，いずれも立法裁量の範囲内の問題であるとしている。なお，合理的根拠の基準とは，アメリカ法にいう伝統的な合理的根拠テストにあたるもので，①立法目的が正当なものであること，②具体的取扱い上の違いが目的達成に合理的に関連していること，などをもって足りるとする基準である。目的と手段の間に一定の適合性が存在することを要請する。その適合性を審査するにあたっては，立法府に広範な裁量が認められる。

11)　たとえば，応益原則による説明が妥当するのは，水利地益税，共同施設税および国民健康保険税など，実質的に受益者負担金の性質を有する租税の領域である。また，平成21年から一般財源化されているが，自動車通行により道路を利用し損傷するものが負担すべき道路整備財源としての，自動車取得税，軽油引取税，揮発油税および地方揮発油税などは，その限界事例であった。

12)　占部裕典「外形標準課税の法的評価と課題」税研19巻２号22～23頁（2003年）。ちなみに，北野弘久博士は，「憲法14条の『法の下の平等』の意味は，租税面では，担税力に応じて平等であることを意味するのである。日本国憲法のもとでは，応能負担原則はもはや単に財政学上の原則ではなく憲法上の原則なのである。それゆえ，応能負担原則の趣旨に反する租税立法は，憲法理念的に好ましくなく，ときに当該租税立法が憲法の応能負担原則に違反することのゆえに違憲無効となる。違憲無効の租税法の規定には納税者・裁判所は従う必要はない」と主張している（北野弘久『納税者の権利』31～32頁（岩波新書，1981年））。これに対して，三木義一教授は，「現実の租税法制をみれば誰でもわかるように，この原則（応能負担原則）ほど様々な特別措置や政策誘導税制を通じて実際上無視され，形骸化されているものもないように思われる。政策上の必要性からこのようにいとも簡単に無視されうる『原則』なるものが，はたして憲法上の原則といえるのであろうか」と，疑問を呈している（三木義一『現代税法と人権』109頁（勁草書房，1992年））。

業者数」，法人道府県民税の場合には「資本金等の額」という外形標準が採用されており，一部外形標準課税化している面があるので，部分的には法人事業税の外形標準課税と同様の効果が期待できるとする見解もある[13]。それほどに，均等割は外形標準課税の色彩が強い，という点を考慮すると，占部教授の説明は，法人住民税についても妥当するといえよう。

　また，法人は，地域社会の負担分任にあたらなければならない一方，赤字法人の場合は均等割しか納めるものがないというのが，均等割増徴の理由である。したがって，現行制度上は，所得課税になっている法人税割も含めて，法人住民税の負担の根拠は，応益原則と考えるのが適当であり，その分割基準等についても，行政サービスに対する応益性を重視すべきであろう。

第2節　均等割の税率

　現行の均等割は，図表13に表示したとおり，法人道府県民税均等割の標準税率は，「資本金等の額」の区分に応じて，5段階に区分されている。さらに，

図表13　均等割の税率

資本金等の額	道　府県民税	市　町　村　民　税	
		従業者数50人超	従業者数50人以下
50億円超	80万円	300万円（360万円）	41万円（49万2,000円）
10億円超50億円以下	54万円	175万円（210万円）	41万円（49万2,000円）
1億円超10億円以下	13万円	40万円（ 48万円）	16万円（19万2,000円）
1,000万円超1億円以下	5万円	15万円（ 18万円）	13万円（15万6,000円）
上記以外の法人	2万円	12万円（14万4,000円）	5万円（ 6万円）

（注）1．各税率は，標準税率（制限税率）である。
　　　2．上記以外の法人とは，①公共法人等，②人格のない社団等，③非営利型法
　　　　　人以外の一般法人，④資本金等の額が1,000万円以下の法人，などである。
（出所）　地方税法52条1項，312条1項・2項に基づき，筆者が作成。

---

13)　ちなみに，外形標準課税とは，所得以外の資本金，売上高，付加価値および従業
　　者数のように，外的基準を課税標準として税額を決定する課税方式をいう。法人事
　　業税は，通常は法人の所得に対して課税されるのだが，資本金1億円超の普通法人
　　を対象として，「付加価値額」および「資本金等の額」による外形標準課税が，平
　　成16年4月1日以後に開始する事業年度から導入されている。

法人市町村民税の場合は，「資本金等の額」の要素のほか，法人の規模—その市町村からの受益度—をも，その要素に加味することとして，「従業者数」が用いられている。

1　税率の適用区分

均等割の税率は，以下に掲げる法人の区分に応じて，それぞれに定める日現在における税率による（地法52②柱書，312③柱書）。

（1）普通法人

地方税法53条1項および321条の8第1項（法人の道府県民税・市町村民税の申告納付）の規定によって，法人住民税を申告納付する法人にあっては，「当該法人の同項に規定する法人税額の課税標準の算定期間の末日」現在における税率による（地法52②一，312③一）。

図表14　均等割の税率の判定基準日

区　分	資本金等の額	従　業　者　数
確定申告	事業年度の末日	事業年度の末日
予定申告	前事業年度の末日	事業年度開始後，6月経過日の前日
中間申告	事業年度開始後，6月経過日の前日	事業年度開始後，6月経過日の前日

（出所）　地方税法52条4項，312条6項，地方税法施行令6条の23第1号，8条の5
　　　　第1項，48条の2第1項に基づき，筆者が作成。

他方で，「法人税法第71条第1項（仮決算による中間申告を行う場合を除く）に規定する申告書を提出する義務があるもの」（予定申告）にあっては，前事業年度の末日現在の資本金等の額による[14]（地法52④，312⑥，地令6の23一，8の5①，48の2①）。結局，一般の法人については，図表14に表示したように，予定申告の場合の資本金等の額の判定のみが前事業年度の末日とされ，それ以外は課税標準の算定期間の末日となる。

また，解散した法人（清算法人）についても，継続企業と同様の通常の法人

14）　なお，予定申告に係る課税標準の算定期間中に合併があった場合は，資本金等の
　　額および従業者数の判定基準日は，合併の日の現況による（地令6の23括弧書）。

所得課税が適用される。もっとも，清算法人は，清算期間中に現存する事務所等および寮等に限って，均等割の課税対象となる（取扱通知(県) 2章52(2)・(市) 2章55(2)）。

（2）　公共法人等

法人税法別表 1 の公共法人および別表 2 の公益法人等で，収益事業または法人課税信託の引受けを行わず，均等割のみを課税されるものは，法人税法の規定が働かないので，法人税法上の事業年度の概念は存在しない。そこで，これらの法人については，「前年 4 月 1 日から 3 月 31 日までの期間の末日」現在における税率による。この期間中に，公共法人等が解散または合併により消滅した場合には，「前年 4 月 1 日から当該消滅した日までの期間の末日」現在における税率によることになる（地法52②三，312③三）。

また同様に，防災街区整備事業組合，管理組合法人，団地管理組合法人，マンション建替組合およびマンション敷地売却組合，認可地縁団体，法人である政党等ならびに特定非営利活動法人で，均等割のみを課税されるものについても，均等割の課税対象となる期間を「前年 4 月 1 日から 3 月 31 日まで」と地方税法で定め，その末日を判定日としている（地法52②三，312③三）。

2　資本金等の額と従業者の判定

均等割の税率は，「資本金等の額」あるいは「資本金等の額」および「従業者数」によって区分される（地法52①，312①）。ここでいう「資本金等の額」および「従業者」とは，以下のとおりである。

（1）　資本金等の額

資本金等の額とは，「法人税法第 2 条第16号に規定する資本金等の額」に無償減資等の金額を加減した額をいう（地法23①四の二，292①四の二）。なお，相互会社にあっては，純資産額によって，税率の適用区分が異なることになる。この場合の純資産額は，事業年度の「末日における貸借対照表に計上されている総資産の帳簿価額から当該貸借対照表に計上されている総負債の帳簿価額を控除した金額」である（地令 6 の24一，45の 5）。

法人税法上，資本金等の額とは，「法人が株主等から出資を受けた金額として政令で定める金額」（法法2十六）をいう。すなわち，株式の発行等をした法人の「資本金等の額」は，払い込まれた金銭および給付を受けた金銭以外の資産の額とされる（法令8①）。

会社法においては，資本金ゼロの会社を設立することさえ可能であるにもかかわらず，なお，資本金の概念が維持されている。法人税法では，会社法に先んじて資本金の概念を消滅させた。ところが，平成27年度税制改正により，均等割の税率適用区分の基準である「資本金等の額」については，①資本金または資本準備金を欠損の塡補または損失の塡補に充てた金額を控除するとともに，剰余金または利益準備金を資本金とした金額を加算すること，②資本金等の額が資本金と資本準備金の合算額を下回る場合には，資本金と資本準備金の合算額とするという措置が講じられている[15]。

（2）従業者の範囲

法人住民税において，「従業者の数（従業員数）」は，法人税割の分割基準のほか，法人市町村民税均等割の税率区分の基準として用いられている（地法312①）。両者における従業者の意義は，基本的には一致すべきものである。

分割基準における従業者とは，法人事業税の分割基準に用いられる従業者と同意義のものであって，法人から「俸給，給料，賃金，手当，賞与その他これらの性質を有する給与の支払を受けるべき者」（地規3の5，10の2の11）とされており，その中には，非常勤の者，たとえば，重役や顧問などであっても従業者に含まれる[16]（取扱通知（県）2章58・3章9の1（4）イ・（市）2章59（4）ア）。

---

15) 財務省『平成27年度税制改正の解説』946頁（2015年）。

16) もちろん，法人事業税の場合は，オートメ化・ハイテク化が急速に進む中で，工場所在の都道府県の税収の減少を防ぐため，従業者基準の適用にあっては，「資本金の額又は出資金の額が1億円以上の製造業を行う法人の工場」の従業者の数は，事業年度終了の日現在における数値に「当該数値の2分の1に相当する数値を加えた数値」とされる（地法72の48④一）。また，非製造業についても，「課税標準額の総額の2分の1に相当する額を事業所等の数に，課税標準額の総額の2分の1に相当する額を事業所等の従業者の数に按分すること」とされている（地法72の48③五）。こうした修正が加えられる点で，法人事業税と法人住民税は異なる。

　なお，一の納税義務者から給与の支払いを受け，かつ，その納税義務者以外の納税義務者の事務所等で勤務すべき者は，その勤務すべき事務所等の従業者として取り扱われる（取扱通知(県)2章58・3章9の1（2）ア・(市)2章59（2）ア）。

　一方，均等割の税率区分の基準における従業者にも，「俸給，給料若しくは賞与又はこれらの性質を有する給与の支給を受けることとされている役員」（地法312①，地令48）が含まれる[17]。したがって，つぎの分割基準における従業者の取扱いについては，均等割の場合も留意すべきである（取扱通知(県)2章58・3章9の1（1）～（3）・(市)2章59（1）～（3））。

　イ　納税義務者から給与の支払いを受け，かつ，納税義務者の事務所等に勤務すべき者のうち，勤務すべき事務所等の判定が困難な者については，つぎに掲げる事務所等の従業者として取り扱うこと。

　　(イ)　給与の支払いを受けるべき事務所等と勤務すべき事務所等が異なる者は，勤務すべき事務所等[18]

　　(ロ)　転任等の理由によって，勤務すべき事務所等が1月のうち2以上となった者は，その月の末日現在において勤務すべき事務所等

　　(ハ)　各事務所等の技術指導等に従事している者で，主として勤務すべき事務所等がない者のうち，つぎの(ニ)以外の者は，給与の支払いを受けるべき事務所等

　　(ニ)　技術指導や実地研修など，その名目を問わず，連続して1月以上の期間にわたって同一事務所等に出張している者は，出張先の事務所等

　　(ホ)　2以上の事務所等に兼務すべき者は，主として勤務すべき事務所等[19]。

---

17)　ただし，給与の性格を有するものの支払いを受けない役員は，事務所等の人的設備となっても，均等割の税率区分の基準における「従業者数」には含まれない。

18)　たとえば，主たる事務所で一括して給与を支払っている場合などである（取扱通知(県)3章9の1（1）ア括弧書・(市)2章59（1）ア括弧書）。

19)　ただし，主として勤務すべき事務所等の判定が困難な者にあっては，給与の支払いを受けるべき事務所等となる（取扱通知(県)3章9の1（1）オ括弧書・(市)2章59（1）オ括弧書）。

ロ　つぎの者については，上記イにかかわらず，つぎに掲げる事務所等の従業者として取り扱うこと[20]。

　　(イ)　一の納税義務者から給与の支払いを受け，かつ，その納税義務者以外の納税義務者の事務所等で勤務すべき者は，勤務すべき事務所等

　　(ロ)　2以上の納税義務者の事務所等の技術指導等に従事している者で，主として勤務すべき事務所等がない者のうち，つぎの(ハ)以外の者は，給与の支払いを受けるべき事務所等

　　(ハ)　事務所等を設置する納税義務者の事業に従事するため，その納税義務者以外の納税義務者から，技術指導，実地研修，出向または出張など，その名目を問わず，他の事務所等に派遣された者で，連続して1月以上の期間にわたって他の事務所等に勤務すべき者は，その勤務すべき事務所等

　　(ニ)　2以上の納税義務者の事務所等に兼務すべき者は，その兼務すべきそれぞれの事務所等

ハ　ただし，つぎの者については，その事務所等の従業者として取り扱わないこと。

　　(イ)　従業者を専ら教育するために設けられた施設において研修を受ける者

　　(ロ)　給与の支払いを受けるべき者であっても，その勤務すべき事務所等が課税標準の分割対象となる事務所等から除外される場合における，その事務所等の従業者

　　(ハ)　給与の支払いを受けるべき者であっても，その勤務すべき施設が事務所等に該当しない場合における，その施設の従業者[21]

　　(ニ)　病気欠勤者または組合専従者など，連続して1月以上の期間にわたって，その本来勤務すべき事務所等に勤務していない者[22]

---

20)　たとえば，親会社または子会社の事務所等の従業者が，いずれの会社の従業者であるか判定の困難な者などである（取扱通知(県)3章9の1（2）括弧書・(市)2章59（2）括弧書）。

21)　たとえば，常時船舶の乗組員や，現場作業等の従業員などである（取扱通知(県)3章9の1（3）ウ括弧書・(市)2章59（3）ウ括弧書）。

（3）　従業者数の算定方法の相違点

このように，均等割の税率区分の基準における「従業者数」は，分割基準の場合と同様の方法により算定される。ただし，つぎの点については，両者は異なる。

イ　分割基準における従業者数については，つぎの特例を設けているのに対して，均等割の税率区分の基準にあっては，この特例によらず，算定期間の末日現在における従業者数とすること[23]（地法57③，312⑤，321の13③）。

　(イ)　算定期間の中途において新設された事務所等

$$\text{算定期間の末日現在} \atop \text{における従業者数} \times \frac{\text{新設の日から算定期間の末日までの月数}}{\text{算定期間の月数}}$$

　(ロ)　算定期間の中途において廃止された事務所等

$$\text{廃止の日の属する月} \atop \text{の直前の月の末日現} \atop \text{在における従業者数} \times \frac{\text{算定期間中において所在していた月数}}{\text{算定期間の月数}}$$

　(ハ)　算定期間を通じて従業者数に著しい変動がある事務所等

$$\frac{\text{算定期間に属する各月の末日現在における従業者数の合計数}}{\text{算定期間の月数}}$$

ロ　均等割の税率区分の基準における「従業者数」の算定においては，「従業者のうち，アルバイト，パートタイマー，日雇者」（アルバイト等）について，つぎの特例を設けているのに対して，分割基準の場合は，こうした特例を認めないこと[24]（取扱通知(市) 2章11(2)）。

---

22)　ただし，勤務していない期間に限る（取扱通知(県) 3章9の1(3)エ括弧書・(市) 2章59(3)エ括弧書）。

23)　この特例において，従業者数に1人に満たない端数を生じたときは，これを1人とし，また，月数は暦に従って計算し，1月に満たない端数を生じたときは，これを1月とする（地法57③括弧書・④，321の13③括弧書・④）。

24)　この特例において，算定した数に1人に満たない端数を生じたときは，これを1人とする（取扱通知(市) 2章11(2)ウ）。

㈠　原　　　則

$$\frac{算定期間の末日を含む直前1月のアルバイト等の総勤務時間数}{170}$$

㈡　算定期間の末日が月の中途である場合

$$\frac{算定期間の末日に属する月の初日から算定期間の末日までのアルバイト等の総勤務時間数}{170}$$

$$\times\frac{算定期間の末日の属する月の日数}{算定期間の末日の属する月の初日から算定期間の末日までの日数}$$

㈢　算定期間の開始の日または事務所等が新設された日が，その算定期間の末日の属する月の中途である場合

$$\frac{算定期間の開始の日または事務所等の新設の日から，算定期間の末日までのアルバイト等の総勤務時間数}{170}$$

$$\times\frac{算定期間の末日の属する月の日数}{算定期間の開始の日または事務所等の新設の日から，算定期間の末日までの日数}$$

㈣　算定期間の各月の末日現在におけるアルバイト等の数のうち，最大であるものが最小であるものの2倍を超える場合

$$\frac{算定期間に属する各月の末日現在における，上記㈠〜㈢の方法に準じて算定したアルバイト等の数の合計数}{算定期間の各月数}$$

ハ　分割基準における従業者とは，「事務所等に勤務すべき者」とされているので，寮等の従業者数は含まれないのに対して，均等割の税率区分の基準にあっては，「寮等の従業者の数」も含めること（地法312①表一，取扱通知(県) 2章58・3章9の1柱書・(市) 2章59柱書）。

なお，「市町村内に有する事務所，事業所又は寮等の従業者の数の合計数」については，東京都の特別区および政令指定都市の区は，一の市の区域とみなされる（地法737①）。

3　多様な雇用形態

平成不況以降，企業の合理化とリストラが盛んに行われ，人件費削除のため

に新規採用を控え，代わりに派遣労働者の導入を図ったり，正規従業員を派遣労働者にした上で，自社に派遣するなどの雇用形態がかなり広がっている[25]。このような雇用形態の多様化に伴い，法人税割の分割基準および均等割の税率区分の基準としての従業者も，大きな影響を受ける。

（1）　労働者派遣

労働者派遣とは，「労働者派遣事業の適正な運営の確保及び派遣労働者の就業条件の整備等に関する法律」（労働者派遣法）において，「自己の雇用する労働者を，当該雇用関係の下に，かつ，他人の指揮命令を受けて，当該他人のために労働に従事させること」（労働者派遣法2一）と定義されている。派遣労働関係は，通常の労働関係とは異なり，使用者と労働者の二者間の関係ではなく，派遣元企業，派遣先企業および派遣労働者の三者間の関係である。そこにおいては，派遣労働者と派遣元企業は，労働者派遣に関する契約（労働者派遣契約）を締結し，雇用関係が成立する[26]。

派遣労働者は，派遣先企業の事業場においてその指揮命令を受けて，派遣先企業の業務に従事する。とはいえ，労働者派遣が労働者派遣法の定める枠組みに従って行われるかぎり，両者の間に労働契約関係は生じない[27]。派遣労働

---

25)　ちなみに，令和3年の雇用状況をみると，有期契約労働者やパートタイム労働者，派遣労働者といった非正規雇用労働者は2,075万人と，雇用者全体の約4割を占める状況にある。これらは，高齢者が増える中，高齢層での継続雇用により非正規雇用が増加していることや，景気回復に伴い女性を中心にパート等で働き始める労働者が増加していることなどの要因が大きい。とはいえ，正規雇用を希望しながらそれがかなわず，非正規雇用で働く者（不本意非正規雇用労働者）が10.7％存在し，特に25〜34歳の若年層で15.6％と高くなっている（厚生労働省『令和4年版厚生労働白書』187頁（2022年））。

26)　ちなみに，労働者派遣契約においては，派遣元企業が派遣先企業に指揮命令権を譲渡または委託するという理解もあるが，派遣先企業の指揮命令の下で就労することが労働義務の内容をなしていると考えれば足りる。

27)　派遣元企業と派遣先企業は，労働者派遣契約を締結し，派遣先企業は派遣元企業からの派遣労働者の派遣に対して，派遣料を支払うことになる。もちろん，派遣先企業は，派遣労働者を自己の事業場に受け入れて，これを指揮監督し，また，これに伴い，労働基準法や労働安全衛生法などによる一定の責務を負う。

関係は，雇用と使用の分離した労働関係ということができる。この点から，派遣労働者については，派遣先企業の指揮監督に服する者は人的設備となるが，従業者数には含まれないと解する見解もある。

しかしながら，法人住民税は，応益原則を課税根拠としており，従業者数を分割基準に採用しているのも，それに基づくものである。分割基準の算定上，派遣労働者は，「一の納税義務者から給与の支払いを受け，かつ，当該納税義務者以外の納税義務者の事務所等で勤務すべき者」に該当し，派遣先企業の従業者として取り扱うことになる（取扱通知(県) 2 章58・3 章 9 の 1（2）ア・(市) 2 章59(2)ア）。のみならず，均等割の税率区分の基準についても，同様に，派遣労働者は派遣先企業の従業者数に算入すべきものと解すべきであろう[28]（取扱通知(市) 2 章11柱書）。

（2） 業務処理請負

業務処理請負とは，ある企業（請負企業）が他の企業（発注企業）の業務の遂行を請け負い，請負業務の遂行のために従業員を派遣するもので，ビルの管理，警備および清掃業務の請負や，大企業メーカーの工場内における一部業務の下請けが，その典型例である。下請労働者は，発注企業の事業場で就業する。しかしそれは，あくまでも請負業務に従事するものであり，指揮命令も請負企業が行う。したがって，労働契約上の使用者は請負企業であり，労働基準法等の責任もすべて請負企業にある。

たとえば，メーカーがある製造ラインを下請けに出した場合に，下請業者の設けた発注企業の工場内にある工事現場事務所は，下請業者の事務所等と解され，発注企業の事務所等の範囲には含まれない（昭和33年10月 4 日自治庁府県税課長回答）。したがって，業務処理請負においては，派遣・配置される下請労働者は，法人税割の分割基準・均等割の税率区分の基準における従業者数の算定上，発注企業の従業者として取り扱われることはない[29]。

---

28) 詳しくは,拙稿「派遣労働者の増加と法人住民税」都市問題96巻 9 号99頁（2005年）を参照のこと。

29) もちろん，偽装請負―請負や業務委託の形式をとりながら，実際には請負・受託

（3）　店員派遣

　店員派遣とは，デパートでテナント企業が自己の従業員を販売にあたらせたり，メーカーが自己の従業員を販売促進活動にあたらせたりすることである。テナント企業は，デパートの業務を請け負っているわけではないが，自らの指揮命令により自己の従業員を労働させており，デパートが指揮命令を行っていないかぎり，労働者派遣には該当しない。ただし，本来の業務に関して，あるいは，それに無関係な業務について応援要請を受けるなど，デパートから直接指揮命令を受ける場合には，労働者派遣に該当することになる。

　たとえば，デパートのケース貸しに伴ってみられる，いわゆる「派遣店員」の多くは，直接，派遣元企業の指揮命令に従って販売業務を行っており，デパートは販売スペースを製造販売会社に賃貸しているにすぎない。いわば，製造販売会社の責任で自己の従業員を使用し，販売業務を執行しているので，販売スペースは，派遣元企業の事務所等に該当する（昭和40年11月9日自治府134号自治省税務局長回答）。したがって，店員派遣の場合も，業務処理請負と同様に，派遣店員は，法人税割の分割基準・均等割の税率区分の基準における従業者数の算定上，デパートの従業者として取り扱われることはない。

（4）　出　　向

　出向は，自己の雇用する労働者を一定期間他企業の中で，他企業の指揮命令下に使用させる点は労働者派遣に類似するものの，労働者は出向元企業との労働契約関係を維持しつつ，出向先企業との全面的または部分的労働契約関係に入る点で，労働者派遣とは異なる。出向は，さまざまな形態のものに広く用いられている。労働基準法等の適用という観点から分類すると，在籍出向—出向元企業・出向先企業双方との間に労働契約関係があるもの—と，移籍出向—出向先企業との間にのみ労働契約関係があるもの—とに分かれる。

　業者の労働者を注文主が直接指揮命令しているような場合—には，労働者派遣法違反にあたると同時に，注文主と下請労働者の間に雇用契約関係が成立する場合がある。その場合には，下請労働者は，当然，発注企業の従業者として取り扱われることになる。

移籍出向の場合は，正規従業員と同様に，雇用関係は転籍先1社のみになるので，法人税割の分割基準・均等割の税率区分の基準における取扱いも全く問題はない。一方，在籍出向の場合は，出向中は従業員としての籍だけが残って，労働条件全般について出向先企業が責任を負うものもあれば，賃金など労働条件の一部を出向元企業が負担する場合もある。また，出向元企業への復帰条件や時期を特に定めてないことも珍しくない。こうした在籍出向労働者の地方税法上の取扱いは，「給与の支払いを受けるべき事務所等」と「勤務すべき事務所等」をメルクマールとして，解釈・運用することになる。

　たとえば，賃金全額を出向元企業が負担している場合は，地方税法上，派遣労働者と同じく，「一の納税義務者から給与の支払いを受け，かつ，当該納税義務者以外の納税義務者の事務所等で勤務すべき者」に該当し，出向先企業の従業者として取り扱われる。その賃金の一部を出向先企業が負担している場合も，同様の取扱いとなる（取扱通知(県)2章58・3章9の1(2)ア・取扱通知(市)2章59(2)ア）。

　また，賃金全額を出向先企業が負担している場合は，「事務所等を設置する納税義務者の事業に従事するため，当該納税義務者以外の納税義務者から技術指導，実地研修，出向，出張等その名目を問わず，当該事務所等に派遣された者で連続して1月以上の期間にわたって当該事務所等に勤務すべき者」に該当し，出向先企業の従業者として取り扱われる。もっとも，「連続して1月以上の期間」という条件を満たさない場合であっても，結局，「給与の支払いを受けるべき」出向先企業の従業者として取り扱われることになる（取扱通知(県)2章58・3章9の1(2)イ・ウ・(市)2章59(2)イ・ウ）。

第3節　均等割額の計算

　法人住民税の均等割は，法人が地方団体内に事務所等または寮等を有する事実に基づいて課税するものであるから，均等割額は，法人が地方団体内に事務所等または寮等を有する期間に応じて，月割計算によって算定される。

1　月割計算

　均等割額は，均等割の税率（年額）に，法人税額の課税標準の算定期間中において，事務所等または寮等を有していた月数を乗じて得た額を12で除して算定する（地法52③前段，312④前段）。

《算式》

$$税率（年額）× \frac{事務所等または寮等の所在月数}{12}$$

$$＝均等割額（100円未満切捨て）$$

　この所在月数の計算は，法人が地方団体内に事務所等または寮等を実際に有していた月数を計算するものであり，その基準は事務所等または寮等を有しているかどうかの事実関係による。したがって，その月数は，地方税法20条の5第1項の適用される期間には該当せず，民法140条に定める初日不算入の規定は適用されない。なお，月数は，暦に従って計算し，1月に満たないときは1月とし，1月に満たない端数を生じたときは切り捨てる[30]（地法52③後段，312④後段）。

　そこで，以下では，図表13の「均等割の税率」を採用する甲県および乙市（政令指定都市）を想定して，ケース別に均等割額を計算する[31]。

（1）　通常の場合

　A株式会社は，事業年度を通じて，東事務所・東寮（甲県乙市東区）および西事務所（甲県乙市西区）を有していた。資本金等の額は，事業年度（令和5年4月1日〜令和6年3月31日）の末日現在において，5億円である。同日における従業者数は，東事務所40人，東寮11人，西事務所50人である。

　イ　甲　　県

　　事業年度の末日現在の資本金等の額は5億円であるので，税率は，「資本金等の額を有する法人で資本金等の額が1億円を超え10億円以下であ

---

30)　ちなみに，分割基準の場合は，1月に満たない端数を生じたときは，これを1月とする（地法57④，321の13④）。この点が，均等割の場合と異なる。
31)　なお，政令指定都市の区は，一の市の区域とみなされる（地法737①）。

るもの」の年額13万円が適用される（地法52①表三）。

$$13万円 \times \frac{12}{12} = 13万円（均等割額）$$

ロ　乙　　　市

　　事業年度の末日現在の資本金等の額は5億円で，東事務所・東寮の同日
　の従業者数の合計数は51人であるので，税率は，「資本金等の額を有する
　法人で資本金等の額が1億円を超え10億円以下であるもののうち，従業
　者数の合計数が50人を超えるもの」の年額40万円が適用される（地法312
　①表六）。一方，西事務所の場合は50人であるので，税率は，「資本金等の
　額を有する法人で資本金等の額が1億円を超え10億円以下であるものの
　うち，従業者数の合計数が50人以下であるもの」の年額16万円が適用さ
　れる（地法312①表五）。

$$40万円 \times \frac{12}{12} = 40万円（東区分）$$

$$16万円 \times \frac{12}{12} = 16万円（西区分）$$

$$40万円 + 16万円 = 56万円（均等割額）$$

（2）　事業年度中途で事務所等を新設した場合

　B株式会社は，南店（甲県乙市南区）を令和5年2月3日に開設した。南店
の所在月数に1月に満たない端数が生じることになるが，この端数は切り捨て
られ，その所在月数は10月となる（地法52③，312④）。資本金等の額は，事業
年度（令和5年1月1日〜令和5年12月31日）の末日現在において，60億円であ
る。同日における南店の従業者数は，52人である。

イ　甲　　　県

　　事業年度の末日現在の資本金等の額は60億円であるので，税率は，「資
　本金等の額を有する法人で資本金等の額が50億円を超えるもの」の年額
　80万円が適用される（地法52①表五）。

$$80万円 \times \frac{10}{12} = 66万6,600円（均等割額）$$

ロ　乙　　　市

　　事業年度の末日現在の資本金等の額は60億円で，南店の同日の従業者数は52人であるので，税率は，「資本金等の額を有する法人で資本金等の額が50億円を超えるもののうち，従業者数の合計数が50人を超えるもの」の年額300万円が適用される（地法312①表九）。

$$300万円 \times \frac{10}{12} = 250万円（均等割額）$$

（3）　会社を設立した場合

　C株式会社は，令和5年9月29日に甲県乙市中区に本店を設け，翌10月2日に設立の登記をした。当該会社の事業年度は「4月1日〜翌年3月31日」であるが，会社設立後最初の事業年度開始の日は，あくまで設立登記のあった日であり，最初の事業年度は「令和5年10月2日〜令和6年3月31日」となる。最初の事業年度の末日現在において，資本金等の額は1,000万円，従業者数は5人である。

イ　甲　　　県

　　事業年度の末日現在の資本金等の額は1,000万円であるので，税率は，「資本金等の額を有する法人で資本金等の額が1,000万円以下であるもの」の年額2万円が適用される（地法52①表一ホ）。

$$2万円 \times \frac{5}{12} = 8,300円（均等割額）$$

ロ　乙　　　市

　　事業年度の末日現在の資本金等の額は1,000万円で，同日の従業者数は5人であるので，税率は，「資本金等の額を有する法人で資本金等の額が1,000万円以下であるもののうち，市町村内に有する事務所，事業所又は寮等の従業者数の合計数が50人以下であるもの」の年額5万円が適用される（地法312①表一ホ）。

$$5万円 \times \frac{5}{12} = 2万800円（均等割額）$$

（4） 事業年度を変更した場合

D株式会社（甲県乙市中区）は，令和5年9月30日をもって，旧事業年度（10月1日〜翌年9月30日）を新事業年度（4月1日〜翌年3月31日）に変更した。この場合には，その変更した事業年度は，令和5年10月1日から令和6年3月31日までが一事業年度となるので，その期間は半年となる。なお，令和5年9月30日現在，令和6年3月31日現在，いずれにおいても，資本金等の額は2億円，従業者数は20人である。

イ　甲　　　県

令和4年10月1日から令和5年9月30日までの期間，令和5年10月1日から令和6年3月31日までの期間，いずれについても，税率は，「資本金等の額を有する法人で資本金等の額が1億円を超え10億円以下であるもの」の年額13万円が適用される（地法52①表三）。

$$13万円 \times \frac{12}{12} = 13万円（令和4年10月1日〜令和5年9月30日）$$

$$13万円 \times \frac{6}{12} = 6万5,000円（令和5年10月1日〜令和6年3月31日）$$

ロ　乙　　　市

令和4年10月1日から令和5年9月30日までの期間，令和5年10月1日から令和6年3月31日までの期間，いずれについても，税率は，「資本金等の額を有する法人で資本金等の額が1億円を超え10億円以下であるもののうち，従業者数の合計数が50人以下のもの」の年額16万円が適用される（地法312①表五）。

$$16万円 \times \frac{12}{12} = 16万円（令和4年10月1日〜令和5年9月30日）$$

$$16万円 \times \frac{6}{12} = 8万円（令和5年10月1日〜令和6年3月31日）$$

（5）　事業年度中途で事務所等を廃止した場合

　E株式会社は，北工場（甲県乙市北区）を令和5年1月23日に廃止した。北工場の所在月数は，1月に満たないことになるが，その月数は1月とされる（地法52③，312④）。資本金等の額は，事業年度（令和5年1月1日〜令和5年12月31日）の末日現在において，5,000万円である。同日における北工場の従業者数は，事業年度中途で廃止されているので，ゼロとなる。

　　イ　甲　　　　県

　　　事業年度の末日現在の資本金等の額は5,000万円であるので，税率は，「資本金等の額を有する法人で資本金等の額が1,000万円を超え1億円以下であるもの」の年額5万円が適用される（地法52①表二）。

$$5万円×\frac{1}{12}＝4,100円（均等割額）$$

　　ロ　乙　　　　市

　　　事業年度の末日現在の資本金等の額は5,000万円で，北工場の同日の従業者数はゼロであるので，税率は，「資本金等の額を有する法人で資本金等の額が1,000万円を超え1億円以下であるもののうち，従業者数の合計数が50人以下であるもの」の年額13万円が適用される（地法312①表三）。

$$13万円×\frac{1}{12}＝1万800円（均等割額）$$

（6）　合併の場合

　法人が事業年度の中途において，合併により解散した場合のみなし事業年度は，「その事業年度開始の日から合併の日の前日までの期間」とされる（法法14①二）。

　F株式会社（甲県乙市南区）は，令和5年4月1日から令和6年3月31日までの事業年度の中途で合併により解散した。合併の日は，令和5年10月12日であり，みなし事業年度は，令和5年4月1日から令和5年10月11日までの期間となる。合併の日の前日現在において，資本金等の額は1,000万円，従業者数は7人である。

イ　甲　　県

　　令和5年4月1日から令和5年10月11日までの期間については，税率は，「資本金等の額を有する法人で資本金等の額が1,000万円以下であるもの」の年額2万円が適用される（地法52①表一）。

$$2万円 \times \frac{6}{12} = 1万円（均等割額）$$

ロ　乙　　市

　　令和5年4月1日から令和5年10月11日までの期間については，税率は，「資本金等の額を有する法人で資本金等の額が1,000万円以下であるもののうち，市町村内に有する事務所，事業所又は寮等の従業者の数の合計数が50人以下のもの」の年額5万円が適用される（地法312①表一）。

$$5万円 \times \frac{6}{12} = 2万5,000円（均等割額）$$

（7）　休日のために新設合併の登記が遅れた場合

　新設合併を行ったところ，休日の関係で，被合併法人の事業年度末と新設合併法人が成立する日とにタイムラグが生じた場合について，形式的には，「合併の日」とは「新設合併設立法人の設立登記の日」（法基通1-2-4）とされているので，1日間または2日間のみなし事業年度が生ずることになり，みなし事業年度の決算を組んで確定申告を行わなければならない。

　しかしながら，たまたま行政機関の休日であったため登記申請ができず，やむを得ず翌日に提出したような場合に，1日間または2日間だけの損益を取り出し，通常の決算とは別の決算を組むということは，企業の決算実務に多大な事務負担を負わせることになると考えられる。そこで，法人税においては，一定の要件を満たすときは，合意により新設合併法人に各被合併法人の合併の日の前日を含む事業年度の損益を帰属させることができる[32]。

---

32)　国税庁『新設合併等の登記が遅れた場合の取扱いについて』（平成19年4月）。
　　なお，一定の要件とは，①合併期日が「行政機関の休日に関する法律」（行政休日法）1条に規定する休日にあたるため，その休日後の最初に執務が行われた日に新

　これに対して，法人住民税においては，このような通知もなく，その統一見解が示されているわけでもない[33]。たとえば，G株式会社（甲県乙市中区）は，10月1日から翌年9月30日までを事業年度とする法人であるが，令和5年10月1日（日）を合併期日として，適格合併に該当する新設合併を行った[34]。ところが，10月1日が行政機関の休日であったため登記申請ができず，やむを得ず翌日に提出した。なお，合併の日の前日現在において，資本金等の額は10億円，従業者数は21人である。

　イ　甲　　　県

　　　令和5年10月1日，1日間だけの「みなし事業年度」が生じ，その税
　　　率は，「資本金等の額を有する法人で資本金等の額が1億円を超え10億円
　　　以下であるもの」の年額13万円が適用される（地法52①表三）。

　　設合併の登記申請がされたこと，②新設合併により解散した被合併法人の合併の日
　　の前日を含む事業年度の損益については，各被合併法人において新設合併法人に帰
　　属する旨の合意がなされ，その旨を記載した書類の写しを各被合併法人の当該事業
　　年度の確定申告書に添付すること，③新設合併が非適格合併に該当しないものであ
　　ること，という3つである。

33)　なお，私見としては，休日のために新設合併の登記が遅れた場合，みなし事業年
　　度における被合併法人の実体に着目すれば，事務所等の3要件を満たしているとは
　　いえず，均等割の課税根拠がないものと考える。詳しくは，拙稿「会社法制の現代
　　化の法人税・法人住民税への影響と対応：新設合併等の登記が遅れた場合の取扱い
　　を題材として」税経通信64巻10号136頁（2009年）を参照のこと。

34)　ちなみに，その合併が法人税法に規定する適格合併にあたる場合には，帳簿価格
　　を引き継いだものとして，課税の繰延措置がとられており，その移転した資産およ
　　び負債について譲渡損益は発生しないものとして最後の事業年度の所得金額を計算
　　することになる（法法62の2①）。なお，適格合併とは，①被合併法人と合併法人
　　との間に完全支配関係その他の一定の関係がある場合の合併，②被合併法人と合併
　　法人との間に支配関係その他の一定の関係がある場合の合併のうち，①被合併法人
　　の従業者のおおむね80％以上に相当する数の者が合併法人の業務に従事すること
　　が見込まれていること（従業員引継要件），ロ被合併法人の主要な事業が合併法人
　　において引き続き営まれることが見込まれていること（事業継続要件）の2つの要
　　件を満たす合併，③上記①・②以外の合併のうち，被合併法人と合併法人とが共同
　　で事業を営むための合併，いずれかに該当する合併で，被合併法人の株主等に合併
　　法人の株式以外の資産が交付されないものをいう（法法2二十二の八，法令4の3①
　　～④）。

$$13万円 \times \frac{1}{12} = 1万800円 \text{(均等割額)}$$

ロ　乙　　　市

令和5年10月1日，1日間だけの「みなし事業年度」が生じ，その税率は，「資本金等の額を有する法人で資本金等の額が1億円を超え10億円以下であるもののうち，従業者数の合計数が50人以下であるもの」の年額16万円が適用される（地法312①表五）。

$$16万円 \times \frac{1}{12} = 1万3,300円 \text{(均等割額)}$$

2　収益事業の開始に伴う計算

法人税法別表2の公益法人等のうち，地方税法上の公益法人等以外の公益法人等が収益事業を行うこととなった場合における，法人住民税の均等割額は，収益事業を開始した日の属する月の初日から法人税割の課税標準となる法人税額の課税標準の算定期間の末日までの期間に対応する。この場合においては，4月から収益事業を開始した日の属する月の前月までの期間に対応する均等割額も，併せて納付すべきものとされている（取扱通知(県)2章42(2)・(市)2章47(3)）。

この場合における均等割額の計算は，通常の月割計算とは異なる。すなわち，①4月から収益事業を開始する日の属する月の前月までの期間と，②収益事業を開始した日の属する月の初日から事業年度終了までの期間とに区別して，均等割額を計算する。前者の期間については，最低税率を月割計算し，後者の期間については，一般の法人に適用する税率を月割計算する。

たとえば，非課税法人でない公益法人，H協会（甲県乙市東区）は，収益事業を令和5年7月7日に開始した。事業年度（4月1日～翌年3月31日）の末日現在の従業者数70人のうち，収益事業に従事するものは40人である。なお，資本金等の額は，事業年度の末日現在において30億円である。この場合には，令和5年4月から令和5年6月までの期間（3月）と，令和5年7月1日から

令和6年3月31日までの期間（9月）に区別し，均等割額を計算する。

　イ　甲　　　県

　　　令和5年4月から令和5年6月までの期間については，税率は，「法人税法第2条第5号の公共法人及び第24条第5項に規定する公益法人等のうち，第25条第1項の規定により均等割を課することができないもの以外のもの」の年額2万円が適用される（地法52①表一イ）。一方，令和5年7月1日から令和6年3月31日までの期間については，事業年度の末日現在の資本金等の額は30億円であるので，税率は，「資本金等の額を有する法人で資本金等の額が10億円を超え50億円以下であるもの」の年額54万円が適用される（地法52①表四）。

$$2万円×\frac{3}{12}＝5,000円（令和5年4月～令和5年6月）$$

$$54万円×\frac{9}{12}＝40万5,000円（令和5年7月1日～令和6年3月31日）$$

5,000円＋40万5,000円＝41万円（均等割額）

　ロ　乙　　　市

　　　令和5年4月から令和5年6月までの期間については，税率は，「法人税法第2条第5号の公共法人及び第294条第7項に規定する公益法人等のうち，第296条第1項の規定により均等割を課することができないもの以外のもの」の年額5万円が適用される（地法312①表一イ）。一方，令和5年7月1日から令和6年3月31日までの期間については，事業年度の末日現在の資本金等の額は30億円であり，また，同日の従業者数は40人であるので，税率は，「資本金等の額を有する法人で資本金等の額が10億円を超えるもののうち，従業者数の合計数が50人以下であるもの」の年額41万円が適用される（地法312①表七）。

$$5万円×\frac{3}{12}＝1万2,500円（令和5年4月～令和5年6月）$$

$$41万円 \times \frac{9}{12} = 30万7,500円（令和5年7月1日〜令和6年3月31日）$$

$$1万2,500円 + 30万7,500円 = 32万円（均等割額）$$

3　清算法人の均等割額の計算

　地方税法上，法人税の確定申告書を提出する義務がある清算法人は，その提出期限までに，当該申告書に係る法人税額，これを課税標準として算定した法人税割額，均等割額その他必要な事項を記載した「確定申告書」（6号様式・20号様式）を，その法人税額の課税標準の算定期間中において有する事務所等または寮等所在地の地方団体の長に提出し，その申告した住民税額を納付しなければならないとされている[35]（地法53①，321の8①，地規3①表（一），10①表（五），10の2①表（一））。

　会社が事業年度の中途において解散した場合，「その事業年度開始の日から解散の日までの期間」（解散事業年度）および「解散の日の翌日からその事業年度終了の日までの期間」（清算事業年度）が，それぞれ一事業年度とみなされる（法法14①一）。清算事業年度は，会社が定款で定めた事業年度にかかわらず，会社法494条1項に規定する「清算事務年度」になる[36]（法基通1-2-9）。

　なお，清算法人の残余財産が清算事業年度の中途において確定した場合には，「その事業年度開始の日から残余財産の確定の日までの期間」が一事業年度とみなされる（法法14①五）。解散事業年度・清算事業年度については，各事業年度終了の日の翌日から2月後の日を申告期限とされるが，残余財産の確定の日の属する事業年度については，確定の日の翌日から1月以内が申告期限とされる（法法74①・②）。これは，清算法人の事業活動は残余財産の確定の日ですべ

---

35)　なお，私見としては，清算法人に対する均等割課税については，応益課税の観点から，法人事業税の場合と同様に，いわゆる「ゼロ円課税」，少なくとも「資本金等の額は，ないものとみなす」というように地方税法を改めるべきと考える。詳しくは，拙稿「会社の消滅に係る地方法人二税の検討（上）清算法人を中心に」税理62巻8号124頁（2019年）を参照のこと。

36)　会社の解散・清算については，第1章第3節3を参照のこと。

て終了するので，早期に課税関係を終了させるためである。

　また，会社が解散によって清算手続に入った後に，その後の情勢の変化により解散前の会社に戻して事業の再開を図ること（会社の継続）がある。清算法人が清算事業年度の中途において継続した場合には，「その事業年度開始の日から継続の日の前日までの期間」（清算事業年度）および「継続の日からその事業年度終了の日までの期間」（通常の事業年度）が，それぞれ一事業年度とみなされる（法法14①六）。

（1）　解散の日の属する事業年度

　I 株式会社は，甲県乙市西区に本店を有していたが，令和4年4月1日から令和5年3月31日までの事業年度の中途で解散した。解散の日（令和4年8月8日）現在において，資本金等の額は5億円，本店の従業者数は55人であった。なお，本店は，清算事務所として存続する。令和5年8月8日現在において，資本金等の額は5億円，清算事務所の従業者数は3人である。

　イ　甲　　　県

　　令和4年4月1日から令和4年8月8日までの期間，令和4年8月9日から令和5年8月8日までの期間，いずれについても，税率は，「資本金等の額を有する法人で資本金等の額が1億円を超え10億円以下であるもの」の年額13万円が適用される（地法52①表三）。

$$13万円 \times \frac{4}{12} = 4万3,300円（解散事業年度に係る均等割額）$$

$$13万円 \times \frac{12}{12} = 13万円（清算事業年度に係る均等割額）$$

　ロ　乙　　　市

　　令和4年4月1日から令和4年8月8日までの期間については，税率は，「資本金等の額を有する法人で資本金等の額が1億円を超え10億円以下であるもののうち，従業者数の合計数が50人を超えるもの」の年額40万円が適用される（地法312①表六）。一方，令和4年8月9日から令和5年8月8日までの期間については，税率は，「資本金等の額を有する法人で

資本金等の額が1億円を超え10億円以下であるもののうち，従業者数の合計数が50人以下のもの」の年額16万円が適用される（地法312①表五）。

$$40万円 \times \frac{4}{12} = 13万3,300円（解散事業年度に係る均等割額）$$

$$16万円 \times \frac{12}{12} = 16万円（清算事業年度に係る均等割額）$$

（2） 残余財産が確定した事業年度

その後，I株式会社は，令和6年4月4日に残余財産が確定した。同日現在において，資本金等の額は5億円，清算事務所の従業者数は3人である。

イ 甲 県

令和5年8月9日から令和6年4月4日までの期間については，税率は，「資本金等の額を有する法人で資本金等の額が1億円を超え10億円以下であるもの」の年額13万円が適用される（地法52①表三）。

$$13万円 \times \frac{7}{12} = 7万5,800円（清算事業年度に係る均等割額）$$

ロ 乙 市

令和5年8月9日から令和6年4月4日までの期間については，税率は，「資本金等の額を有する法人で資本金等の額が1億円を超え10億円以下であるもののうち，従業者数の合計数が50人以下のもの」の年額16万円が適用される（地法312①表五）。

$$16万円 \times \frac{7}{12} = 9万3,300円（清算事業年度に係る均等割額）$$

（3） 会社が継続した事業年度

また仮に，その後の情勢の変化により会社が継続した場合を想定すると，I株式会社は，株主総会において令和6年4月4日に継続することを決議し，事業を再開した。なお，継続後の決算期は，12月末日と決めた。決算日現在，資本金等の額は変わらないものの，従業者数は51人に増えている。

イ　甲　　　県

　　令和5年8月9日から令和6年4月3日までの期間，令和6年4月4日から令和6年12月31日までの期間，いずれについても，税率は，「資本金等の額を有する法人で資本金等の額が1億円を超え10億円以下であるもの」の年額13万円が適用される（地法52①表三）。

$$13万円 \times \frac{7}{12} = 7万5,800円（清算事業年度に係る均等割額）$$

$$13万円 \times \frac{8}{12} = 8万6,600円（通常の事業年度に係る均等割額）$$

ロ　乙　　　市

　　令和5年8月9日から令和6年4月3日までの期間については，税率は，「資本金等の額を有する法人で資本金等の額が1億円を超え10億円以下であるもののうち，従業者数の合計数が50人以下のもの」の年額16万円が適用される（地法312①表五）。一方，令和6年4月4日から令和6年12月31日までの期間については，税率は，「資本金等の額を有する法人で資本金等の額が1億円を超え10億円以下であるもののうち，従業者数の合計数が50人を超えるもの」の年額40万円が適用される（地法312①表六）。

$$16万円 \times \frac{7}{12} = 9万3,300円（清算事業年度に係る均等割額）$$

$$40万円 \times \frac{8}{12} = 26万6,600円（通常の事業年度に係る均等割額）$$

第4節　法人税制度の変容とその影響

　平成10年代になると，純粋持株会社税制の導入（平成11年度）および組織再編税制の整備（平成13年度）に次いで，平成14年7月の法人税法改正により，企業グループの一体的経営を論拠として，連結納税制度が導入された。この連結納税制度も，令和2年度税制改正により，グループ通算制度へ移行されている。このような法人税制度の変容に伴い，法人住民税も大きな影響を受ける。

均等割に関しては，みなし事業年度の見直しなどの影響が大きい。

1　組織再編税制の再構築

　組織再編税制では，組織再編成の組織行為のうち，新株の交付先が被合併法人または分割法人の株主であるという点で類似する合併と分割型分割を，また，現物出資法人または分割法人に新株を交付するという点で類似する現物出資と分社型分割を，それぞれ同一類型として各制度が構築され，さらに，従前の特定現物出資の課税の特例を考慮した事後設立税制が新制度として発足—平成22年度税制改正により，グループ税制の見直しに伴い廃止—した[37]。その組織行為は，①合併・分割型分割と，②分社型分割・現物出資・事後設立という2つのグループに分けることができる。

　そもそも，会社分割とは，会社の営業の全部または一部を他の会社に承継させる組織法上の行為である[38]。平成13年の商法改正前は，分割に関する規定

---

37)　なお，組織再編成税制の整備に伴い，合併差益金課税，合併の場合の清算所得課税および特定現物出資の圧縮記帳制度は，廃止された。

38)　平成13年の改正商法は，会社分割により営業を承継する会社が，分割により新しく設立する会社（設立会社）である新設分割と，すでに存在する他の会社（承継会社）である吸収分割を認めた（旧商法373，373ノ16）。新設分割は，複数の営業部門を有する会社が各営業部門を独立した会社とすることにより，経営の効率性を向上させるためなどに，また，吸収分割は，持株会社の下にある複数の子会社の重複する部門を各子会社に集中させることにより，組織の再編成を実現するためなどに利用されることが見込まれていた。さらに，平成13年の改正法人税法においては，分社型分割と分割型分割に区分された。分割型分割（人的分割）とは，④分割の日において，分割により分割法人が交付を受ける分割承継法人の株式その他の資産（分割対価資産）のすべてが分割法人の株主等に交付される場合の分割，⑪分割対価資産が交付されない分割（無対価分割）で，その分割の直前において，分割承継法人が分割法人の発行済株式等の全部を保有している場合または分割法人が分割承継法人の株式を保有していない場合の分割である（法法2二の九）。一方，分社型分割（物的分割）とは，④分割の日において，分割に係る分割対価資産が分割法人の株主等に交付されない場合の分割，⑪無対価分割で，その分割の直前において分割法人が分割承継法人の株式を保有している場合の分割である（法法2二の十）。したがって，会社分割は，①分社型新設分割，②分割型新設分割，③分社型吸収分割，④分割型吸収分割という4類型に分類することができる。

がなかったため，分割部門の現物出資，財産引受，営業譲渡および事後設立の方法が利用されていた。たとえば，分割をしようとする会社（P社）から新設会社（S社）を分離するには，一人会社としてS社を設立し，P社の営業の全部または一部をS社に現物出資または営業譲渡するという方法（いわゆる「分社化」）がとられてきた。

この場合には，財産が個別に移転され，債務も債務引受により個々に移転する。ところが，分割後は，親子会社関係が形成されるだけで，独立した会社とはならない。S社株主に株式を直接に割り当て，分割部門に属する準備金や引当金を一連の手続により移転させるには，特別の立法が必要となる。平成13年の改正商法では，会社分割の規定は，組織法・団体法的な性格を有するとされ，S社株主に株式を割り当てることが容易になしうるようになった。

いま1つの形態は，P社が新設のS社に営業を承継させるとともに，S社が設立に際して発行する株式をP社自身ではなく，P社の株主に分配する分割型新設分割である。もっとも，法人税法においては，P社が取得して，直ちに自己の株主に分配したものとされた（旧法法61の2④）。分割の効果としては，分社型分割の場合には，P社がS社の完全親会社となり，一方，分割型分割の場合には，P社株主がS社株を取得してS社株主となる。

会社分割法制の創設を直接のきっかけとして，平成13年度税制改正により導入されたのが，組織再編税制である。当初は，会社分割法制のみを対象とした会社分割税制の導入が検討されていた。ところが，会社分割には，現物出資や合併と共通する部分がある[39]。のみならず，現物出資および合併の租税法上の取扱いには，いくつかの問題点も生じていた[40]。そこで，これを機に，

---

39) たとえば，分割型吸収分割は，特定の営業だけを合併するのと同じ経済効果が得られる。また，分割型新設分割は，従来の特定現物出資により子会社を設立する行為と同様であり，分社型吸収分割は，既存の会社に対する現物出資による増資にほかならない。

40) 背景には，かねて指摘されてきた従来の税制の問題について，この際，解決を図ろうとする大蔵省（現財務省）主税局の強い意思があったと推察される。その問題とは，①組織再編成について，旧商法では，資本充実の原則から，承継した資産を

合併および現物出資に係る税制も，抜本的に見直され，新たに組織再編税制として，統一的な取扱いが規定されるに至ったのである。

2　連結納税制度の導入

　連結納税制度は，平成14年度税制改正で導入された。基本的には，親法人と当該法人による完全支配関係があるすべての子法人を1つの企業グループ（連結グループ）として，親法人が連結グループの連結所得金額を1つの納税申告書（連結確定申告書）に記載して，法人税の申告納税を行う[41]。

　その特色としては，①連結納税を行うか否かは，企業グループの選択に委ねられていること，②100％の特殊関係が連結の要件とされていること，③100％の特殊関係のある法人は，すべてそれに参加しなければならないこと，④地方法人二税については，連結納税の選択が認められないこと，⑤租税回避の防止のための規定が多く設けられていること，などがあげられる。

　連結納税制度を地方税にまで及ぼすか否かは，政策的判断による。諸外国では，国税のみにとどめ，地方税を連結納税制度から遮断している例が多い。政府税調の『平成14年度の税制改正に関する答申』（平成13年12月）によれば，「法人住民税については，地域における受益と負担との関係等に配慮し，単体法人を納税単位とすることが適当である」とされている[42]。

　これは，本来，応益的な性格を有する地方税に連結納税制度を導入すると，①域外の法人の事業成果が地方税収に反映されてしまうこと，②地方団体と地域の法人の結びつきが希薄化し，地域における協調関係を阻害しかねないこと，③連結納税制度は地方税のしくみに馴染まないこと，などによるものである。

　もっとも，地方税は単体法人ごとの課税であるとしても，法人税割は法人税額を課税標準としているので，国税の連結確定申告書とは全く別個に，地方税

　　時価以下の任意の価額で評価換えができること，②企業結合会計が未だ検討途上にあるために，税制においても，帳簿価額と時価の差（含み損益）を活用し税負担を軽減できること，などであった。

41)　財務省『平成14年度税制改正の大綱』1〜3頁（2001年）。

42)　税制調査会『平成14年度の税制改正に関する答申』5〜6頁（2001年）。

独自の単体での計算を行うことは，企業側に過大な負担となるのみならず，行政側にとっても困難なことである。そのため，連結納税制度の導入に伴い，みなし事業年度の創設や法人税割の課税標準が個別帰属法人税額に変更されるなど，いくつかの改正がなされた。その分，複雑な法人住民税の制度となった。

3　グループ通算制度への移行

連結納税制度の導入から15年余りが経過し，企業のグループ経営を巡る環境等も変化して，この間，税制においても，組織再編税制の改正やグループ法人税制の創設など累次の改正が行われてきた。さらに，平成30年10月23日の税制調査会総会において，グループ経営の実態に即した連結納税制度のあり方についての議論が行われた。この議論を踏まえ，税制調査会に「連結納税制度に関する専門家会合」が設置された。

連結納税制度に関する専門家会合は，『連結納税制度の見直しについて』（令和元年8月）において，「連結納税制度の適用実態やグループ経営の実態を踏まえた上で，事務負担の軽減を図るための簡素化やグループ経営の多様化に対応した中立性・公平性の観点からの見直しを行うことにより，日本の企業がより効率的にグループ経営を行い，競争力を十分に発揮できる環境を整備することができると考えられる」と報告した[43]。

これを受けて，令和2年度税制改正により，連結納税制度が見直され，法人格を有する各法人を納税単位として，課税所得金額および法人税額の計算ならびに申告は各法人がそれぞれ行うこととし，同時に企業グループの一体性に着目し，課税所得金額および法人税額の計算上，企業グループをあたかも1つの法人であるかのように捉え，損益通算等の調整を行うしくみ（グループ通算制度）に改められた[44]。

グループ通算制度を適用する法人（通算法人）は，連結納税制度と基本的に

---

43)　税制調査会・連結納税制度に関する専門家会合『連結納税制度の見直しについて』1～2頁（2019年）。

44)　財務省『令和2年度税制改正の大綱』47～52頁（2021年）。

は同様に，内国法人である親人（通算親法人）と，通算親法人による通算完全支配関係にあるすべての子法人（通算子法人）である[45]。なお，グループ通算制度は，令和4年4月1日以後に開始する事業年度から適用されている。

4　みなし事業年度

通算グループ制度の場合も，連結納税制度の場合と同様，事業年度の特例（みなし事業年度）が適用される。均等割額の計算においては，みなし事業年度は重要な要素である。

（1）　親法人と子法人で事業年度が異なる場合

通算子法人となる法人が通算親法人との間にその通算親法人による完全支配関係を有することとなった場合には，その通算子法人となる法人の事業年度は，その完全支配関係を有することとなった日の前日に終了するものとみなされる（法法14④一）。

また，通算子法人で通算親法人の事業年度開始の時にその通算親法人との間に通算完全支配関係がある法人の事業年度は，その開始の日に開始するものとされ，通算子法人で通算親法人の事業年度終了の時にその通算親法人との間に通算完全支配関係がある法人の事業年度は，その終了する日に終了するものとされる（法法14③）。

たとえば，通算子法人L社の事業年度（6月末決算）の中途（令和5年4月1日）において，最初通算事業年度（3月末決算）が開始したとき

通算親法人　令和4年4月1日～令和5年3月31日　本来の事業年度

　　　　　　令和5年4月1日～令和6年3月31日　通算事業年度

通算子法人　令和4年7月1日～令和5年3月31日　みなし事業年度

　　　　　　令和5年4月1日～令和6年3月31日　通算事業年度

---

45)　通算完全支配関係とは，通算親法人と通算子法人（外国法人等を除く）との間の完全支配関係または完全支配関係がある通算子法人相互の関係をいう（法法2二十二の七の七）。

（2）　通算制度に加入する場合

通算子法人となる法人が通算親法人との間にその通算親法人による完全支配関係を有することとなった場合には，その通算子法人となる法人の事業年度は，その完全支配関係を有することとなった日の前日に終了するものとみなされる（法法14④一）。

たとえば，通算親法人M社（3月決算）が，令和5年10月1日に子法人（3月決算）の発行済株式のすべてを取得したとき

　　通算親法人　令和4年4月1日〜令和5年3月31日　　通算事業年度
　　通算子法人　令和4年4月1日〜令和5年9月30日　　みなし事業年度
　　　　　　　　令和5年10月1日〜令和6年3月31日　　通算事業年度

（3）　通算制度から離脱する場合

通算子法人が通算親法人との間にその通算親法人による完全支配関係を有しなくなった場合には，その通算子法人の事業年度は，その完全支配関係を有することとなった日の前日に終了するものとみなされる（法法14④二）。

たとえば，通算親法人N社（3月決算）が，令和5年9月1日に通算子法人O社（12月決算）の発行済株式の40％を通算グループ外の第三者に譲渡したとき

　　通算親法人　令和4年4月1日〜令和5年3月31日　　通算事業年度
　　通算子法人　令和4年4月1日〜令和5年8月31日　　通算事業年度
　　　　　　　　令和5年9月1日〜令和6年12月31日　　みなし事業年度

第4章 法人税割

chapter 4

　法人税割は，法人税額を課税標準として課する住民税であり，法人税の附加税たる性質を有する（地法23①三，292①三）。ここで，法人税額とは，「法人税法その他の法人税に関する法令の規定によって計算した法人税額」に若干の修正を加えた金額をいう（地法23①四，292①四）。地方税法は，外国税額控除等の控除前のものであることを定めるなど，法人税額を基礎として，それを修正する方式を採用している。したがって，特に除外されないかぎり，租税特別措置法の規定も適用した後の法人税額が，法人税割の課税標準である。

第1節　法人税割額の計算

　法人税割は，地方団体内に事務所等を有する法人に対して，法人税額を課税標準として課税される（地法24①三，294①三）。なお，課税標準となる法人税額に1,000円未満の端数があるとき，またはその全額が1,000円未満であるときは，その端数金額またはその全額を切り捨てる[1]（地法20の4の2①）。

《算式》

　（法人税額＋加算調整額－減算調整額）×税率－税額控除額

---

1)　なお，修正申告または更正によって，不足税額を追徴する場合における課税標準額にあっては，追徴に係る課税標準を含めた総体の課税標準額について，この端数処理を行う（昭和38年9月19日自治丙府49号自治省税務局長通知1(4)）。また，2以上の地方団体に事務所等を有する場合には，従業者数で按分した後の課税標準額についても，同様の端数処理を行う。

$$= 法人税割額（100円未満切捨て）$$

1　課税標準

　課税標準とは，課税要件の1つで，課税物件—課税対象とされる物，行為または事実—を金額，価額および数量などで表した数値をいう[2]。法人税割の課税標準は，法人税額である。

（1）法 人 税 額

　法人税割の課税標準となる法人税額とは，地方税法で特別の定めをしている場合を除くほか，「法人税法その他の法人税に関する法令の規定によって計算した法人税額（各対象会計年度の国際最低課税額に対する法人税額を除く）」で，つぎに掲げる控除をする前のものをいう（地法23①四，292①四，取扱通知（県）2章50・（市）2章45）。したがって，法人税については，これらの規定による控除によって，現実に法人税額を納付すべき義務がない法人であっても，法人税割額の申告納付義務を負うことになる。

　イ　法人税額からの利子・配当等に係る所得税額の控除（法法68，144，措法3の3⑤，6③，8の3⑤，9の2④，9の3の2⑦，41の9④，41の12④，41の12の2⑦，41の22②）

　ロ　法人税額からの外国税額の控除（法法69，144の2，措法66の7①，66の9の3①）

　ハ　法人税額からの分配時調整外国税相当額の控除（法法69の2，144の2の2，措法9の3の2⑦，9の6④，9の6の2④，9の6の3④，9の6の4④）

　ニ　仮装経理に基づく過大申告の場合の更正に伴う法人税額の控除（法法70）

　ホ　試験研究を行った場合等の法人税額の特別控除（中小企業者等の試験研究

---

[2]　課税要件とは，租税法に規定される法律要件で，それが充足されることによって，「納税義務の成立」という法律効果が生ずるものである。各種の租税に共通の課税要件として，①納税義務者，②課税物件，③課税物件の帰属，④課税標準，⑤税率がある。

費に係るものを除く）（措法42の 4，地法附則 8 ①・②）

ヘ　国際戦略特別区域または国際戦略総合特別区域において機械等を取得した場合の法人税額の特別控除（措法42の10②・⑤・⑥，42の11②・⑥・⑦）

ト　地域経済牽引事業の促進区域内において特定事業用機械等を取得した場合の法人税額の特別控除（中小企業者等に係るものを除く）（措法42の11の 2 ②・⑤・⑥，地法附則 8 ⑤）

チ　地方活力向上地域等において特定建物等を取得した場合の法人税額の特別控除（中小企業者等に係るものを除く）（措法42の11の 3 ②・⑤・⑥，地法附則 8 ⑦）

リ　地方活力向上地域等において雇用者の数が増加した場合の法人税額の特別控除（中小企業者等に係るものを除く）（措法42の12，地法附則 8 ⑨）

ヌ　認定地方公共団体の寄附活動事業に関連する寄附をした場合の法人税額の特別控除（措法42の12の 2 ）

ル　給与等の支給額が増加した場合等の法人税額の特別控除（中小企業者等に係るものを除く）（措法42の12の 5 ，地法附則 8 ⑪・⑬）

ヲ　認定特定高度情報通信技術活用設備を取得した場合等の法人税額の特別控除（中小企業者等に係るものを除く）（措法42の12の 6 ②・⑤・⑥，地法附則 8 ⑮）

ワ　事業適応設備を取得した場合等の法人税額の特別控除（中小企業者等に係るものを除く）（措法42の12の 7 ④～⑥・⑨・⑩，地方附則 8 ⑰・⑲）

カ　法人税額からの外国関係会社または外国関係法人に係る控除対象所得税額等相当額（措法66の 7 ④～⑥・⑧・⑩，66の 9 の 3 ④・⑤・⑦～⑨）

　もっとも，法人税額の範囲には，延滞税，利子税，過少申告加算税，無申告加算税および重加算税は含まれない[3]。一方で，使途秘匿金の支出があった

---

3)　ちなみに，延滞税は，期限内申告書を提出した場合において，当該申告書の提出により納付すべき国税をその法定納期限までに完納しないときに，未納税額の納付遅延に対する遅延利子の意味で，未納の税額に年14.6％と「延滞税特例基準割合（＝平均貸付割合＋ 1 ％）＋7.3％」のいずれか低い割合—納期限までの期間または納期限後 2 月間は，年7.3％と「延滞税特例基準割合＋ 1 ％」のいずれか低い割

場合には，その支出額の40％相当額を通常の法人税額に加算することとされている（措法62①）。ここで，使途秘匿金とは，法人がした金銭の支出のうち，「相当の理由」がなく，その相手方の氏名等を法人の帳簿書類に記載していないものをいう（措法62②）。企業が相手先を秘匿するような支出は，違法ないし不当な支出につながりやすく，それがひいては公正な取引を阻害することにもなるので，そのような支出を極力抑制することが目的である。

こうした使途秘匿金課税については，地方税法で特別の定めをしていない。そのため，法人税割においては，使途秘匿金に係る法人税額を含めた法人税額が課税標準となり，結果的に使途秘匿金に対して法人税割が重課されることになる。しかし実務上，公正な取引を阻害することにつながるようなものでない場合は，「相当の理由」を比較的広く解することを通じて，使途秘匿金課税は避けられている。

（2） 加算調整額

法人税割の課税標準の調整規定として，まず，グループ通算制度における欠

合一を乗じて計算した額で課される（通法60②，措法94①）。利子税は，申告期限の延長が認められた場合に，延滞税を課さない代わりとして，法人税額に，事業年度終了の日の翌日以後2月を経過した日から指定された期日までの期間の日数に応じて，年7.3％と利子税特例基準割合（＝平均貸付割合＋0.5％）のいずれか低い割合を乗じて計算した金額で課される（法法75⑦，措法93①）。ここで，平均貸付割合とは，各年の前々年の10月から前年の9月までの各月における銀行の新規の短期貸出約定平均金利の合計を12で除して得た割合として各年の前年の12月15日までに財務大臣が告示する割合をいう。さらに，過少申告加算税は，期限内申告書が提出された場合において，修正申告書の提出または更正があったときに，その納付すべき税額に10％の割合を乗じて計算した金額で課される（通法65①）。無申告加算税は，期限内申告書の提出がなく，後に期限後申告または決定などのあった場合に，新たに生じる税額に15％の割合を乗じて計算した金額で課される（通法66①）。重加算税は，過少申告加算税または無申告加算税の課される場合に，過少申告または無申告が，その国税の課税標準・税額等の計算の基礎となるべき事実の全部または一部を隠蔽し，または仮装し，その隠蔽し，または仮装したものであった場合に，特に重い制裁を加える意味で，過少申告加算税に代え，その基礎となるべき税額に35％の割合を乗じて計算した金額または無申告加算税に代え，その基礎となるべき税額に40％の割合を乗じて計算した金額で課される（通法68①・②）。

損法人または他の通算法人から欠損金を配賦された影響を遮断するため，つぎに掲げる加算が行われる[4]。

イ　加算対象通算対象欠損調整額（地法53⑪・⑫，321の8⑪・⑫）

加算調整額＝通算対象欠損金額×法人税の税率

ロ　加算対象被配賦欠損調整額（地法53⑰・⑱，321の8⑰・⑱）

加算調整額＝被配賦欠損金控除額×法人税の税率

（3）　減算調整額

当該事業年度においてグループ通算制度を選択していない状態に近づけた上で，つぎに，イ～ニの減算調整額を法人税額から控除した後において，ホ・への減算調整額を控除するものとされている（地法53㉚，321の8㉚）。

イ　控除対象通算適用前欠損調整額（地法53③・④，321の8③・④）

減算調整額＝通算適用前欠損調整額×法人税の税率

ロ　控除対象合併等前欠損調整額（地法53⑧・⑨，321の8⑧・⑨）

減算調整額＝合併等前欠損調整額×法人税の税率

ハ　控除対象通算対象所得調整額（地法53⑬・⑭，321の8⑬・⑭）

---

4)　ちなみに，平成14年度税制改正により，内国法人である親会社（連結親法人）および当該会社と完全支配関係にあるすべて内国法人（連結子法人）を1つの企業グループ（連結グループ）として，連結親法人が連結グループの連結所得金額を1つの「連結確定申告書」に記載して，法人税の申告納税を行う「連結納税制度」が導入された（財務省『平成14年度税制改正の大綱』1～3頁（2001年））。ところが，制度の適用実態やグループ経営の実態を踏まえ，企業の事務負担の軽減を図るための簡素化やグループ経営の多様化に対応した中立性・公平性の観点から，令和2年度税制改正により，連結納税制度は抜本的に見直され，法人格を有する各法人を納税単位として，課税所得金額および法人税額の計算ならびに申告は各法人がそれぞれ行うこととし，同時に企業グループの一体性に着目し，課税所得金額および法人税額の計算上，企業グループをあたかも1つの法人であるかのように捉え，損益通算等の調整を行う「グループ通算制度」に移行された。グループ通算制度を適用する法人（通算法人）は，連結納税制度と基本的には同様に，内国法人である親法人（通算親法人）と，通算親法人による通算完全支配関係にあるすべての子法人（通算子法人）である（法法2②十二の七の二）。グループ通算制度は，令和4年4月1日以後に開始する事業年度から適用されている（財務省『令和2年度税制改正の大綱』47～52頁（2021年））。

　　　　減算調整額＝通算対象所得金額×法人税の税率

　ニ　控除対象配賦欠損調整額（地法53⑲・⑳，321の8⑲・⑳）

　　　　減算調整額＝配賦欠損金控除額×法人税の税率

　ホ　控除対象還付法人税額（地法53㉓，321の8㉓）

　　　　減算調整額＝法人税の欠損金の繰戻しに係る還付法人税額

　ヘ　控除対象還付対象欠損調整額（地法53㉖・㉗，321の8㉖・㉗）

　　　　減算調整額＝配賦欠損金控除額×法人税の税率

（4）　法人税額の繰越控除

　法人税において「欠損金の繰越控除」（法法57〜59）が行われた場合は，繰越控除は法人の所得計算の段階で行われ，その結果算定された法人税額が法人税割の課税標準となるので，法人住民税では何らの措置も要せずに，法人税と同じ目的が達せられる。これに対して，法人税において「欠損金の繰戻還付」（法法80）を受けた法人の課税標準となる法人税額は，欠損金額を繰越控除しないで計算したものとなる。そのため，欠損金の繰戻還付を受けなかった法人との間で，その課税標準となる法人税額に差異が生じる。

　しかしながら，法人税における欠損金の繰戻還付の適用の有無によって，その課税標準となる法人税額に差異が生じることは適当でないため，法人税割においては，還付金に対応する法人税額については繰越控除することとされている[5]。すなわち，法人住民税では，還付金に対応する法人税割額の還付を行わず，控除対象還付法人税額の控除として還付された法人税額を10年間にかぎり，順次繰り越して控除した法人税額を課税標準とすることになる（地法53㉓，321の8㉓）。

　なお，この制度の適用については，つぎの諸点に留意しなければならない（取扱通知（県）2章53の3(1)〜(3)・(市)2章56の3(1)〜(3)）。

---

[5]　もちろん，地方団体の財政規模が一般的に小さいために，損失の生じた年度において税収入の減少に加えて多額の還付金を生ずることは，その地方団体の財政運営に支障をきたすおそれもある（取扱通知（県）2章53の3柱書・（市）2章56の3柱書）。

イ　適格合併等が行われた場合において，被合併法人等について控除対象還付法人税額があるときは，その金額は合併法人等の法人税割の課税標準である法人税額から繰越控除すること。

ロ　控除対象還付法人税額にあっては，その金額の計算の基礎となった欠損金額に係る事業年度以降において，連続して法人住民税の確定申告書を提出している場合にかぎり，法人税割の課税標準となる法人税額から控除すること。

ハ　仮決算による中間申告に係る法人税割の課税標準となる法人税額から控除した控除対象還付法人税額は，確定申告に係る法人税割の課税標準である法人税額からも控除すること。

2　法人税確定手続経由方式

このような修正を加えた法人税額が，法人税割の課税標準となる。ここでいう「法人税額」とは，法人税の確定申告書により確定した税額または確定しようとする税額を指すのであって，それと異なる「あるべき法人税額」が別個に存在することは想定していない。また，法人住民税の更正・決定に関する規定においても，確定法人税額の概念が用いられている。

法人住民税の更正は，申告に係る法人税額またはこれを課税標準として算定した法人税割額が，その調査によって，確定法人税額またはこれを課税標準として算定すべき法人税割額と異なることを発見したときになされ，同じく，確定申告書を提出しなかったときに，その調査によって，申告すべき確定法人税額を決定するものとされている（地法55①・②，321の11①・②）。したがって，地方団体の長が自ら法人税額を独自に計算し，確定法人税額を増額または減額して，更正・決定をなすことは，許されないと解されている[6]。

手続的にみて，納税者が確定法人税額を修正する方法が定まる。もし，自己の課税標準となる確定法人税額が過少と考えるときは，法人税についての修正

---

6)　自治省税務局編『住民税逐条解説』494頁（地方財務協会，増補版，1996年）。

申告をするとともに、それに合わせて、法人税割の修正申告も行うことになる。逆に、確定法人税額が過大であると考えるときは、それが法人税の申告に基づくものである場合は、法人税について更正の請求を行い、また、法人税に係る更正・決定に基づくものである場合は、法人税の更正・決定についての不服申立てや訴訟の提起によって、確定法人税額の全部または一部の取消しを求めなければならない。

　裁判例においても、法人税割の更正・決定は、「申告に係る法人税額が法人税法の規定によって更正された法人税額（確定法人税額）と異なるときは、都知事（地方団体の長）はこれを更正することができるとされているから、申告に係る法人税額の更正が確定法人税額によっている以上、納税義務者は、法人税額の過大を主張して、右都知事（地方団体の長）の更正を争うことはできない」とし、ここでも法人税確定手続経由方式が採用されている[7]。

　こうした地方税法上のしくみは、「地方団体の課税の自主性および適正な課税の実現という見地から、問題があるように思われる」との指摘もある[8]。しかも、法人税法158条において、「地方公共団体（地方団体）は、法人税の附加税を課することができない」と定め、地方団体が法人税の附加税を課すことを禁じている[9]。これは、シャウプ勧告に基づく税制の考え方を踏襲し、地方団体は国税に対する附加税を課しえず、自ら独立の地方税を徴収してその財政の独立を図るべきとの趣旨である[10]。

---

7)　東京地判昭和51年4月19日行集27巻4号557頁。

8)　浅沼潤三郎ほか編『地方自治大系3』260頁〔清永敬次〕（嵯峨野書院、1995年）。

9)　附加税には、①他の租税の課税標準を課税標準とするものと、②他の租税の税額を課税標準とするものとがあり、狭義には後者のみを指す。なお、附加税以外の租税を「独立税」と呼ぶ。

10)　武田昌輔『立法趣旨法人税法の解釈』417頁（財経詳報社、1984年）。そこでは、「現在、府県及び市町村には道府県民税及び市町村民税があり、その課税標準は、法人については法人の法人税額であり、また、事業税の課税標準も原則として法人の所得としている。しかし、これらの税はいずれも地方公共団体（地方団体）の独立税であって、ここにいういわゆる附加税には該当しない」と述べている。これに対して、金子宏教授は、「住民税の所得割は、附加税ではないが、所得税の課税標準を用いているため、附加税的な要素をもっており、また、法人税割は、附加税の

132

3　分割基準

　法人住民税は，事務所等所在の地方団体ごとに申告納付を行う義務があるので，２以上の地方団体において事務所等を有する法人（分割法人）の場合，分割法人の法人税額を関係地方団体に分割し，その分割した額を課税標準として，関係地方団体ごとに法人税割額を算定することになる（地法57①，321の13①）。

（1）　分割の方法

　法人税額の分割は，関係地方団体ごとに，法人税額の課税標準の算定期間中において有する分割法人の事務所等について，分割法人の法人税額を「算定期間の末日現在における従業者の数に按分して行うもの」とされている[11]（地法57②，321の13②）。具体的には，各地方団体の法人税割の課税標準となる金額（分割課税標準額）は，法人税額を従業者数の合計数で除して従業者１人当たりの分割課税標準額を算出し，その１人当たりの分割課税標準額に地方団体内の従業者数を乗じて得られる。

《算式》

$$\frac{法人税額}{従業者数の合計数}＝１人当たりの分割課税標準額^{[12]}$$

　性質をもっている。しかし，地方団体の調査能力の限界を考えると，これは制度論としてはやむをえないことである」と指摘している（金子宏『租税法』306頁（弘文堂，第３版，1990年））。

11)　ちなみに，金子宏教授は，「企業の急速なオートメ化・ハイテク化を考えると，従業者数を唯一の基準として按分するのは時代遅れである」と指摘している（金子宏『租税法』438頁（弘文堂，第10版，2005年））。また，与党の『平成17年度税制改正大綱』（平成16年12月）でも，「今後，本格的な税源移譲や今回の（法人事業税の）分割基準の見直し等による影響を踏まえ，法人住民税を含めた地方企業課税の分割基準のあり方について，総合的に検討する」と述べている（自由民主党『平成17年度税制改正大綱』16頁（2004年））。平成17年度税制改正では，従前は従業者基準のみの適用であった「その他事業」について，「課税標準額の総額の２分の１に相当する額を事業所等の数に，課税標準額の総額の２分の１に相当する額を事業所等の従業者の数に按分すること」に改められた（地法72の48③五）。この法人事業税の分割基準を参考にして，これまでの分割基準である従業者数に，新たに事務所等の数を加味し，課税標準の２分の１を事務所等の数で，他の２分の１を従業者数で按分するという法人住民税の分割基準の見直しも考えられる。

　　　　　１人当たりの分割課税標準額×地方団体内の従業者数

　　　　　　　　　　　　＝分割課税標準額（1,000円未満切捨て）

（２）　従業者の範囲

　分割基準における従業者とは，法人事業税の分割基準に用いられる従業者と
同意義のものであって，法人から「俸給，給料，賃金，手当，賞与，その他こ
れらの性質を有する給与の支払を受けるべき者」をいう[13]（地規３の５，10の２
の11）。なお，従業者数は，算定期間—清算法人が申告納付する法人税割の場
合は，法人の解散の日に属する事業年度—の末日現在による。このため，解散
後にあっては，地方税法57条３項または321条の13第３項に規定する「事務
所等の新設・廃止の特例」は働かない。

　事務所等の敷地が２以上の市町村にまたがっている場合には，その事務所等
に係る法人税額はさらに２以上の市町村に分割される。この分割基準となる従
業者数は，つぎの方法によって決定することになる（昭和26年６月14日地財委税
1033号地方財政委員会事務局税務部長通知）。

　イ　事務所等を構成する建造物が市町村の境界線にまたがって存在していな
　　い場合

　　　各従業者がいずれの市町村の境界内に所在する建造物において通常勤務
　　しているかによって，関係市町村ごとの従業者数を決定する。

　ロ　事務所等を構成する建造物が市町村の境界線上に存する場合

　　　建造物において通常勤務する従業者を，建造物の各関係市町村の境界内
　　に属する床面積に応じて按分する。

　ハ　屋外労働の場所が一の市町村の境界内に属する場合

　　　通常屋外において業務に従事する従業者は，市町村に対して分割される

---

12)　この除して得た数値に小数点以下の数値があるときは，小数点以下の数値のうち，
　　従業者の総数の桁数に１を加えた数の位以下の部分の数値を切り捨てる。たとえば，
　　従業者の総数の桁数が３桁の数値である場合には，小数点４位以下の数値を切り捨
　　てる。

13)　詳しくは，第３章第２節２（２）を参照のこと。

法人税額の分割基準となる従業者として取り扱う。

ニ　屋外労働の場所が2以上の市町村の境界にまたがって所在する場合

通常屋外において業務に従事する従業者は，屋外労働の場所が各関係市町村の境界に帰属する面積に応じて按分する。

（3）　従業者数の特例

分割法人の分割基準である従業者数は，原則として，算定期間の末日現在の従業者数とされる。これに対しては，つぎのような特例が設けられている[14]（地法57③，321の13③）。

イ　算定期間の中途において新設された事務所等

$$\text{算定期間の末日現在における従業者数} \times \frac{\text{新設の日から算定期間の末日までの月数}}{\text{算定期間の月数}}$$

ロ　算定期間の中途において廃止された事務所等

$$\text{廃止の日の属する月の直前の月の末日現在における従業者数} \times \frac{\text{算定期間中において所在していた月数}}{\text{算定期間の月数}}$$

ハ　算定期間を通じて従業者数に著しい変動がある事務所等

$$\frac{\text{算定期間に属する各月の末日現在における従業者数の合計数}}{\text{算定期間の月数}}$$

4　法人税割の税率

税率とは，税額を算出するために課税標準に対して適用される一定の比率で，比例税率と累進税率に分けられる[15]。このうち，法人税割の税率は，以下のような比例税率を採用している。

---

14)　この特例において，従業者の数に1人に満たない端数を生じたときは，これを1人とし，また，月数は暦に従って計算し，1月に満たない端数を生じたときは，これを1月とする（地法57③括弧書・④，321の13③括弧書・④）。

15)　比例税率とは，課税標準の大きさにかかわらず，その一定割合が税額となるように設定された税率構造をいい，「単一税率」とも呼ばれる。これに対して，累進税率とは，課税標準に占める税額の割合が累進するように設定された税率構造をいい，これには単純累進税率と超過累進税率がある。単純累進税率は，課税標準の大きく

(1) 標準税率と制限税率

　まず，法人道府県民税の「法人税割の標準税率は，100分の1とする。ただし，標準税率を超える税率で課する場合においても，100分の2を超えることができない」とされる（地法51①）。また，法人市町村民税の「法人税割の標準税率は，100分の6とする。ただし，標準税率を超えて課する場合においても，100分の8.4を超えることができない」とされる（地法314の4①）。

　このように，法人税割の税率には，標準税率と制限税率が規定されており，各地方団体は，この範囲内において税条例で税率を定めることになる。たとえば，兵庫県における法人税割の税率は，1.8％である。ただし，資本金の額もしくは出資金の額が1億円以下のもの（特定目的会社・投資法人を除く）もしくは資本もしくは出資を有しないもの（保険業法に規定する相互会社を除く）または人格のない社団等であって，かつ，法人税割の課税標準となる各事業年度の所得に対する法人税額が年2,000万円以下の場合は，1％の税率が適用される（兵庫県税条例附則36，37①）。

　また，神戸市における法人税割の税率は，8.4％である。資本金の額もしくは出資金の額が1億円以下である法人もしくは資本金もしくは出資金を有しない法人（保険業法に規定する相互会社を除く）または人格のない社団等で，法人税割の課税標準となる法人税額が年1,600万円以下の場合は，6％の税率が適用される[16]（神戸市税条例29②，29の2①）。

　兵庫県・神戸市いずれも超過課税を実施する一方で，中小企業者等については，負担の軽減を図る趣旨から標準税率とするという不均一課税（軽減税率）

　なるにつれ，単純に高率を適用していくのに対して，超過累進税率は，課税標準をいくつかの課税段階に区分し，上の課税段階にいくに応じて逓次に高率を適用する税率構造である。

16)　なお，分割法人の場合は，関係市町村に分割される前の額による（神戸市税条例29の2③）。また，法人税割の課税標準となる法人税額に係る課税標準の算定期間が1年に満たない場合は，「1,600万円×算定期間の月数÷12」によって計算した金額による。この場合の月数は，暦に従って計算し，1月に満たないときは1月とし，1月に満たない端数が生じたときはその端数を1月に切り上げる（神戸市税条例29の2④）。

を採用している[17]。超過課税を実施している地方団体は，超過税率を法人税割の原則的な税率とし，標準税率を中小企業者等に対する軽減税率として規定するのが通例のようである。

（2） 税率の適用区分

法人税割の税率の適用区分は，図表15に表示したように，通常の確定申告の場合と，仮決算をした中間申告の場合とで，その基準日が異なる。また，清算法人についても，解散の前後で課税関係が整合的になるよう，継続企業と同様，地方税法53条1項または321条の8第1項（普通法人の確定申告納付）の規定による。

図表15　法人税割の適用税率

区　　分	基　準　日
（清算）確定申告	（清算）事業年度・計算期間の末日
仮決算による中間申告	事業年度開始後，6月経過日の前日

（出所）　地方税法51条2項，314条の4第2項に基づき，筆者が作成。

確定申告に係る法人税割については，「法人税額の課税標準の算定期間の末日現在」における税率による（地法51②，314の4②）。ここでいう「算定期間の末日現在」とは，各事業年度または各計算期間の末日現在を指す。なお，中間申告をした法人が確定申告をする場合における法人税額の課税標準の算定期間は，その6月を含む法人の事業年度であるから，事業年度を通ずる法人税割額は，事業年度終了の日現在における税率によって算定し，これから中間納付額を差し引くことになる。

17）　不均一課税とは，一定の範囲に限って，税条例により一般の税率と異なる税率で課税することをいう。地方法人二税については，昭和50年前後から，所得金額や資本金額の大きさによる不均一課税が，多くの地方団体において採用されている。ちなみに，令和4年4月現在，法人道府県民税については，全47都道府県において不均一課税が採用されており，そのうち8団体（構成比17.0％）が法人事業税についても不均一課税を採用している。一方，法人市町村民税については，1,718市町村のうち222団体（12.9％）が不均一課税を採用している（総務省自治税務局『令和4年度法人住民税・法人事業税税率一覧表』（令和4年9月））。

法人税の中間申告のうち，仮決算による中間申告に係る法人税割については，事業年度開始の日から6月の期間を一事業年度とみなすこととされているので，この期間も「法人税額の課税標準の算定期間」となり，算定期間の末日—事業年度開始の日から6月を経過した日の前日—現在における税率による。

第2節　税 額 控 除

税額控除とは，算出された税額から一定の金額を控除することをいう。法人税割額からの控除は，第1に「特定寄附金税額控除」，第2に「控除対象所得税額等相当額の控除」，第3に「外国税額控除」，第4に「仮装経理に係る税額控除」，第5に「租税条約の実施に係る控除」の順に行う（取扱通知(県)2章49の2(2)後段・(市)2章54の2(2)後段)。

1　特定寄附金税額控除

平成28年度税制改正により，平成28年4月20日から令和7年3月31日までの間に，認定地方公共団体に対して，まち・ひと・しごと創生寄附活用事業に関連する寄附金（下限10万円）を支出した場合には，寄附を行った法人に対して，寄附額の3割に相当する額の税額控除の特例措置（いわゆる「企業版ふるさと納税」）が講じられている[18]。従来からの地方団体に対する法人の寄附に係る損金算入措置による軽減効果（約3割）と合わせて，寄附額の約6割に相当する額が軽減される。

特定寄附金税額控除の適用を受けられるのは，仮決算に係る中間申告書または確定申告書に控除の対象となる特定寄附金の額や控除を受ける金額などを記載した「特定寄附金を支出した場合の税額控除の計算に関する明細書」（7

---

18)　財務省『平成28年度税制改正の大綱』46頁（2015年）。なお，認定地方公共団体とは，「地域再生計画の認定」を内閣総理大臣に申請し，それが，①地域再生基本方針に適合するものであること，②地域再生計画の実施がその地域における地域再生の実現に相当程度寄与するものであると認められること，③円滑かつ確実に実施されると見込まれるものであること，という基準に適合すると認定された地方団体をいう（地域再生法5⑮）。

号の3様式）および認定地方公共団体が寄附金の受領について地域再生法施行規則14条1項の規定により交付する書類の写しの添付がある場合に限る。また，控除額の計算の基礎となる特定寄附金の額は，仮決算に係る中間申告書または確定申告書に添付されたこれらの書類に記載された特定寄附金の額を限度とされる（地法附則8の2の2②・⑤・⑧・⑪，取扱通知(県)2章49の2(4)・(市)2章54の2(4)）。

　特定寄附金税額控除は，まず，法人事業税において寄附額の20％，法人住民税において寄附額の40％を税額控除する。そして，法人住民税の税額上限に達し，寄附額の40％が控除できない場合に，控除できなかった部分を法人税において，寄附額の10％を上限に税額控除することになる（地法附則8の2の2①本文，9の2の2①本文，措法42の12の2①）。

　イ　法人事業税額からの税額控除
　　　控除税額＝支出した寄附金の合計額×20％
　　　　※当期の法人事業税額の20％が限度

　ロ　法人税割額からの税額控除
　　(イ)　法人道府県民税
　　　　控除税額＝支出した寄附金の合計額×5.7％
　　　　　※当期の法人税割額の20％が限度

　　(ロ)　法人市町村民税
　　　　控除税額＝支出した寄附金の合計額×34.3％
　　　　　※当期の法人税割額の20％が限度

　ハ　法人税額からの税額控除
　　　当期の法人税額の5％を限度として，つぎのAとBのうち，いずれか少ない金額が控除税額とされる。
　　　A＝支出した寄附金の合計額×40％－法人住民税額から控除される金額
　　　B＝支出した寄附金の合計額×10％

　なお，分割法人については，法人事業税からの控除税額は課税標準額を基準として按分し，法人住民税からの控除税額は従業者数を基準として按分される

（地法附則8の2の2①括弧書，9の2の2①括弧書）。また，特定寄附金税額控除
は，仮決算による中間申告，確定申告，修正申告または更正・決定により，申
告納付すべき法人住民税の法人税割額からのみ行われる（取扱通知(県)2章49の
2（2）前段・(市)2章54の2（2）前段）。

2　控除対象所得税額等相当額の控除

いわゆる「外国子会社合算税制」または「コーポレート・インバージョン対策
合算税制」については，平成30年度税制改正により，これらの税制の適用を
受ける内国法人に係る外国関係会社に対して課された地方法人税および法人住
民税も税額控除の対象とされ，控除される金額の計算の基礎となる所得税等の
額に地方法人税および法人住民税が加えられている[19]。

（1）　外国子会社合算税制

外国子会社合算税制により，親会社への所得の合算をされた外国子会社の支
払った所得税，復興特別所得税，法人税，地方法人税および法人住民税の合計
額のうち，課税対象金額，部分課税対象金額または金融子会社等部分課税対象
金額に対応する部分の金額（控除対象所得税額等相当額）について，法人税およ
び地方法人税から控除しきれなかった金額を法人道府県民税法人税割から控除
し，さらに控除しきれない金額を法人市町村民税法人税割から控除される[20]
（地法53㉔，321の8㉔）。

（2）　コーポレート・インバージョン対策合算税制

コーポレート・インバージョン対策合算税制により，特殊関係株主の所得の
合算をされた外国関係法人の支払った所得税，復興特別所得税，法人税，地方
法人税および法人住民税の合計額のうち，課税対象金額，部分課税対象金額ま
たは金融子会社等部分課税対象金額に対応する部分の金額（控除対象所得税額等

---

19)　財務省『平成30年度税制改正の大綱』95～10頁（2017年）。
20)　外国子会社合算税制とは，外国子会社を利用した租税回避を抑制するために，一
　　定の条件に該当する外国子会社の所得を内国親会社の所得とみなして合算し，わが
　　国で課税する制度をいう（措法66の6～66の9）。

相当額）について，法人税および地方法人税から控除しきれなかった金額を法人道府県民税法人税割から控除し，さらに控除しきれない金額を法人市町村民税法人税割から控除される[21]（地法53㉕，321の8㉕）。

3　外国税額控除

　内国法人が外国で稼いだ所得は，外国で課税された場合でも，日本で内国法人の所得として全世界ベースで再度課税される。この場合に，外国で課税された税金部分が二重課税になってしまう。そこで，居住地国である日本で，源泉地国で課税された税金を一定の方法で計算した部分を日本の税金から控除できる制度がある。これを「外国税額控除」といい，外国の法令により，法人税，地方法人税または法人住民税に相当する租税（外国法人税等）を課される場合は，同一所得に係る国際的二重課税を排除する目的から，一定額を法人税，地方法人税および法人税割から控除される（地法53㊳，321の8㊳，法法69①，地法法12①）。

（1）　外国税額控除の対象

　外国税額控除の対象となる外国法人税等とは，おおむね外国の法令に基づき外国またはその地方団体により，法人の所得を課税標準として課される租税をいう。その範囲については，法人税法施行令141条（外国法人税の範囲）の規定を準用し，外国法人税等の額については，法人税法69条1項に規定する「控除対象外国法人税額」の計算の例による（地令9の7①，48の13①）。

　なお，内国法人がつぎの場合に該当するときは，それぞれに定める金額が外国法人税等の額とみなされる（地令9の7③，48の13③）。

　イ　租税特別措置法66条の6第1項，6項または8項の適用がある場合

　　　内国法人に係る外国子会社の所得に対して課される外国法人税額のうち，課税対象金額に対応するものとして計算した金額

21）　コーポレート・インバージョン対策合算税制とは，内国法人が外国法人の子会社となる形態を生じさせる組織再編成等を利用して，親子関係を逆転させることにより，外国子会社合算税制の適用を免れようとする租税回避行為を防止するために設けられた制度をいう（措法66の9の2～66の9の5）。

ロ　租税特別措置法66条の９の２第１項，６項または８項の適用がある場合

　　内国法人に係る外国関係法人の所得に対して課される外国法人税額のうち，課税対象金額に対応するものとして計算した金額

（２）　外国税額控除の方法

国税—具体的には，法人税および地方法人税—において控除しきれない外国法人税等の額があるときは，これを法人税において外国税額控除を行う事業年度に係る法人道府県民税の法人税割額から法人道府県民税の控除限度額を限度として控除し，さらに控除しきれない金額があるときは，これを当該事業年度に係る法人市町村民税の法人税割額から法人市町村民税の控除限度額を限度として控除する[22]（地令９の７⑥本文，48の13⑦本文）。

イ　標準税率方式

　　法人税の控除限度額[23]×１％＝法人道府県民税の控除限度額

　　法人税の控除限度額×６％＝法人市町村民税の控除限度額

ロ　超過税率方式

　　ただし，標準税率を超える税率（超過税率）で法人税割を課する地方団体に事務所等を有する法人にあっては，その選択により，法人税の控除限度額に超過税率を乗じて計算した額とすることができる（地令９の７⑥但書，48の13⑦但書）。

$$\frac{法人税の控除限度額}{従業者の総数}＝１人当たりの法人税の控除限度額[24]$$

---

22)　なお，東京都特別区の区域に事務所等を有する法人は，適用される法人税割が県・市合計分となっているので，両者に振り分けて税率を計算する特例が設けられている（地規３の２①，10の２の６①）。

23)　なお，法人税の控除限度額は，「当期の全世界所得に対する法人税額×当期の外国所得金額／当期の全世界所得金額」により計算した金額である（法法69①，法令142①）。また，地方法人税の控除限度額は，「地方法人税額×当期の外国所得金額／当期の全世界所得金額」により計算した金額である（地法法12①，地法令３①）。

　　　　１人当たりの法人税の控除限度額×地方団体の従業者数

　　　　　　＝従業者数で按分した法人税の控除限度額（１円未満切捨て）

　　　　従業者数で按分した法人税の控除限度額×超過税率

　　　　　　　　　　＝地方団体の控除限度額（１円未満切捨て）

　ハ　分割法人の補正方式

　　　分割法人の関係地方団体ごとの法人税割額から控除すべき外国法人税等の額は，その法人税割額から控除することができる外国法人税等の額を，法人の控除をしようとする事業年度に係る関係地方団体ごとの法人税額の課税標準の算定期間の末日現在における従業者数に按分して計算した額である[25]（地令９の７㉘，48の13㉙）。この場合における控除限度額の計算について，標準税率を超える税率によるものによって計算することを選択した法人にあっては，従業者数をつぎの算式によって補正することになる（地規３の２①，10の２の６①）。

$$従業者数×\frac{法人道府県民税法人税割の税率}{1\%}＝補正後の従業者数$$
$$（小数点以下切捨て）$$

$$従業者数×\frac{法人市町村民税法人税割の税率}{6\%}＝補正後の従業者数$$
$$（小数点以下切捨て）$$

（３）　控除余裕額

　控除対象外国法人税額は，国税，法人道府県民税そして法人市町村民税の順に，それぞれ控除限度額の範囲内で控除され，控除対象外国法人税額が法人税

24）　この除して得た数値に小数点以下の数値があるときは，小数点以下の数値のうち，従業者の総数の桁数に１を加えた数の位以下の部分の数値を切り捨てる。たとえば，従業者の総数の桁数が３桁の数値である場合には，小数点４位以下の数値を切り捨てる。

25）　このような補正方式を選択することは，納税者側において，その計算がより複雑になるので，あまり選択されないようである。また，按分計算により求めた各地方団体ごとの控除すべき外国税額は，１月未満の端数を切り捨てるため，按分後の総額が按分前の額より少なくなり，控除できる金額が少なくなる場合がある。その場合には，主たる事務所の所在する地方団体において，加算して調整するのが通例である。

の控除限度額より小さければ，法人税の控除限度額から控除対象外国法人税額を差し引いた差額は，国税の控除余裕額となる。

　つまり，地方法人税の控除限度額によって，国税の控除余裕額が大きくなることはないのである[26]。そして，法人道府県民税および法人市町村民税の控除限度額は，そのまま，それぞれの控除余裕額となる。控除余裕額は，法人税，法人道府県民税および法人市町村民税それぞれ３年間の繰り越しが認められる[27]（法法69②，地令９の７⑦，48の13⑧）。

《算式》

$$\text{当該事業年度の法人税の控除限度額} - \text{当該事業年度の控除対象外国法人税額} = \text{国税の控除余裕額}$$

$$\text{当該事業年度の法人道府県民税の控除限度額} - \left(\text{当該事業年度の控除対象外国法人税額} - \text{当該事業年度の法人税の控除限度額}\right) = \text{法人道府県民税の控除余裕額}$$

$$\text{当該事業年度の法人市町村民税の控除限度額} - \left(\text{当該事業年度の控除対象外国法人税額} - \left(\text{当該事業年度の法人税の控除限度額} + \text{当該事業年度の法人道府県民税の控除限度額}\right)\right) = \text{法人市町村民税の控除余裕額}$$

　この場合において，繰越控除限度額は，それぞれの租税の控除余裕額を最も古い事業年度のものから順次に，かつ，同一の事業年度のものについては，国税，法人道府県民税そして法人市町村民税の控除余裕額の順に，控除限度超過額に充てられることになる，それぞれの租税の控除余裕額とされている（法令144①，地令９の７⑦，48の13⑧）。これは，外国法人税額を控除する事業年度の控除限度額が不足する場合に，前３年以内の未使用控除余裕額を当該事業年度の控除限度額に加算することによって，控除限度超過額を控除することができるようにしたものである。

---

26)　なぜなら，地方法人税に係る外国税額控除は当期の控除対象外国法人税額が法人税の控除限度額を超える場合に限られるため，国税の控除余裕額に影響を与えないわけである（財務省『平成26年度税制改正の解説』1041頁（2014年））。

27)　ただし，通算法人が法人税の所得の計算上，外国税額を損金に算入した事業年度があるときは，当該事業年度以前の事業年度の控除余裕額を繰り越すことはできない（地令９の７⑧括弧書，⑦，48の13⑨括弧書）。

（4）　控除限度超過額

　控除限度超過額とは，控除対象外国法人税額が国税，法人道府県民税および法人市町村民税の控除限度額の合計額を超える場合における，その超過部分に相当する金額をいい，これについても３年間の繰り越しが認められる[28]（法法69③，地令９の７②本文，48の13②本文）。

《算式》

$$\begin{pmatrix} 当該事業年度 \\ の控除対象外 \\ 国法人税額 \end{pmatrix} - \begin{pmatrix} 当該事業年度 \\ の法人税の控 \\ 除限度額 \end{pmatrix} + \begin{pmatrix} 当該事業年度 \\ の地方法人税 \\ の控除限度額 \end{pmatrix} + \begin{pmatrix} 当該事業年度の \\ 法人道府県民税 \\ の控除限度額 \end{pmatrix}$$

$$+ \begin{pmatrix} 当該事業年度の \\ 法人市町村民税 \\ の控除限度額 \end{pmatrix} = 控除限度超過額$$

　すなわち，当該事業年度に控除余裕額が生じた場合は，前３年以内の各事業年度において生じた控除限度超過額のうち，当該事業年度へ繰り越された部分の金額（繰越控除対象外国法人税額）があるときは，国税，法人道府県民税または法人市町村民税の控除余裕額を限度として，繰越控除対象外国法人税額を当該事業年度の法人税額，法人道府県民税額そして法人市町村民税額から順に控除することができる（法法69③，地令９の７②，48の13②）。

　この繰越控除対象外国法人税額は，控除限度超過額を最も古い事業年度のものから順次，国税，法人道府県民税そして法人市町村民税の控除余裕額に充てるものとした場合に，それぞれの租税の控除余裕額に充てられることになる控除限度超過額とされている（法令145①，地令９の７②，48の13②）。これは，当該事業年度において課された外国法人税額のうち，当該事業年度において控除しきれなかった部分の金額を３年間繰り越し，その後の事業年度において生じ

---

28)　なお，前３年以内の各事業年度の控除限度超過額を算出するに際して，これらの各事業年度のうちに，その課された外国法人税額を法人税の課税標準である所得金額の計算上損金に算入した事業年度があるときは，それ以前の事業年度は除くこととされている（取扱通知(県)２章47(3)・(市)２章52(5)）。また，通算法人が法人税の所得の計算上，外国税額を損金に算入した事業年度があるときは，当該事業年度以前の事業年度の控除限度超過額を繰り越すことはできない（地令９の７②括弧書，48の13②括弧書）。

た控除余裕額から控除することができるようにしたものである。

（5） 控除未済外国法人税額

法人税額から控除すべき外国法人税額が法人税の控除限度額内であっても，当該事業年度の法人税額では不足するため控除しきれない場合は，法人税においては還付または充当する（法法78①・③）。これに対して，法人住民税における外国税額控除においては，前3年以内の各事業年度における法人税割額の計算上控除することとされた外国法人税額のうち，法人税割額を超えることになるため控除することができなかった金額で，前事業年度の法人税割について控除されなかった部分の額（控除未済外国法人税額）は，当該事業年度の法人税割額から控除される（地令9の7⑲，48の13⑳）。

このように，控除未済外国法人税額があるときは，法人税と異なり，これを還付することなく，3年間に限って繰越控除することとされている（取扱通知（県）2章47（5）・（市）2章52（7））。この繰越控除は，控除限度超過額の繰り越しとは全く別個の法人住民税独自の制度であり，繰り越された金額は法人住民税における当期分の控除となる外国税額に加算して控除される。

なお，繰越控除未済額と当期分の控除すべき外国税額の両方がある場合，どちらを先に控除するかの規定はない。しかし通例は，古い事業年度から順に控除される。控除未済額が発生した事業年度に事務所等がなかった場合でも，当期の事務所等所在の地方団体すべてで税額控除を行うことになる。

（6） 通算法人の留意点

グループ通算制度においても，上記の控除方法によるが，つぎの点に留意する必要がある。

　イ　当初申告固定措置

　　　通算法人の適用事業年度の税額控除額と異なるときは，当初申告税額控除額を税額控除額とみなされる（地法53㊴，321の8㊴）。

　ロ　固定解除措置

　　　上記イの適用事業年度について，つぎに掲げる場合のいずれかに該当する場合には，当該適用事業年度については，当初申告固定措置は適用され

ない（地法53㊵，321の8㊵）。

(ｲ)　通算法人または当該通算法人の適用事業年度終了の日において当該通算法人との間に通算完全支配関係がある他の通算法人が，適用事業年度における税額控除額の計算の基礎となる事実の全部または一部を隠蔽し，または仮装して税額控除額を増加させることにより，その法人税の負担を減少させ，または減少させようとする場合

(ﾛ)　法人税法64条の5第8項（損益通算）の規定の適用がある場合

(ﾊ)　通算法人または当該通算法人の適用課税事業年度終了の日において当該通算法人との間に通算完全支配関係がある他の通算法人が，適用課税事業年度における税額控除額の計算の基礎となる事実の全部または一部を隠蔽し，または仮装して税額控除額を増加させることにより，その地方法人税の負担を減少させ，または減少させようとする場合

ハ　再固定措置

　　適用事業年度について，上記ロの(ｲ)・(ﾛ)による固定解除措置を適用して修正申告書の提出または更正がされた後における上記イ・ロの適用については，当該申告書に添付された書類に当該適用事業年度の税額控除額として記載された金額または当該更正に係る当該適用事業年度の税額控除額とされた金額を当初申告税額控除額とみなされる（地法53㊶，321の8㊶）。

ニ　税額控除不足額相当額の控除

　　通算法人の対象事業年度において，過去適用事業年度における税額控除額（調整後過去税額控除額）が過去当初申告税額控除額を超える場合には，税額控除不足額相当額（＝調整後過去税額控除額－過去当初申告税額控除額）を当該対象事業年度の法人税割額から控除される（地法53㊷，321の8㊷）。

ホ　税額控除超過額相当額の加算

　　通算法人の対象事業年度において，過去当初申告税額控除額が調整後過去税額控除額を超える場合には，当該対象事業年度の法人税割額に，税額控除超過額相当額（＝過去当初申告税額控除額－調整後過去税額控除額）を加算される（地法53㊸，321の8㊸）。

ヘ　当初申告固定措置

　　通算法人の対象事業年度の税額控除不足額相当額または税額控除超過額
　相当額が当初申告税額控除不足額相当額または当初申告税額控除超過額相
　当額と異なるときは，当初申告税額控除不足額相当額または当初申告税額
　控除超過額相当額を当該対象事業年度の税額控除不足額相当額または税額
　控除超過額相当額とみなされる（地法53㊹，321の8㊹）。

ト　固定解除措置

　　上記への対象事業年度について，つぎに掲げる場合のいずれかに該当す
　る場合には，当該適用事業年度については，当初申告固定措置は適用され
　ない（地法53㊺，321の8㊺）。

　㈤　対象事業年度において法人税割額から控除した税額控除不足額相当額
　　または法人税割額に加算した税額控除超過額相当額に係る過去適用事業
　　年度について上記ロの固定解除措置の適用がある場合

　㈹　税額控除不足額相当額または税額控除超過額相当額の計算の基礎とな
　　る事実の全部または一部を隠蔽し，または仮装して，当該税額控除不足
　　額相当額を増加させ，または当該税額控除超過額相当額を減少させるこ
　　とにより，その法人税の負担を減少させ，または減少させようとする場
　　合

　㈧　対象事業年度の確定申告書に添付された書類に当該対象事業年度の税
　　額控除不足額相当額または税額控除超過額相当額として記載された金額
　　およびその計算の根拠が，税務調査の結果と異なる場合

　㈭　税額控除不足額相当額または税額控除超過額相当額の計算の基礎とな
　　る事実の全部または一部を隠蔽し，または仮装して，当該税額控除不足
　　額相当額を増加させ，または当該税額控除超過額相当額を減少させるこ
　　とにより，その地方法人税の負担を減少させ，または減少させようとす
　　る場合

　㈩　対象課税事業年度の確定申告書に添付された書類に当該対象課税事業
　　年度の税額控除不足額相当額または税額控除超過額相当額として記載さ

れた金額およびその計算の根拠が，税務調査の結果と異なる場合

4　仮装経理に係る税額控除

　いわゆる「粉飾決算」（仮装経理）とは，一般に，法人が実際の状況をよりよくみせるために事実を仮装し，これに基づいて所得金額を過大に申告納付した場合をいう。もちろん，仮装経理によっては，過大申告だけでなく過少申告も発生する。だが，過少申告に対しては，通常の増額更正で対応ができるので，ここでの問題に含まれない。また，粉飾決算の性質上，常に確定した決算に基づく確定申告の過大なものだけが対象であり，仮決算による中間申告や修正申告は含まれない。

（1）　法人税の取扱い

　本来，税額を過大に申告納付し，それに対して減額更正がなされた場合は，差額を過誤納金として納税者に還付または未納の税額に充当するのが原則である（通法56①，57①）。ところが，昭和40年代以降，粉飾決算の例が多くみられたので，税制面からこれを抑制するため，「仮装経理に基づく過大申告の更正に伴う法人税額の控除」の規定が設けられた。その後，平成21年度税制改正により，①還付されないことの明示，②5年間の繰越控除制度の適用終了後の取扱いの明確化，③解散の場合の取扱いの明確化などの見直しが行われている[29]（法法135①・③）。

　いわゆる「粉飾決算」を行っていた場合において，減額となった法人税額については，直ちに還付せず，まず，更正の日の属する事業年度開始の日前1年以内に開始する事業年度の確定法人税額から還付し，残額は更正の日の属する事業年度開始の日から5年以内に開始する各事業年度の法人税額から順次控除する。それでもなお，残額がある場合は，5年を経過する日の属する事業年度

---

29)　たとえば，昭和40年の山陽特殊製鋼事件，昭和49年の日本熱学工業事件，昭和50年の東京時計製造事件，昭和53年の不二サッシ事件，昭和59年のリッカー事件，平成9年のヤオハンジャパン事件，平成10年の日本長期信用銀行事件，平成17年のカネボウ事件，平成23年のオリンパス事件，平成27年の東芝事件，令和元年のグレイステクノロジー事件など，粉飾決算事件はあとを絶たない。

の確定申告，期限後申告または決定をまって，更正に係る仮装経理法人税額が還付される[30]（法法70，135②・③）。

　もっとも，5年間の繰越控除制度の適用を受けている法人（適用法人）につき，会社更生手続・民事再生手続等の開始決定があった場合には，適用法人は，その事実が生じた日以後1年以内に，税務署長に対して，その適用に係る仮装経理法人税額の還付を請求することができる（法法135④）。この還付制度は，早期に還付を行い債務者の事業再生の円滑化に資するものであり，地方税においても同様の対応がとられている。

（2）　地方法人税の取扱い

　地方法人税は法人税額を基礎としているので，法人税が過大であるときは，通常は，同様の原因により地方法人税も過大になる。内国法人が仮装経理に基づく過大申告をした場合において，税務署長が仮装経理に基づく過大申告をした課税事業年度の基準法人税額に対する地方法人税につき更正をしたときは，当該課税事業年度の地方法人税額のうち，更正により減少する部分の金額で仮装して経理した金額に係るもの（仮装経理地方法人税額）は，つぎの場合の還付金を除き，直ちに還付せず，仮装経理地方法人税額は，更正の日以後に終了する各課税事業年度の所得地方法人税額から順次控除される（地法法13，29①〜④）。

　　イ　内国法人の更正の日の属する課税事業年度開始の日前1年以内に開始する各課税事業年度の確定地方法人税額がある場合の還付
　　ロ　適用法人について，更正の日の属する課税事業年度開始の日から5年を経過する日の属する課税事業年度の地方法人税の確定申告書の提出期限が到来した場合の還付

---

30)　もちろん，税務署長は，法人が当該事業年度後の各事業年度において事実に係る「修正の経理」をし，かつ，決算に基づく確定申告をするまでの間は，減額更正をしないことができる（法法129①）。ここで，「修正の経理」とは，「財務諸表（損益計算書）の特別損益の項目において，前期損益修正損等と計上して仮装経理の結果を修正して，その修正した事実を明示すること」をいう（大阪地判平成元年6月29日行集40巻6号778頁）。

ハ　適用法人につき更生手続開始の決定があった場合等の還付[31]

（3）　法人住民税の取扱い

このように，国税にあっては，仮装経理に基づく過大申告の場合の更正に伴って，前1年以内の法人税額を限度とする還付制度が設けられている。これに対して，法人住民税においては，このような還付制度が設けられていないので，法人税法135条2項（仮装経理に基づく過大申告の場合の更正に伴う法人税額の還付の特例）の規定により還付される金額を含めた法人税額に対応する法人税割額を控除することになる。

各事業年度の法人税割につき，法人税に関する規定によって仮装経理に基づく過大申告に係る更正がされた法人税額に基づいて地方団体の長が更正をした場合には，この更正により減少する部分の金額（仮装経理法人税割額）について，つぎの場合を除き還付せず，または法人の未納に係る地方団体の徴収金に充当せず，更正の日以後に終了する事業年度の法人税割額から控除される[32]（地法53㊾本文・�554〜�556，321の8㊾本文・�554〜�556）。

イ　更正の日の属する事業年度開始の日から5年を経過する日の属する事業年度の法人住民税の確定申告書の提出期限が到来した場合

ロ　解散した場合において，解散の日―合併による解散（適格合併による解散を除く）の場合には，合併の日の前日―の属する事業年度の法人住民税の確定申告書の提出期限が到来した場合

ハ　上記イ・ロの場合において，法人住民税の確定申告書の提出期限後に当該申告書の提出があった場合，または当該申告書に係る事業年度の法人税割について決定があった場合

ニ　会社更生手続・民事再生手続等の開始決定があった場合，その事実が生

---

31)　なお，この還付の請求をしようとする適用法人は，その還付を受けようとする仮装経理地方法人税額，その計算の基礎その他の事項を記載した「還付請求書」を税務署長に提出しなければならない（地法法29⑥，地法規8②）。

32)　なお，仮装経理法人税割額を有する法人が被合併法人となる合併が適格合併である場合，仮装経理法人税割額は合併法人に引き継がれる（地法53㊾括弧書，321の8㊾括弧書）。

じた日以後１年以内に法人から還付の請求があり，その請求に理由がある
場合[33]

5 租税条約の実施に係る控除：移転価格税制

　そもそも，移転価格税制とは，関連企業の間で相互に独立した当事者間の取
引における通常設定される対価と異なる対価で取引が行われた結果，一方から
他方に対して，所得が移転された場合に，国家の課税権の適切な調整の観点か
ら，現実の取引対価でなく，正常対価で取引が行われたものと仮定した場合に
得られる法人所得に対して課税するため，昭和61年度税制改正で導入された
制度である。したがって，移転価格税制の本質は，取引価格の規制に基づき課
税権を国家間に衡平に配分するということにあるから，法人所得が海外に移転
する取引のみが対象となる。

　移転価格課税の状況をみると，令和２事務年度（令和２年７月１日〜令和３年
６月30日）において，申告漏れ134件（所得金額502億円）である[34]。国税当局は，
税務調査等で収集した他社のデータをもっているので，それらのデータを基に
課税処分をする。他方で，国税当局は，これら他社のデータ・ソースについて
守秘義務があり，その課税の根拠にしたデータが正しいかを検証することがで
きないという「シークレット・コンパラブルの問題」がある。納税者の予測可
能性を高めていくためには，制度の運用に関する執行方針や適用基準を公表し
明確化を図ることが重要である。

　また，移転価格に関しては，納税者の申出に基づき海外の関連企業との取引

---

33) 具体的には，還付の請求をしようとする法人は，還付を受けようとする仮装経理
　法人税割額，請求をする法人の名称および主たる事務所等の所在地などの事項を記
　載した「還付請求書」を地方団体の長に提出しなければならない（地法53⑰，321
　の８⑰，地規３の２の２②，10の２の７②）。そして，地方団体の長は，還付請求
　書の提出があった場合には，その請求に係る事実その他必要な事項について調査し，
　その調査したところにより，その請求をした法人に対して，仮装経理法人税割額を
　還付し，もしくは法人の未納に係る地方団体の徴収金に充当し，または請求の理由
　がない旨を書面により通知することとされている（地法53⑱，321の８⑱）。
34) 国税庁『国税庁レポート2022』64頁（2022年）。

に係る独立企業間価格の算定方法等について国税当局が事前に確認する「事前確認」という保証をとることもできる。事前確認は，納税者の予測可能性・法的安定性を確保し，移転価格税制の適正・円滑な執行に資する。近年の国際取引の増加を反映し，事前確認の申出件数（うち処理件数）は，平成20事務年度111件（70件），平成30事務年度141件（118件），令和２事務年度135件（121件）と増加傾向にある[35]。

　移転価格税制の適用—財務大臣と相手国等の権限ある当局との間の租税条約に基づく合意—が行われたことにより，内国法人の各事業年度の所得金額または相手国居住者等の各事業年度の所得金額のうちに減額されるものがあるときは，内国法人または相手国居住者等の国税通則法23条１項または２項に規定する「更正の請求」に基づき，税務署長は，合意をした内容を基に計算される内国法人の各事業年度の所得金額または相手国居住者等の各事業年度の所得金額を基礎として，更正をすることができる[36]（租税条約等実施特例法7①）。

　この更正の通知があった日から２月以内にかぎり，地方団体の長に対して，法人税額または法人税割額につき，更正の請求をすることができる（地法53の2，321の8の2）。法人住民税の更正の請求があれば，地方団体の長は，法人税割を減額更正し，その全額を還付するのが原則である。しかしながら，その減額対象が過去何年度分にもわたり，還付税額が多大となることがあるので，国と異なり財政規模の小さい地方団体においては，財政運営に支障をきたすことがある。そこで，つぎの特例制度が設けられている。

　租税条約の実施に係る還付すべき金額が生じるときは，更正があった日が更正の請求があった日の翌日から起算して３月を経過した日以後である場合を除き，法人税額に係る租税条約の実施に係る還付すべき金額を更正の日の属する

---

35)　国税庁『国税庁レポート2010』53頁（2010年），同『国税庁レポート2020』74頁（2020年），同・前掲注34）64頁。ちなみに，納税者の利便性向上および手続の迅速化を図る観点から，事前確認の申出の前に国税庁が相談を受ける事前相談を行っており，各国税局に事前相談の担当窓口を設けていている。
36)　この対応的調整は，更正の請求の特例として表れ，その対象が法定申告期限より何年経過しても関係なく，合意の内容に基づいて行われる。

事業年度開始の日から1年以内に開始する各事業年度の法人税割額から順次控除する（地法53⑤，321の8⑤）。一方，更正の請求があった日の翌日から起算して3月を経過した日以後に更正を行ったときは，この繰越控除はされない。なお，更正の請求がなく更正を行った場合には，常に特例の適用がある（取扱通知(県)2章49(2)・(市)2章54(2)）。

　特例を適用した場合において，控除することができなかった金額があるときは，その控除することができなかった金額を還付し，または法人の未納に係る地方団体の徴収金に充当する（地法53⑤，321の8⑤）。充当の順序は，まず還付すべき法人住民税の中間納付額の充当をし，つぎに仮装経理法人税割額の充当，そして租税条約の実施に係る控除不足額の充当をすることとされている（地令9の9の2③，48の15③）。

　なお，還付する際の還付加算金の額は，①還付の対象となる確定申告書の提出期限の翌日から起算して1月を経過する日と，②更正の請求があった日の翌日から起算して1年を経過する日との，いずれか遅い日の翌日からその還付のための支出を決定し，または充当をする日までの期間の日数に応じて，年7.3％と「還付加算金特例基準割合（＝平均貸付割合＋0.5％）＋1％」のいずれか低い割合を乗じて計算した金額である（地令9の9の3①，48の15の2①，地令附則3の2①）。

　他方で，国は，法人が移転価格税制に伴う相互協議の申立てをした場合等には，法人の主たる事務所等所在の都道府県にその旨を通知する。通知を受けた都道府県は，関係都道府県および関係市町村に通知することになっている（地法55の3④・⑤）。

　この場合において，その申立てをした者が申請したときに，法人税割額の徴収が猶予される。さらに，徴収が猶予された法人税割額に係る延滞金のうち，猶予期間に対応する部分は，免除される。なお，徴収が猶予される場合には，猶予される金額に相当する担保を徴される（地法55の②・③，321の11の2②・③）。

第3節　法人課税信託の所得に対する課税

　平成12年の「資産の流動化に関する法律」（SPC法）改正により，流動化の媒体として，特定目的会社（SPC）と特定目的信託のスキームが導入された。また，同年の「投資信託及び投資法人に関する法律」（投信法）改正によって，新しいタイプの投資信託が認められるようになった。これらの改正に伴い，特定信託の所得に対する法人税が新設された。その後，平成18年の新信託法制定に伴い，翌19年の法人税法改正により，特定信託の所得に対する法人税は，法人課税信託の所得に対する法人税に統合されている[37]。

1　法人課税信託の所得に対する法人税

　法人課税信託とは，受益証券発行信託，受益者等が存しない信託，法人が委託者となる信託のうち一定の要件に該当するもの，投資信託および特定目的信託に該当するものをいう（法法2二十九の二）。この法人課税信託は，信託段階において，受託者を納税義務者として法人税が課される（法法4の2）。つまり，受託者は，1件の信託契約について1人であるが，計算単位は信託分と固有分それぞれ別の者とされた2人であり，申告納付は再び1人が行うという構成をなしている。

（1）　受益証券発行信託

　法人税法において，法人課税信託として受託法人に法人税が課される信託の1つとして，受益証券発行信託が規定されている。しかし，この規定は，信託法の規定を直接引用せずに「受益権を表示する証券を発行する旨の定めのある

37）　このほか，集団投資信託や受益者等課税信託などがある。集団投資信託とは，合同運用信託，特定受益証券発行信託および証券投資信託など一定の投資信託をいい，この集団投資信託の信託収益は，受託者段階では課税されず，受益者が現実に受領したときにその受益者に課税される（法法2二十九，12③）。一方，受益者等課税信託とは，財産の管理または処分を行う一般的な信託で，集団投資信託，法人課税信託，退職年金等信託および特定公益信託等のいずれにも該当しないものをいい，信託の受益者は，その信託財産に属する資産および負債を有するものとみなし，かつ，その信託財産に帰せられる収益および費用はその受益者の収益および費用とみなして，信託収益の発生時にその受益者に課税される（法法12①）。

信託」（法法２二十九の二イ）と定義されているので，その範囲が信託法185条に規定されている受益証券発行信託と必ずしも一致しない。

たとえば，外国法を準拠法とする信託で受益権を表示する証券を発行する旨の定めのあるものであっても，投信法２条２項に規定する委託者非指図型投資信託に類する外国投資信託に該当する場合には，その信託は集団投資信託に該当し，その信託に係る信託収益を受領したときに受益者に課税することになる（法法２二十九ロ，12③）。

ところが，法人税法２条29号の２イに規定する受益証券発行信託には，「信託法第185条第３項に規定する受益証券発行信託のほか，例えば，外国法を準拠法とする信託で受益権を表示する証券を発行する旨の定めのあるものが含まれること」が明らかにされている（法基通12の６−１−１）。したがって，外国法を準拠法とする信託で受益権を表示する証券を発行する旨の定めのあるものも，受益証券発行信託に該当することになる。

（２）　受益者等が存しない信託

受益者等が存しない信託—たとえば，遺言により設定された目的信託など—については，その信託財産の価額について受贈益として法人税が課される（法法２二十九の二ロ）。また，その信託期間中においては，受託者を納税義務者として，その信託財産に係る所得について，その受託者の固有財産に係る所得と区別して法人税が課される（法法４の２）。

なお，法人課税信託について信託の終了があった場合，または受益者が存しない信託について，受益者等が存することとなった場合には，これらの法人課税信託に係る受託法人の解散があったものとみなされる（法法４の３八）。

（３）　法人が委託者となる一定の信託

法人が委託者となる信託のうち，その信託の発生時等において，つぎに掲げる自己信託等のいずれかに該当するものについては，法人課税信託に該当することになる[38]（法法２二十九の二ハ，法令14の５）。

---

[38]　ただし，公共法人および公益法人等を除く。なお，自己信託等とは，委託者である法人が受託者である場合，またはその法人との間に一定の特殊の関係のある者

ロ　法人の事業の全部または重要な一部を信託し，かつ，その信託の効力が
生じたときにおいて，その株主等が取得する受益権のその信託に係るすべ
ての受益権に対する割合が100分の50を超えるものを取得することが見込
まれていたこと。

ロ　自己信託等で，その効力発生時等において，その存続期間が20年を超
えるものとされていたこと。

ハ　法人の特殊関係者をその受益者とする自己信託等で，その特殊関係者に
対する収益の分配の割合の変更が可能であること。

（4）　投資信託・特定目的信託

投資信託のうち，証券投資信託等一定のもの以外のものについては，従来か
ら特定信託として受託者に対する法人税の課税対象とされていた。同様に，投
資信託については，法人課税信託の一類型として，受託者に対して各事業年度
の所得に対する法人税が課される（法法2二十九の二ニ，4の2）。

また，特定目的信託については，従来から特定信託として受託者に対する法
人税の課税対象とされていた。平成19年の改正法人税法においても，特定目
的信託は，法人課税信託の一類型として，受託者に対して各事業年度の所得に
対する法人税が課されている（法法2二十九の二ホ，4の2）。

2　法人課税信託の所得に対する法人住民税

法人税割は，法人税額を課税標準としているため，法人税と基本的に同様の
取扱いがなされている。つまり，法人課税信託の受託者に係る法人税割につい
ては，原則として，各法人課税信託の信託資産等—信託財産に属する資産およ
び負債ならびに信託財産に帰せられる収益および費用—および固有資産等—法
人課税信託の信託資産等以外の資産および負債ならびに収益および費用—ごと
に，それぞれ別の者とみなして取り扱われる（地法24の2①・②，294の2①・②）。

受託法人は，その法人課税信託の効力が生ずる日に設立し，各法人課税信託

（特殊関係者）が受託者である場合の信託をいう（法法2二十九の二ハ（2），法令
14の5③）。

の信託資産等および固有資産等ごとに，それぞれ別の者とみなされる（法法4の2，4の3七）。したがって，受託法人である会社は同一であっても，各法人課税信託ごとに，法人税割の納付義務を負うことになる。これに対して，均等割については，法人課税信託の受託者について基本的に一体で捉え，原則として固有法人の申告と併せて行うことになる（地法24の2⑤，294の2⑤）。

法人課税信託の所得に対する法人税割額の算出の方法は，各事業年度の所得に対するそれと基本的には同じである。また，申告納付の方法も，両者は同様である。ただし，法人税法において，法人課税信託の所得に対する法人税に「仮決算による中間申告」の規定が適用されないので，法人課税信託の所得に対する法人住民税についても，仮決算による中間申告は認められず，予定申告の方法による（地法53①前段，321の8①前段）。

なお，法人課税信託の引受けを行うことにより，法人税を課される個人で地方団体内に事務所等を有する者は，個人住民税のほか，法人税割が課されることになる（地法24①四の二，294①五）。この取扱いは，所得税と同様である（地法24の2③，294の2③，所法6の3）。もちろん，個人に対して，法人住民税の均等割までも課税されるわけではない。

第4節　退職年金等積立金に対する課税

退職年金等積立金に対する課税は，形式的には法人税・法人住民税の一種であるものの，その実質は，個人の利子所得課税である。つまり，年金取扱金融機関が年金受領者の納税を肩代わりしているともいえる。もっとも，退職年金等積立金に対する課税は，現在停止されている。

1　退職年金等積立金に対する法人税

退職年金等に係る掛金または保険料は，一方で，企業にとっては，それを支出した年度の必要経費・損金となる（法令135）。他方で，従業員にとっては，企業が納付した掛金等は，納付した時点で，従業員の給与所得となるはずである（所法36）。しかし，この時点でそれを課税すると，年金制度の普及発展が

阻害されるおそれがある。

　そこで，所得税法は，適格退職年金契約と不適格退職年金契約を区別し，不適格退職年金契約に基づいて企業が負担した掛金等は，受益者または保険金受取人たる従業員の給与所得として直ちに課税される[39]（所令65）。これに対して，適格退職年金契約に基づいて企業が負担した掛金等は，これを直ちに従業員の給与所得とはせず，課税を繰り延べて，現実に退職年金が支給されたときに公的年金等として課税される（所法35②一，所令64①）。

　退職年金等積立金に対する法人税の納税義務者は，退職年金業務等を行う内国法人および外国法人である[40]（法法 7 ， 9 ）。その課税標準は，各事業年度の退職年金等積立金額である（法法83，145の 2 ）。退職年金等積立金に対する法人税額は，「当該事業年度開始の時における退職年金等積立金額÷12×当該事業年度の月数」によって計算した各事業年度の退職年金等積立金額に 1 ％の税率を乗じて計算した金額である（法法84①本文，87，145の 3 ，145の 4 ）。

　退職年金業務等を行う内国法人および外国法人は，事業年度が 6 月を超える場合には，事業年度開始の日以後 6 月を経過した日から 2 月以内に，当該事業年度開始の日以後 6 月の期間を一事業年度とみなして計算した場合における，その期間に係る課税標準である退職年金等積立金額，これを課税標準として算定した法人税額等を記載した「退職年金等積立金に係る中間申告書」を税務署長に提出しなければならない（法法88，145の 5 ，法規40）。

　また，退職年金業務等を行う内国法人および外国法人は，各事業年度終了の

---

39)　適格退職年金契約とは，退職年金に関する信託，生命保険または生命共済の契約で，その契約に係る掛金または保険料および給付の額が適正な年金数理に基づいて算定されていること，その他一定の要件を備えたものとして，国税庁長官の承認を受けたものをいう（旧法法84③，法法附則20）。この要件を満たさないものが，不適格退職年金契約である。

40)　退職年金業務等とは，確定給付年金資産管理運用契約，確定給付年金基金資産運用契約，確定拠出年金資産管理契約，勤労者財産形成給付契約または勤労者財産形成基金給付契約に係る信託，生命保険，生命共済，損害保険，預貯金の受入れ，または有価証券の購入およびそれに係る保管の受託などの，一定の業務をいう（法法84①括弧書）。

日の翌日から2月以内に，当該事業年度の課税標準である退職年金等積立金額，これを課税標準として算定した法人税額等を記載した「退職年金等積立金に係る確定申告書」を税務署長に提出しなければならない（法法89，145の5，法規41）。この確定申告は，各事業年度の所得とは無関係であるから，申告期限の延長の特例はない。

もっとも，退職年金業務等を行う法人の平成11年4月1日から令和8年3月31日までの間に開始する各事業年度の退職年金等積立金については，退職年金等積立金に対する法人税を課さないこととされている（措法68の5）。

2 退職年金等積立金に対する法人住民税

法人税法89条（退職年金等積立金に係る確定申告）の規定によって，退職年金等積立金に係る確定申告書を提出する義務がある法人は，その提出期限までに，当該申告書に係る法人税額，これを課税標準として算定した法人税割額等を記載した「退職年金等積立金に係る確定申告書」（6号の2様式・20号の2様式）を当該事業年度中において有する事務所等所在地の地方団体の長に提出し，その申告した法人税割額—すでに納付すべきことが確定しているものがある場合には，これを控除した額—を納付しなければならない（地法53①前段，321の8①前段，地規3①表（二），10①表（六），10の2①表（二））。

この確定申告は，各事業年度の所得とは無関係であるから，申告期限の延長の特例はない。その結果，申告期限が延長されている法人は，退職年金等積立金に係る確定申告書とは別に，延長されている事業年度に係る法人税額を課税標準として算定した法人税割額，均等割額その他必要な事項を記載した「確定申告書」（6号様式・20号様式）を延長されている提出期限までに提出し，その申告した住民税額—すでに納付すべきことが確定している中間納付額および退職年金等積立金に対する法人税割額などがある場合には，これを控除した額—を納付することになる（地規3①表（一），10①表（五），10の2①表（一））。

また，法人住民税の中間申告については，法人税法88条に規定する「退職年金等積立金に係る中間申告書」と異なり，その提出期限までに，課税標準の

算定期間中に法人の事務所等が所在した地方団体の長に対して，予定申告を行う（地法53①前段，321の8①前段）。予定申告額は，「前事業年度の確定法人税割額÷前事業年度の月数×6」によって計算した金額（法人税割額）であり，均等割は対象とならない。

　もっとも，法人税において，平成11年4月1日から令和8年3月31日までの間に開始する各事業年度の退職年金等積立金に対する課税は，停止されている（措法68の5）。そのため，同期間の退職年金等積立金に対しては，法人税割も課税されず，結局，退職年金等積立金に対する法人住民税は課されないことになる。

第5章　申告納付と更正・決定

chapter 5

　法人住民税は，法人が課税標準・税額等を自ら計算して，事務所等または寮等所在地の地方団体の長に申告し，その申告した住民税額を納付するという「申告納付方式」をとっている[1]（地法1①八）。申告納付方式では，納付すべき税額が納税者のする申告により確定することを原則とし，納税申告書に記載された課税標準・税額等に誤りがあるとき，課税庁は，これを是正するための

---

1)　申告納付方式は，国税では「申告納税方式」（通法16①一）といい，過少申告，無申告および期限後申告の申告義務違反に対しては，各種の加算税が課される。いま1つの方式は，納付すべき税額が専ら課税庁の処分により確定するという「賦課課税方式」（通法16①二）で，納税者の申告する課税標準は賦課処分の基礎資料となるにすぎない。戦後，申告納税制度を伝統的にとるアメリカ税制の影響を受けて，わが国でも，従来の賦課課税方式の代わりに，広く採用されるようになった。今日では，国税については，申告納税方式が原則的・一般的方法となっている。これに対して，地方税では，申告納付方式は地方法人二税や事業所税などに限られており，なお例外的である。申告納税制度が適正に機能するためには，税額算定の基礎となる事実を正確に記録しておく必要がある。帳簿書類に基づく正確な申告を奨励するための措置として，青色申告制度があり，一定の帳簿書類を備え付けている者には，青色申告書で申告させ，青色申告に白色申告には認められない各種の有利な取扱いを認めている。さらに，青色申告の場合にとどまらず，租税法上，帳簿書類の備付け・保存を要求されるとき，電子データによる帳簿書類の備付け・保存が税務署長の承認を得て認められている。なお，令和4年7月現在，全284万6,682社の申告のうち，282万3,726社（構成比99.2%）が，青色申告によるものである（国税庁長官官房企画課『令和3年度分会社標本調査―調査結果報告―税務統計から見た法人企業の実態』168頁（2023年））。

処分（更正）をする。また，その申告がない場合には，課税庁は，その課税標準・税額等を確定する処分（決定）をする（通法16①一，24，25）。

第1節　申告納付

　法人住民税の申告納付は，以下の方法によって行われ，納税申告書が地方団体の長に提出されたときに効力を生ずる。具体的には，地方団体の税務職員に提出され，受理されたときに申告があったものとされる。納税申告書が郵便または信書便により提出されたときは，その郵便物または信書便物の通信日付印により表示された日に納税申告書の提出がされたもの（発信主義）とみなされる[2]（地法20の5の3）。

1　中間申告

　法人税の中間申告義務のある法人は，当該事業年度開始の日以後6月を経過した日から2月以内に中間申告をしなければならない（地法53①前段，321の8①前段）。ただし，この6月の期間中において，寮等のみが所在する地方団体に対しては，均等割のみの中間申告をすることを要しない（地法53⑳，321の8⑳）。

　中間申告には，①予定申告—前事業年度の法人税割額を基礎として中間納付額を計算する便宜的な方法—と，②仮決算による中間申告—6月を一事業年度とみなして仮に決算を行って中間納付額を計算する方法—とがある。いずれかの方法を選択することになるが，法人税は「予定申告」，法人住民税は「仮決算による中間申告」というように，両税で異なる方法による中間申告は許されない。

（1）　中間申告不要の法人

　法人税法上，中間申告の義務があるのは，「内国法人である普通法人」とされているので，法人住民税においても，公共法人，公益法人等，協同組合等お

　2）　ただし，メール便または電子申告の場合は，その受付日に納税申告書の提出があったもの（到達主義）とされる。

よび人格のない社団等は，中間申告を要しない（法法71①）。さらに，清算法人や新設法人（適格合併による設立を除く）も，中間申告を要しない。なお，分割法人が地方団体内に事務所等を開設した最初の事業年度においては，その地方団体では前事業年度の法人税割額が存在しないので，法人税割額の予定申告を要しない。しかし一方，均等割額の予定申告は必要である。もっとも，仮決算による中間申告については，この限りでない。

　ところで，法人事業税においては，特別法人も中間申告を要しないこととされる（地法72の26⑪）。特別法人の範囲は，法人税における協同組合等の範囲と同様である。さらに，法人税で協同組合等とはされていない医療法人が，法人事業税では特別法人とされる（地法72の24の7⑦，法法2七）。たとえば，医療法人は，法人税法における「内国法人である普通法人」に該当するのに対して，法人事業税の中間申告を要しない。もっとも，法人住民税においては，これを要しないとする特別の規定もないので，医療法人も中間申告が必要である。

（2）　予定申告

　法人税の中間申告書を提出する義務がある法人（予定申告法人）は，その提出期限までに，前事業年度の法人税割額を基礎として，つぎの方法により計算したところの法人税割額，均等割額その他必要な事項を記載した「予定申告書」（6号の3様式・20号の3様式）を，当該事業年度—通算子法人にあっては，通算親法人の事業年度—開始の日から6月の期間中において有する事務所等または寮等所在地の地方団体の長に提出し，その申告した住民税額を納付しなければならない（地法53①前段・②前段，321の8①前段・②前段，地令8の6，8の8，48の10，48の10の3，地規3①表（三），10①表（七），10の2①表（三），法法71①本文）。

《算式》

$$前事業年度分の確定法人税割額 \times \frac{6}{前事業年度の月数}$$

$$= 予定申告に係る法人税割額[3]（100円未満切捨て）$$

---

3)　ただし，予定申告法人または被合併法人が2以上の都道府県または市町村において事務所等を有するときは，予定申告に係る法人税割額は「関係地方団体ごとの前

$$\text{税率(年額)} \times \frac{\text{算定期間中において事務所等を有していた月数}}{12}$$

$$= \text{予定申告に係る均等割額（100円未満切捨て）}$$

　ただし，法人税法71条1項（中間申告）の規定により法人税の中間申告を要しない法人—前期の法人税額を基礎とした中間納付額が10万円以下である場合もしくは当該金額がない場合，または当該法人と通算親法人である協同組合等との間に通算完全支配関係がある場合—については，法人住民税の中間申告も要しない（地法53①前段・②前段，321の8①前段・②前段，法法71①但書）。

　なお，適格合併により存続した予定申告法人の前事業年度中もしくは当該事業年度開始の日から6月を経過した日の前日までの期間内に適格合併がなされた場合，または適格合併により設立された予定申告法人の設立の日の属する事業年度に係る予定申告により納付すべき法人税割額は，つぎの区分に応じて，それぞれ計算される[4]（地令8の6②・③，48の10）。

　イ　前事業年度中に適格合併がなされた場合

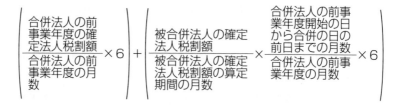

$$= \text{予定申告に係る法人税割額（100円未満切捨て）}$$

　事業年度分の確定法人税割額×6÷前事業年度の月数」により計算した金額となる。なお，法人税割額の計算の基礎となる前事業年度の月数は，暦に従って計算し，1月に満たない端数を生じたときは1月とする（地令8の6④・⑤，48の10）。

4)　前掲注3)と同じ。なお，均等割については，適格合併の場合も加算の特例はなく，合併法人は通常の計算方法により予定申告を行う。

ロ　当該事業年度開始の日から6月の期間内に適格合併がなされた場合

$$\left(\frac{合併法人の前事業年度の確定法人税割額}{合併法人の前事業年度の月数}×6\right)+\left(\frac{被合併法人の確定法人税割額}{被合併法人の確定法人税割額の算定期間の月数}×\frac{6月の期間内に合併の日以後の期間の月数}{}\right)$$

＝予定申告に係る法人税割額（100円未満切捨て）

ハ　法人を設立する適格合併がなされた場合

$$各被合併法人の前事業年度の確定法人税割額×\frac{6}{前事業年度の月数}$$

＝予定申告に係る法人税割額（100円未満切捨て）

（3）　みなす申告

予定申告法人が中間申告書をその提出期限までに提出しなかったときは，その提出期限において，地方団体の長に対して，上記（2）により計算した法人税割額および均等割額を記載した予定申告書の提出があったものとみなされる。予定申告法人は，申告納付すべき期限内に，その提出があったものとみなされる予定申告書に係る住民税額を事務所等または寮等所在の地方団体に納付しなければならない（地法53①後段・②後段，321の8①後段・②後段，地令8の7①・②，8の11①・②，48の10の2，48の10の4）。

《算式》

$$予定申告の例により計算した法人税割額+税率（年額）×\frac{法人税額の課税標準の算定期間中において事務所等または寮等を有していた月数}{12}$$

＝みなす申告の納付すべき住民税額[5]（100円未満切捨て）

また，適格合併における合併法人も，みなす申告の適用を受ける（取扱通知（県）2章45・（市）2章50）。みなす申告の効果としては，決定のような税額の確

---

5)　みなす申告に係る均等割の月数は，暦に従い計算し，1月に満たないときは1月とし，1月に満たない端数を生じたときは切り捨てる（地令8の7③，8の11③，48の10の2，48の10の4）。

定行為を要せずに，申告期限経過時において直ちに租税債務が確定し，そのみなされた予定申告書に係る住民税額を事務所等または寮等所在の地方団体に納付しなければならない点にある[6]。もし，納付がない場合においては，直ちにその税金に対する督促がなされることになる。もっとも，法人税の中間申告を要しない法人や，地方団体内に寮等のみが存在する場合は，中間申告義務がないので，みなす申告の適用もない。

（4）　仮決算による中間申告

法人税法72条1項（仮決算をした場合の中間申告書の記載事項等）の規定によって，予定申告法人が，その申告を仮決算による場合には，その提出期限までに，予定申告に代えて，当該申告書に係る法人税額，これを課税標準として算定した法人税割額，均等割額その他必要な事項を記載した「中間申告書」（6号様式・20号様式）を，当該事業年度—通算子法人にあっては，通算親法人の事業年度—開始の日から6月の期間中において有する事務所等または寮等所在地の地方団体の長に提出し，その申告した住民税額を納付しなければならない（地法53①前段・②前段，321の8①前段・②前段，地規3①表(一)，10①表(五)，10の2①表(一)，法法72①本文）。

この場合，法人税割額については，仮決算による中間申告に基づく法人税額を課税標準として計算し，一方，均等割額については，「資本金等の額」の判定日が当該事業年度—通算子法人にあっては，通算親法人の事業年度—開始の日から6月を経過した日の前日現在となる。もっとも，通常は，予定申告の方法がとられ，当該事業年度の成果が前事業年度に比べて著しく低下する見込み

---

6)　もちろん，申告期限の翌日にみなす申告の処分が行われたとしても，郵便により予定申告書が提出されたときは，その郵便物の通信日付印により表示された日にその提出がされたものとみなされるので，予定申告法人は申告期限内に予定申告書を提出したことになる。仮に，予定申告書に係る住民税額がみなす申告によって計算した納付すべき住民税額より過少であった場合にも，みなす申告の適用はなく，地方団体の長は予定申告税額を更正することになる（地法55①，321の11①）。詳しくは，拙稿「地方法人二税の中間申告制度に関する検証（上）・（下）」税理65巻4号192頁・5号144頁（2022年）を参照のこと。

の場合に，予定申告をすれば過大な納付額となることを回避するために，仮決
算による中間申告をすることが多い[7]。

　通算法人が予定申告に代えて仮決算による中間申告を行うときは，通算グ
ループ内のすべての通算法人が仮決算に係る中間申告書を提出する必要がある。
それゆえ，仮決算による中間申告には，予定申告におけるような「中間申告の
免除」の制度は適用されない。その結果，法人税割額がゼロでも，均等割額の
申告はありうる。また，仮決算をする場合は，寮等のみが存在する地方団体に
対しても，仮決算による中間申告をしなければならない。

2　確定申告

　法人税・法人住民税のように，事業年度を単位として課される租税において，
確定申告とは，各事業年度の終了に伴い，当該事業年度中の課税標準や税額な
どを確定したものとして課税庁に申告することである。法人税においては，内
国法人である普通法人は，各事業年度終了の日の翌日から 2 月以内に，税務署
長に対して，確定した決算に基づき，当該事業年度の課税標準である所得金額，
法人税額その他必要な事項を記載した「確定申告書」を提出しなければならな
い（法法74①，法規34）。

（1）　期限内申告

　法人税法74条 1 項（確定申告）の規定によって，法人税の確定申告書を提出
する義務がある法人は，その提出期限までに，当該申告書に係る法人税額，こ
れを課税標準として算定した法人税割額，均等割額その他必要な事項を記載し
た「確定申告書」（6 号様式・20号様式）を，その法人税額の課税標準の算定期
間中において有する事務所等または寮等所在地の地方団体の長に提出し，その
申告した住民税額を納付しなければならない（地法53①前段，321の 8 ①前段，地

---

7)　なお，仮決算による中間申告税額が予定申告税額を超える場合には，仮決算によ
　る中間申告はできない（法法72①但書）。また，通算グループ内のすべての通算法
　人の仮決算による中間申告の法人税額の合計額が，これらの通算法人の前期実績基
　準額の合計額を超える場合には，通算グループ内のすべての通算法人について，仮
　決算による中間申告はできない（法法72⑤二）。

規3①表(一)，10①表(五)，10の2①表(一))。

　なお，法人住民税について，すでに納付すべきことが確定しているものがある場合には，これを控除した額を納付することになる。また，中間申告を要する法人の各事業年度の確定申告書に係る法人税額に基づいて算定した住民税額が，中間申告をした住民税額に満たないとき，またはないときは，その満たない金額に相当する中間納付額またはその全額を還付するか，あるいは未納に係る地方団体の徴収金に充当するものとされている（地法53㉜，321の8㉜）。

《算式》

予定申告税額(または仮決算による中間申告税額)－確定申告税額

＝中間納付額に係る還付金

　法人住民税の中間納付額の還付を受けようとする法人は，つぎに掲げる事項を記載した「還付請求書」に，還付を受けようとする金額の計算に関する明細書を添付して，これを事務所等所在地の地方団体の長に提出する。還付請求書の提出があったときは，法人住民税の確定申告書に記載された住民税額が過少であると認められる理由があるときを除くほか，地方団体の長は，遅滞なく，還付または充当の手続をしなければならない（地令9の2①・②，48の12①）。

イ　請求をする法人の名称および地方団体内の主たる事務所等の所在地および法人番号

ロ　請求をする法人の代表者の氏名および住所または居所

ハ　還付を受けようとする金額

ニ　銀行または郵便局において還付を受けようとするときは，その銀行または郵便局の名称および所在地

　一方，更正・決定によって中間納付額が還付される場合には，還付請求書の提出を要しない。なぜなら，還付すべき法人住民税の中間納付額について，地方団体の長は，遅滞なく，還付または充当の手続をしなければならないからである。また，中間納付額のうちに，すでに還付されることが確定したものがあるときは，中間納付額は，その還付されることが確定した金額だけ減額されたものとみなして，還付すべき法人住民税の中間納付額を算定することになる

170

（地令 9 の 2 ③，48 の 12 ①）。

（2）　中間納付額の還付

中間納付額を還付する場合において，中間納付分に係る延滞金があるときは，中間納付額に併せてその還付すべき中間納付額に対応する延滞金も還付される。その還付すべき延滞金は，つぎのように計算される（地令 9 の 3，48 の 12 ①）。

イ　一括納付の場合

$$\text{中間納付額に係る延滞金} \times \left(\cfrac{\text{還付すべき中間納付額} - \text{中間納付額に係る事業年度分の法人住民税に充当される金額}}{\text{中間納付額}} \right) = \text{還付額}$$

ロ　分割納付の場合

$$\text{中間納付額について納付された延滞金} - \text{中間納付額のうち，納付の順序に従い確定申告書に記載された住民税額または還付の基因となった更正・決定に係る住民税額に達するまでの順次求めた中間納付額につき，地方税法の規定により計算される延滞金の合計額} = \text{還付額}$$

中間納付額およびこれと併せて納付した延滞金を還付する場合において，未納に係る地方団体の徴収金に充当するときは，まず当該事業年度の法人住民税の修正申告により納付すべきものまたは更正・決定により徴収すべきもの，つぎに当該事業年度分の法人住民税の中間納付額で未納のもの，そしてその他の未納に係る地方団体の徴収金の順序によって行う（地令 9 の 4 ①，48 の 12 ①）。なお，この場合において，これを法人住民税の中間納付額に係る事業年度分の未納の法人住民税に充当するときは，充当に係る未納の法人住民税についての延滞金は免除される（地令 9 の 6，48 の 12 ①）。

中間納付額を還付または充当する場合は，つぎの方法によって計算した還付加算金を還付または充当すべき金額に加算する。ただし，中間納付額に係る事業年度分の法人住民税に充当する場合は，還付加算金を付さない（地令 9 の 5 ①・②，48 の 12 ①）。

計算の基礎となる還付すべき中間納付額は，その全額または一部に未納の金額があるときは，その未納に係る金額を控除したものであり，また，中間納付額が分割して納付されている場合は，最後の納付に係る中間納付額から未納の金額を控除した後の中間納付額に達するまで順次遡って求めた中間納付額であ

る。そして，還付加算金は，中間納付額の納付の日の翌日から，その還付すべき金額の支出を決定したとき，または未納に係る地方団体の徴収金に充当する日までの期間に応じて計算される。還付加算金は，延滞金の計算に準じて，還付金につき年7.3％の割合を乗じて計算される[8]。

ただし，中間納付額の還付請求書が，その中間納付額に係る事業年度分の確定申告書の提出期限後に提出された場合は，その提出期限の翌日から還付請求書の提出があった日までの期間は，還付加算金を付さない。また，決定または更正により中間納付額を還付する場合には，申告期限の翌日から決定があった日までの期間または申告期限の翌日から更正の日の翌日以後1月を経過する日までの期間が，それぞれ還付加算金の計算期間から除かれる。

（３） 申告期限の延長の特例

法人住民税の確定申告書の提出期限は，当該申告書に係る法人税の確定申告書の提出期限とされているので，その申告期限が延長された場合は，自動的に法人住民税の申告期限も延長されることになる。申告期限の延長されている法人が住民税額を納付する場合には，法人税額の課税標準の算定期間の末日の翌日以後2月を経過した日から延長された確定申告書の提出期限までの期間の日数に応じて，年7.3％の割合を乗じて計算した延滞金を加算して納付しなければならない[9]（地法65①，327①）。

---

8) 当分の間，還付加算金の年7.3％の割合は，各年の前年に租税特別措置法93条2項（利子税の割合の特例）の規定により告示された割合（平均貸付割合）に年0.5％を加算した割合（還付加算金特例基準割合）が年7.3％に満たない場合には，その年（特例基準割合適用年）中においては，還付加算金特例基準割合とされている。なお，還付加算金特例基準割合が年0.1％未満の割合であるときは，年0.1％とする。また，その計算の過程で1円未満の端数が生じたときは，これを切り捨てる（地法附則3の2④～⑥）。

9) 当分の間，延滞金の年7.3％の割合は，特例基準割合適用年中においては，平均貸付割合に0.5％を加算した割合とされている（地法附則3の2②）。なお，監査延長法人が延滞金を避けるために，確定申告をする前に見込金額を納付すると，税額確定前の納付となって，理論的には過誤納金として還付すべきことになる。だが，これでは，監査延長法人の制度目的が果たせない。そのため，監査延長法人の申出により，最近において納入すべき額の確定が確実であると認められる住民税額を予

172

　法人税においては，災害その他やむを得ない理由により決算が確定しないため，確定申告書を提出期限までに提出することができないと認められる場合には，その申請に基づき期日を指定して，その申告期限を延長することができる（法法75①）。また，会計監査人の監査を受けなければならないこと，その他これに類する理由により決算が確定しないため，確定申告書をその提出期限までに提出できない常況にあると認められる場合には，その申請に基づき法人税に係る各事業年度の確定申告書の提出期限を1月間—通算法人にあっては，2月間—延長することができる（法法75の2①・⑪一）。

　なお，つぎの場合には，それぞれ定められた期限までに，主たる事務所等所在地の都道府県知事への届出が必要となる[10]（地法53⑥①，地規3の3）。

　イ　法人税の申告期限の延長の処分または指定等の処分があった場合

　　　申告期限の延長の処分または指定等の処分に係る事業年度終了の日から22日—通算親法人にあっては，処分のあった日から7日—以内

　ロ　法人税の申告期限の延長の処分についての取消しまたは変更の処分があった場合

　　　取消しまたは変更の処分のあった日の属する事業年度終了の日から22日以内

　ハ　法人税の申告期限の延長の処分をやめる旨を届け出た場合

　　　届出書を提出した日の属する事業年度終了の日から22日以内

　ニ　通算承認を受けたこと，または通算承認が効力を失ったことにより，法人税の申告期限の延長の処分が失効した場合

　　　失効のあった日の属する事業年度終了の日から22日以内

　　納した場合には，その還付を請求することができないとした上で，見込納付することを認めている（地法17の3①，取扱通知(県)1章45・(市)1章45）。

10)　なお，届出を受けた都道府県知事は，その旨を当該都道府県の区域内の関係市町村長に通知する。また，分割法人の場合には，主たる事務所等所在地の都道府県知事は，その旨を関係都道府県知事に通知する。この通知を受けた都道府県知事は，その旨を当該都道府県の区域内の関係市町村長に通知することになっている（地法53⑥②・⑥③）。

（4）　均等割申告

　公共法人等で均等割のみを課税されるものは，毎年4月30日までに，均等割額を記載した「均等割申告書」（11号様式・22号の3様式）を，前年4月から3月までの期間中において有する事務所等または寮等所在地の地方団体の長に提出し，その申告した均等割額を納付しなければならない[11]（地法53㉛，321の8㉛，地規3①表（七），10①表（十一），10の2①表（七））。

　この場合において，公共法人等で均等割のみを課税されるものが，前年4月から3月までの期間中に解散等により消滅した場合または収益事業を行うこととなった場合には，前年4月1日から消滅した日または収益事業を行うこととなった日の前日までの期間中において有する事務所等または寮等所在の地方団体に均等割額を納付することになる。

　一方，公益法人等が収益事業を行うこととなったことにより，申告納付することになる法人税割額と合算して納付すべき均等割額は，収益事業を開始した日の属する月の初日から法人税割の課税標準となる法人税額の課税標準の算定期間の末日までの期間に対応するものである。もっとも，地方税法上の公益法人等以外の公益法人等については，法人税割額の納付の際，4月から収益事業を開始した日の属する前月までの期間に対応する均等割額も，併せて納付することになる（取扱通知(県)2章42(2)・(市)2章47(3)）。

（5）　期限後申告

　法人住民税の確定申告書を提出すべき法人は，その提出期限後においても，地方団体の長による更正・決定の通知があるまでは，当該申告書を課税標準の算定期間中において有する事務所等または寮等所在地の地方団体の長に提出し，その申告した住民税額を納付することができる[12]（地法53㉝，321の8㉝）。

　期限後申告の制度は，申告により税額を確定させる制度の性格から，法人の

11）　公共法人等については，第3章第2節1（2）を参照のこと。

12）　なお，確定申告書の提出期限の末日が，①日曜日，国民の祝日または振替休日，②土曜日，12月29日〜31日，③1月2日・3日にあたる場合は，これらの日の翌日が申告期限となる（地法20の5②，地令6の18②）。たとえば，12月29日が確定申告書の提出期限の末日であるときは，結局，翌年1月4日が申告期限となる。

図表 16　納税申告書の様式

申告の種類	法人道府県民税	法人市町村民税
中間申告・予納申告 　予定申告書 　仮決算に係る中間申告書	6 号の 3 様式（草色） 6 号様式（セピア色）	20 号の 3 様式（草色） 20 号様式（セピア色）
確定申告 　確定申告書 　均等割申告書	6 号様式（セピア色） 6 号の 2 様式（紫色） 11 号様式（紫色）	20 号様式（セピア色） 20 号の 2 様式（紫色） 22 号の 3 様式（紫色）

（出所）　地方税法施行規則「申告書等の様式（第 3 条・第 10 条・第 10 条の 2
　　　関係)」に基づき，筆者が作成。

自主的な申告納付を促す意味で設けられている。法人住民税の期限後申告による納付の場合は，期限内に申告納付した法人との公平を確保するため，法定納期限の翌日から納付の日までの期間の日数に応じて，一定割合により計算した延滞金が課される[13]（地法64①，326①)。他方で，地方税の徴収権は，法定納期限の翌日から起算して 5 年間行使しないと時効により消滅するので，法定納期限後 5 年を経過したときは，地方団体の長は法人住民税の確定申告書を受理すべきではない（地法18①)。

　なお，予定申告法人が中間申告書をその提出期限までに提出しなかったときは，前事業年度の法人税割額を基礎とする予定申告書の提出があったものとみなさるので，期限後申告の適用はない（地法53①後段・②後段，321の 8 ①後段・②後段)。

---

[13]　法定納期限とは，各税法が本来の納期限として予定しているもので，法人住民税の場合は，確定申告における法定納期限であり，法人税の修正申告に伴う期限が定められた法人住民税の修正申告においても，あくまで当該事業年度の確定申告の納期限である。これに対して，具体的納期限とは，その日までに納付しなければ履行遅滞を生じ，督促および滞納処分を受けるおそれのある期限のことで，単に「納期限」ともいう。

3 分割法人の申告納付

　2以上の都道府県または市町村において事務所等を有する法人（分割法人）が，中間申告を前事業年度の法人税割額を基礎として行う予定申告を除くほか，法人住民税を申告納付する場合には，分割法人の課税標準である法人税額を事務所等所在の都道府県または市町村（関係都道府県・市町村）に分割し，その分割した額（分割課税標準額）を課税標準として，関係都道府県・市町村ごとに法人税割額を算定し，これに均等割額を加算した額を申告納付することとされている（地法57①前段，321の13①前段）。

　この場合における分割は，関係都道府県・市町村ごとに，法人税額の課税標準の算定期間中において有する法人の事務所等について，分割法人の法人税額を算定期間の末日現在における従業者数に按分して行う（地法57②，321の13②）。すなわち，各都道府県または市町村の分割課税標準額は，法人税額を従業者数の合計数で除して従業者1人当たりの分割課税標準額を算出し，その1人当たりの分割課税標準額に当該都道府県または市町村内の従業者数を乗じて得られる[14]。

《算式》

$$\frac{法人税額}{従業者数の合計数} ＝ 1人当たりの分割課税標準額$$

1人当たりの分割課税標準額×当該地方団体内の従業者数

$$＝分割課税標準額（1,000円未満切捨て）$$

　なお，関係都道府県知事および主たる事務所等所在地の市町村長に提出すべき確定申告書，仮決算に係る中間申告書および修正申告書には，「課税標準の分割に関する明細書」（10号様式・22号の2様式）を添付しなければならない（地法57①後段，321の13①後段，地規3①表（六），10①表（十），10の2①表（六））。

---

14)　なお，従業者1人当たりの分割課税標準額に小数点以下の数値があるときは，小数点以下の数値のうち，従業者の総数の桁数に1を加えた数の位以下の部分の数値を切り捨てる。詳しくは，第4章第1節3を参照のこと。

4　電子申告と電子納税

こうした書面申告に加えて，経済社会のICT化が急速に進展する中，それを税務手続に活用するため，電子申告と電子納税の普及が進められている。電子申告・電子納税は，インターネットを利用して地方税の手続を電子的に行うシステムで，「地方税ポータルシステム（eLTAX）」と呼ばれており，eLTAX対応ソフトウェア「PCdesk」を使用して，自宅やオフィスからインターネットで申告手続・納付手続を行うことができる[15]。

法人住民税については，確定申告，中間申告および修正申告の手続に電子申告を利用することができる。複数の地方団体に申告手続を行う場合は，書面申告においては，作成した納税申告書をそれぞれの受付窓口へ提出する必要がある。一方，電子申告では，送信先はいつでも同じ窓口（ポータルセンタ）となる。さらに，電子申告は，いわば税務職員による税務電算システムへの入力を納税者が行うのと同様の効果があり，その分，納税者の利便性の向上と税務行政の効率化が期待される。

なお，①資本金の額または出資金の額が1億円を超える法人，②相互会社，③投資法人，④特定目的会社については，法人住民税の確定申告書，中間申告書および修正申告書は，eLTAXにより提供しなければならない。この場合の添付書類の提出については，それに記載されるべき事項をeLTAXにより提供する方法に加えて，その記載事項を記録した光ディスク等を提出する方法によることができる[16]（地法53⑥⑤・⑥⑥，321の8⑥②・⑥③）。

また，eLTAXでは，電子申告した法人住民税の本税のみならず，必要に応じて，見込納付や延滞金を電子納税することもできる。地方税における電子納税は，マルチペイメントネットワークシステムを利用した対応が各地方団体に

おいて進められてきた。ところが，システム導入に係る事務負担やコストなど
の課題があるために，eLTAXによる電子納税を開始している地方団体は，平
成29年12月現在，東京都や大阪市など22団体にとどまっていた[17]。

　そこで，令和元年10月1日より，法人住民税について，納税者が地方税共通
納税システムを利用して納付を行う場合，その収納事務については，eLTAX
の運営主体および金融機関が行い，税金は金融機関からeLTAXの運営主体を
経由して各地方団体に払い込まれるものとされた[18]。この共通納税は，すべ
ての地方団体へ一括して電子納税することができる。

第2節　申告内容の変更

　法人が法人住民税の確定申告書を提出後，その内容を変更しようとする場合
には，その状況に応じて，第1に「確定申告書の差替え・訂正」，第2に「修
正申告」，第3に「更正の請求」という手続がある。

1　確定申告書の差替え・訂正

　法人住民税は，確定申告書が提出されたときに確定し，申告後に内容の誤り
を発見したときは，修正申告または更正の請求により税額を変更することにな
る。しかし，法定申告期限内に確定申告書を提出後，法定申告期限前に申告内
容に誤りを発見した場合に，確定申告書の差替えまたは訂正を認めるべきか否
かについては，期限内に正確を期すことは納税義務者として当然のことと考え
られるので，これを許さないとする理由はない。

　たとえば，法定申告期限内に同一人から所得税法120条に規定する「確定所
得申告書」，同法122条に規定する「還付等を受けるための申告書」または同
法123条に規定する「確定損失申告書」のうち，種類を異にするものが2以上
または種類を同じくするものが2以上提出された場合には，特段の申出がない

---

17)　一般社団法人地方税電子化協議会『eLTAX地方公共団体のサービス状況の一
　　覧』（2017年）。
18)　財務省『平成30年度税制改正の大綱』108～109頁（2017年）。

かぎり，2以上の確定申告書のうち最後に提出された確定申告書をもって，それぞれの規定により提出された確定申告書とされる（所基通120-4本文）。

先に提出した確定申告書の誤りを正した確定申告書が法定申告期限内に提出された場合は，延滞金の問題も生じないため，期限内に提出された最後の確定申告書で住民税額を確定することになる。この取扱いは，申告期限が定められた場合に認められ，任意の修正申告や更正の請求については認められない。法定申告期限内においては，事務に支障のないかぎり，確定申告書の差替えまたは訂正を認める趣旨のものであるから，先に提出された確定申告書に還付金が記載されており，かつ，その還付金につきすでに還付の処理が行われていたような場合には，この取扱いは適用できない（所基通120-4（注））。

還付の処理が行われた場合には，先に提出された確定申告書の税額で確定した上で，修正申告または更正の請求により税額を変更することになる。また，法定申告期限を経過すれば確定申告書の差替えまたは訂正ではなく，図表17に表示したとおり，修正申告または更正の請求によって申告内容を変更することになる（地法20の9の3①，53③④，321の8③④）。

図表17　申告内容の変更

提出の時期	法人住民税		変更の方法
法定申告期限内	増　　額		確定申告書の差替え・訂正
	減　　額		
申告期限経過後	増　　額		修　正　申　告
	減　　額		更　正　の　請　求

（出所）　地方税法20条の9の3第1項，53条34項，321条の8第34項，所得税基本通達
　　　　120-4に基づき，筆者が作成。

2　修正申告

修正申告は，すでに確定した納付すべき税額に係る部分の税金についての納付義務に影響を及ぼさない（地法20の9の2①，通法20）。つまり，修正申告の効力は，これによって増加した税額についてのみ生じ，その修正申告と先の確定申告または更正・決定は別個の行為とされている。

（1）　法人住民税独自の事由による修正申告

　法人住民税の確定申告書を提出した法人は，つぎの事由のいずれかに該当する場合には，法人税の修正申告または更正・決定に伴って修正申告をする場合を除くほか，遅滞なく，確定申告書を提出し，または更正・決定をした地方団体の長に，当該申告書に記載し，または更正・決定通知書に記載された課税標準・税額等を修正する「修正申告書」を提出し，その修正申告により増加した住民税額を納付しなければならない（地法53㉞，321の8㉞）。

　　イ　先の納税申告書の提出により納付すべきものとしてこれに記載し，または更正・決定により納付すべきものとして更正・決定通知書に記載された住民税額に不足額があるとき

　　ロ　先の納税申告書に納付すべき住民税額を記載しなかった場合または納付すべき住民税額がない旨の更正を受けた場合において，その納付すべき住民税額があるとき

（2）　法人税の更正等に伴う修正申告

　法人税に係る修正申告書の提出または更正・決定が行われたことにより，上記（1）イ・ロのいずれかに該当することになったときは，その修正申告によって増加した法人税額または更正・決定によって納付すべき法人税額を納付すべき日までに，確定申告書を提出し，または更正・決定をした地方団体の長に，当該申告書に記載し，または更正・決定通知書に記載された課税標準・税額等を修正する「修正申告書」を提出し，その修正申告により増加した住民税額を納付しなければならない[19]（地法53㉟，321の8㉟）。

19）　ちなみに，法人税の修正申告には，①税務調査と関係なく自発的に行った修正申告と，②税務調査によって更正を予知して行った修正申告とがある。両者は，修正申告の効果に変わりはない。相違するのは，後者には過少申告加算税が課されるのに対して，前者にはそれが課されない点である（通法65⑤）。また仮に，各通算法人の当初申告に誤りがあった場合には，その誤りがあった通算法人についてのみ法人税の修正申告または更正・決定を行えばよく，グループ全体の再計算は不要である（法法64の5⑤）。この修正申告し，または更正・決定された法人税額に基づいて，法人税割を修正申告または更正・決定を行うことになる（地法53㉟，55①・②，321の8㉟，321の11①・②）。

逆に，法人税の減額更正によって法人税割額が減少される場合には，修正申告はできない。修正申告は，申告内容を自己の不利益に変更する申告であり，申告内容を自己の利益に変更しようとするときは，「更正の請求」の手続によらなければならない。ところで，更正・決定については，法定納期限の翌日から起算して5年を経過した日以後においてはすることができないという「期間制限」が定められている[20]（地法17の5①）。これに対して，自主的な申告納付—修正申告・期限後申告の場合—には，そのような期間の規定はない。

しかし，申告納付についても，更正・決定の期間経過後の賦課徴収処分は無効で，その納付は不当利得となること，地方団体の徴収金の消滅時効は5年で，その消滅は絶対的であること，などの点からすると，申告に係る住民税額に対しては徴収権を行使することができないと解される。したがって，この期間経過後に，法人住民税の修正申告書を提出することには実益がなく，地方団体はこれを受理すべきではない。もっとも，法人税の更正等に伴う修正申告の場合は，原則5年（特例7年）という期間制限に拘束されず，法人住民税の修正申告をする義務がある。

（3）　期限後納付の延滞金

延滞金は，租税債務の履行遅滞に対する遅延利息として徴収するものである。もし仮に，延滞金を徴収しないとすれば，納期限内に納付した納税者と納期限後に納付した納税者の間に不公平が生じることになろう。そこで，延滞金を課することによって，納期限内に納付した納税者の利益を尊重し，かつ，納期限内の自主納税を促進して，納税秩序の確立を図ることができる。

法人住民税の納税者は，納期限後にその税金を納付する場合，または法人税に係る修正申告もしくは更正・決定に基づく修正申告書に係る税金を納付する場合においては，その税額に，その納期限—納期限の延長があったときは，

---

[20]　ただし，偽りその他不正の行為により，その全部もしくは一部の税額を免れ，またはその全部もしくは一部の税額の還付を受けた法人住民税についての更正・決定については，法定納期限の翌日から起算して7年を経過する日まですることができる（地法17の5⑦）。

その延長された納期限—の翌日から納付の日までの期間の日数に応じて，年14.6％の割合を乗じて計算した延滞金を加算して納付しなければならない。ただし，つぎの期間については，年7.3％の割合により計算することとされている[21]（地法64①，326①）。

イ　確定申告書または中間申告書に係る住民税額

　　住民税額に係る納期限の翌日から1月を経過する日までの期間

ロ　確定申告書の提出期限後に提出したものに係る住民税額

　　当該申告書を提出した日までの期間またはその日の翌日から1月を経過する日までの期間

ハ　修正申告書に係る住民税額

　　修正申告書を提出した日—法人税の修正申告書の提出または法人税に係る更正・決定に基づき修正申告書を提出した場合で，当該申告書がその提出期限前に提出されたときは，当該申告書の提出期限—までの期間またはその期間の末日の翌日から1月を経過する日までの期間

　これらの場合において，確定申告書を提出した日—当該申告書がその提出期限前に提出したときは，その提出期限—の翌日から1年を経過する日後に修正申告書を提出したときは，詐欺その他の不正行為により法人住民税を免れた法人が更正があるべきことを予知して修正申告書を提出した場合を除き，1年を経過する日の翌日から当該申告書を提出した日—法人税の更正に伴う修正申告の場合で，当該申告書がその提出期限前に提出したときは，当該申告書の提出期限—までの期間は，延滞金の計算の基礎となる期間から除かれる（地法64②，326②）。

---

21)　当分の間，延滞金の割合は，各年の前年に租税特別措置法93条2項（利子税の割合の特例）の規定により告示された割合（平均貸付割合）に年1％を加算した割合（延滞金特例基準割合）が年7.3％に満たない場合には，その年中においては，①年14.6％の割合については，延滞金特例基準割合に7.3％を加算した割合，②年7.3％の割合については，延滞金特例基準割合に1％を加算した割合とされている。なお，その計算の過程で1円未満の端数が生じたときは，これを切り捨てる（地法附則3の2①・⑥）。

（4）　分割法人の徴収猶予

　分割法人が法人税の修正申告書を提出したことに伴い，法人住民税の修正申告を行う場合において，これにより納付すべき税額が2,000円に満たないときは，偽りその他不正の行為により法人住民税を免れた場合などを除き，その徴収を猶予することとし，猶予した税額については，つぎの納付の際に併せて納付することができる[22]（地法15の4①，地令6の9の2①）。

　この徴収猶予の適用を受けようとする分割法人は，修正申告書に係る住民税額の納期限までに，その事務所等所在地の地方団体の長に対して，「徴収猶予の届出書」（1号様式）を提出しなければならない。ただし，修正申告書に必要な事項を記載することによって，この届出書に代えることができる（地法15の4②，地規1の4）。

3　更正の請求

　自己の申告に係る税額が過大であることを知った場合において，納税者から，課税庁の減額更正の発動を求める行為を「更正の請求」という。修正申告は，税額を増加する場合に限られ，その提出により，先の申告等に係る税額が自動的に変更される。これに対して，更正の請求は，税額を減少させる場合に限られ，その請求に基づき課税庁の更正処分があって，はじめて税額が変更される。

（1）　一般的な更正の請求

　法人住民税の確定申告書を提出した納税者は，当該申告書に記載した課税標準・税額等の計算が地方税に関する法令の規定に従っていなかったこと，または計算に誤りがあったことにより，①住民税額が過大である場合，②欠損金額等が過少であるとき，またはその記載がなかった場合，③還付金に相当する税額が過少であるとき，またはその記載がなかった場合には，当該申告書に係る地方税の法定納期限から5年以内にかぎり，地方団体の長に対して更正の請求

---

[22]　当該事業年度の法人事業税についても修正申告書を提出している場合には，当該申告書に係る事業税額と住民税額の合計額が2,000円に満たないときに，両税を徴収猶予することになる（地法15の4①，地令6の9の2①）。

ができる（地法20の9の3①）。

（2） 後発的な理由による更正の請求

更正の請求ができるのは，原則として法定納期限から5年以内である。しかし，その後においても，つぎのような申告時に予期できなかった事情が生じた場合は，それぞれの期間内に更正の請求をすることができる（地法20の9の3②）。後発的な理由による場合においては，確定申告書に記載した課税標準・税額等のみならず，更正・決定に係る課税標準・税額等についても，更正の請求をすることができる（取扱通知(県)1章58(3)・(市)1章58(3)）。

イ　その申告，更正・決定に係る課税標準・税額等の計算の基礎となった事実に関する訴えについての判決（判決と同一の効力を有する和解その他の行為を含む）により，その事実が計算の基礎としたところと異なることが確定したとき

　　その確定した日の翌日から起算して2月以内

ロ　その申告，更正・決定に係る課税標準・税額等の計算にあたって，その申告をし，または決定を受けた者に帰属するものとされていた所得その他課税物件が，他の者に帰属するものとする当該他の者に係る法人住民税の更正・決定があったとき

　　更正・決定があった日の翌日から起算して2月以内

ハ　その他法人住民税の法定納期限後に生じた，上記イ・ロに類する「やむを得ない理由」があるとき[23]

23）　たとえば，「やむを得ない理由」としては，①その申告，更正・決定に係る課税標準・税額等の計算の基礎となった事実のうちに含まれていた行為の効力に係る官公署の許可その他の処分が取り消されたこと，②その申告，更正・決定に係る課税標準・税額等の計算の基礎となった事実に係る契約が，解除権の行使により，もしくは契約の成立後生じたやむを得ない事情によって解除され，または取り消されたこと，③帳簿書類の押収その他やむを得ない事情により，課税標準・税額等の計算の基礎となるべき帳簿書類その他の記録に基づいて課税標準・税額等を計算することができなかった場合において，その事情が消滅したこと，④その申告，更正・決定に係る課税標準・税額等の計算の基礎となった事実に係る地方税に関する条例の解釈が，更正・決定に係る訴えについての判決に伴って変更され，変更後の解釈が

　　その理由が生じた日の翌日から起算して2月以内

（3）　法人税割に係る更正の請求の特例

　法人住民税の確定申告書を提出した法人は，当該申告書に係る法人税割額の計算の基礎となった法人税額について国の税務官署の更正を受けたことに伴い，この課税標準となる法人税額または法人税割額が過大となる場合には，法定納期限の翌日から起算して5年を経過した日以後においても，国の税務官署がその更正の通知をした日から2月以内にかぎり，更正の請求をすることができる（地法53の2，321の8の2，取扱通知(県)2章56・(市)2章62）。この特例は，移転価格税制の適用がある場合に，特に意味がある。

（4）　更正の請求の手続

　更正の請求をしようとする者は，その請求に係る更正前の課税標準・税額等，更正後の課税標準・税額等，その更正の請求をする理由，請求をするに至った事情の詳細その他参考となるべき事項を記載した「更正の請求書」（10号の3様式・10号の4様式）を地方団体の長に提出しなければならない[24]（地規6の5）。

　なお，更正の請求書が郵便または信書便により提出されたときは，その郵便物または信書便物の通信日付印により表示された日—その表示がない場合，またはその表示が明らかでない場合は，その郵便物または信書便物について通常要する送付日数を基準としたときに，その日に相当するものと認められる日—に，その提出がされたものとみなされる（地法20の5の3）。

　更正の請求書が提出された場合には，地方団体の長は，その受理した更正の請求書に記載されたところに基づいて必要な調査を行い，その調査に従い更正し，またはその更正をすべき理由がない旨を請求者に通知しなければならない（地法20の9の3④）。この場合において，請求の一部だけが正当であると認め

　　地方税に関する法令の解釈として総務大臣により公表されたことにより，課税標準・税額等が異なることとなる取扱いを受けることとなったことを知ったこと，などである（地令6の20の2）。

24)　もちろん，更正の請求があった場合においても，地方団体の長において相当の理由があると認める場合を除き，その請求に係る住民税額の徴収を猶予しない（地法20の9の3⑤）。

られるときは，これに基づいて更正をするとともに，残りの部分については更正をすべき理由がない旨の通知をすることになる。

第3節　更正・決定

　更正・決定は，「申告納付制度」という基本的に納税者の意思に重きを置いた課税制度を守るため，その中心となる課税処分である。いわば，更正・決定は，申告納付制度が正しく運用されるためのお目付け役といった役割を果たしている。

1 更　　　正

　法人住民税の申告内容が地方団体の調査結果と異なる場合は，課税の公平を図るため，これを更正する必要がある。このうち，納付すべき税額を増加させることを「増額更正」といい，逆に減少させることを「減額更正」と呼ぶ。なお，法人住民税の確定申告書に虚偽の記載をして提出した場合には，法人の代表者，代理人，使用人その他の従業者でその違反行為をした者は，1年以下の懲役または50万円以下の罰金に処される（地法54①，321の9①）。また，地方団体の長は，法人住民税の確定申告書の提出があった場合において，つぎのときは，住民税額を更正することができる（地法55①，321の11①）。

　　イ　その申告に係る法人税額またはこれらを課税標準として算定した法人税割額が，その調査によって，法人税に関する法律の規定によって確定申告し，修正申告し，更正されもしくは決定された法人税額（確定法人税額），またはこれらを課税標準として算定すべき法人税割額と異なることを発見したとき

　　ロ　予定申告に係る法人税割額が，地方税法53条1項もしくは2項または321条の8第1項もしくは2項（法人の道府県民税・市町村民税の申告納付）の規定に基づいて計算した額と異なることを発見したとき

　　ハ　2以上の地方団体において事務所等を有する法人の確定法人税額の分割基準となる従業者数が修正されたとき

ニ　その申告に係る均等割額が，その調査したところと異なることを発見し
　たとき

ホ　その申告に係る法人税割額から控除されるべき額が，その調査したとこ
　ろと異なることを発見したとき

　なお，増額更正は，すでに確定した納付すべき税額に係る部分の法人住民税
についての納付義務に影響を及ぼさない（地法20の9の2②）。これは，先に行
われた申告，更正・決定と別個の処分であって，その増額更正による増加した
税額についてのみ効力が生じるということである。また，減額更正は，その更
正により減少した税額に係る部分以外の部分の法人住民税についての納付義務
に影響を及ぼさない（地法20の9の2③）。これは，先に行われた申告，更正・
決定により確定住民税額の一部取消しといえる。

2　決　　　定

　地方団体の長は，法人住民税の確定申告書を提出しなかった場合には，その
調査によって，申告すべき確定法人税額ならびに法人税割額および均等割額を
決定することができる（地法55②，321の11②）。なお，みなす申告の適用を受
ける場合は，当然に中間申告に係る住民税額が確定するので，決定の手続は不
要である。また，正当な事由がなくて，法人住民税の確定申告書を法定申告期
限内に提出しなかった場合には，法人の代表者，代理人，使用人その他の従業
者でその違反行為をした者は，1年以下の懲役または50万円以下の罰金に処
される（地法53の3①，321の8の3①）。

　もっとも，法人住民税においては，確定法人税額そのものを地方団体が独自
に計算し，増額または減額して更正し，または決定することはできない（取扱
通知（市）2章46）。したがって，法人税が無申告のときは，税務署長によって法
人税額が決定されるまでは法人税割額の決定ができない[25]。一方，均等割額

---

25)　ちなみに，法人事業税も同じく，法人税において正当な更正・決定が行われない
　　ときにおいても，それに従わなければならない。そこで，納税者である法人に対す
　　る迷惑を避け，一方，正当な法人事業税の課税を確保するため，「税務官署に対す

の決定は，確定法人税額とは無関係であるから，地方団体において独自の更正・決定ができる。

しかしながら，均等割額について独自の更正・決定をする場合には，その課税対象である事務所等の認定が問題となる。とりわけ，人的設備と事業の継続性の要件を備えているかどうかの判定は，困難な問題である。過去の期間に遡って，事務所等の認定をしようとすると，なおさらのことである。物的設備の要件を備えているかどうかは，その調査によって判定することは可能である。としても，人的側面については，その調査によって立証可能な資料を得ることは，至難なことであろう。

3 再 更 正

地方団体の長は，法人住民税について更正・決定をした場合において，つぎのときは，住民税額を再更正することができる（地法55③，321の11③）。なお，再更正は，繰り返して行うことも可能である。

イ　更正・決定をした法人税額または法人税割額が，その調査によって，確定法人税額またはこれを課税標準として算定すべき法人税割額と異なることを発見したとき

ロ　更正・決定をした均等割額が，その調査したところと異なることを発見したとき

───────────────

る更正又は決定の請求」という制度が設けられている。すなわち，主たる事務所等所在地の都道府県知事は，①国税準拠法人が提出した確定申告書または修正申告書に係る所得が過少であると認められる場合において，その提出期限から1年を経過した日までに法人税に係る更正・決定が行われないとき，②国税準拠法人が申告期限までに確定申告書を提出しなかった場合において，その提出期限から1年を経過した日までに法人税に係る決定が行われないとき，③都道府県知事がした更正・決定に係る国税準拠法人の所得が過少であると認められる場合において，更正・決定した日から1年を経過した日までに法人税に係る更正が行われないときには，国の税務官署に対して，法人税に係る更正・決定をすべき旨を請求することができる（地法72の40）。こうした制度は，法人住民税にはない。しかし仮に，同一の都道府県が同一の税務官署に対して，両税から2種類の請求をするとしたら，事務が煩雑になるだけで実益は少ないであろう。

ハ　更正・決定をした法人税割額から控除されるべき額が，その調査したところと異なることを発見したとき

4　更正・決定の手続

課税庁は，決定，更正または再更正をしたときは，それを納税者に通知する。納付すべき税額があるとする通知があると，納税者は，それに従って税金を納付しなければならない。もっとも，課税庁が更正・決定をいつでもすることができるということになれば，納税者の地位はいつまでも安定しないので，租税法は，課税庁が更正・決定をすることができる期間（除斥期間）を定めている。

（1）　更正・決定の通知

地方団体の長は，更正・決定をした場合においては，遅滞なく，これを納税者に通知しなければならない（地法55④，321の11④）。更正・決定通知書の送達により，更正・決定の税額確定の効力が生ずる。更正・決定は，法人住民税に関する処分の代表的なものである。その他の処分としては，法人住民税の分割基準の修正・決定がある。これらは，いずれも不服申立てをすることができる処分である[26]。

課税庁は，不服申立てをすることができる処分をする場合には，処分の相手方に対して，その処分につき不服申立てをすることができる旨ならびに不服申立てをすべき行政庁および不服申立てをすることができる期間を書面で教示し，また，利害関係人から不服申立てに関する教示を求められたときも教示しなければならない（行政不服審査法82①・②）。

---

[26]　ちなみに，不服申立てとは，行政庁の違法または不当な処分その他公権力の行使にあたる行為に関し，国民の権利利益の救済を図る行為上の手続で，訴訟に比べて正確さや公正さは劣るものの，一般に簡易迅速な略式手続によって国民の権利救済を図ることができる，という特色がある。これには，審査請求のほか，個別法の特別の定めにより，再調査の請求や再審査請求が認められている。国税の場合は，原則として，直接に審査請求をすることができる。のみならず，不服申立人の選択により，再調査の請求をすることもできる。これに対して，地方税の場合は，地方団体の長に対する審査請求のみが認められている。

もちろん，教示のない処分であっても，その処分の効力には影響がない。それゆえ，教示がないからといって，その処分が無効な処分であるとはいえない。いずれにせよ，更正・決定についての不服申立てについては，原則として行政不服審査法の定めるところによる（地法19）。

（2）　更正・決定の除斥期間

法人住民税の更正・決定は，法定納期限の翌日から起算して5年を経過した日以後においては，することができない（地法17の5①）。ただし，偽りその他不正の行為により，その全部もしくは一部の税額を免れ，またはその全部もしくは一部の税額の還付を受けた法人住民税についての更正・決定は，法定納期限の翌日から起算して7年を経過する日まですることができる（地法17の5⑦）。

しかし，この除斥期間によると，かえって課税の公平を欠くことになるような場合には，つぎに定める期間においても，更正・決定をすることができる（地法17の6①）。

イ　更正・決定に係る不服申立てについての決定もしくは裁決，または更正・決定に係る訴えについての判決（裁決等）による原処分の異動に伴って，裁決等を受けたものについての更正・決定

　　裁決等があった日の翌日から起算して6月間

ロ　課税権の帰属その他地方税法の規定の適用について，関係地方団体の長の意見が異なる場合に，総務大臣（都道府県知事）が行う裁決等に基づく更正・決定

　　裁決等があった日の翌日から起算して6月間

ハ　地方税につき，その課税標準の計算の基礎となった事実のうちに含まれていた無効な行為により生じた経済的成果が，その行為の無効であることに基因して失われたこと，その事実のうちに含まれていた取り消しうべき行為が取り消されたこと，その他これらに準ずる理由による課税標準・税額等を減少させる更正

　　その理由が生じた日の翌日から起算して3年間

ニ　更正の請求をすることができる期限の特例または災害等による期限の延

長の適用がある場合における更正の請求に係る更正

　　更正の請求があった日の翌日から起算して6月間

（3）　法人税割の期間制限の特例

　さらに，法人税割に係る更正・決定で，つぎの場合には，それぞれの日の翌日から起算して2年間においても，更正・決定をすることができる。この場合には，法人税割と併せて課する均等割に係る更正・決定についても，また同様に行うことができる（地法17の6③）。

　　イ　法人税について更正・決定があった場合

　　　　更正・決定の通知が発せられた日

　　ロ　法人税に係る期限後申告書または修正申告書の提出があった場合

　　　　当該申告書の提出があった日

　　ハ　法人税に係る不服申立てまたは訴えについての裁決等があった場合[27]

　　　　裁決等があった日

（4）　還付加算金の計算

　地方団体の長は，更正・決定の事由に基づく過誤納金を還付し，または充当する場合には，つぎの区分に従い，それぞれの日の翌日から地方団体の長が還付のため支出を決定した日または充当をした日までの期間の日数に応じて，その金額に年7.3％の割合を乗じて計算した還付加算金を，その還付または充当をすべき金額に加算しなければならない[28]（地法17の4①，地令6の15①一）。

　　イ　更正・決定により納付した住民税額が，後日減額更正により還付することとなった場合

　　　　更正・決定による納付の日

　　ロ　法人税の更正・決定に基づく法人住民税の義務的な修正申告によって納付した住民税額が，後日減額更正により還付することとなった場合

　　　　修正申告による納付の日

27）　ただし，裁決等に基づいて，法人税についての更正・決定があった場合を除く（地法17の6③三括弧書）。

28）　前掲注8）と同じ。

ハ　更正の請求に基づく減額更正により還付することとなった場合

　　更正の請求があった日の翌日から起算して３月を経過する日と，更正が
あった日の翌日から起算して１月を経過する日のいずれか早い日

ニ　住民税額が減額更正により還付することとなった場合

　　更正があった日の翌日から起算して１月を経過する日

（5）　延滞金の計算

　法人住民税の更正・決定による不足税額に係る延滞金は，法人税割の納期限
―納期限の延長があったときは，その延長された納期限―の翌日から納付の日
までの期間の日数に応じて，年14.6％―不足税額の納期限またはその翌日か
ら１月を経過する日までの期間については，年7.3％―の割合を乗じて計算し
た金額である[29]（地法56②，321の12②）。

　もっとも，地方団体の長が更正または再更正を行った場合において，詐偽そ
の他不正の行為により法人住民税を免れた場合を除き，つぎに該当するときは，
それぞれに定める日数を延滞金の計算の基礎となる期間から除かれる[30]（地法
56③本文・④，321の12③本文・④）。

イ　法人税の修正申告書を提出したことによる更正の通知をした日が，法
人住民税の確定申告書を提出した日の翌日から１年を経過する日後である
場合

　　１年を経過した日の翌日から法人税の修正申告書を提出した日までの期
間

ロ　法人税の更正・決定による更正の通知をした日が，法人住民税の確定申
告書を提出した日の翌日から１年を経過する日後である場合

　　１年を経過した日の翌日から法人税の更正・決定の通知をした日までの
期間

---

29)　前掲注21）と同じ。

30)　ただし，法人住民税の確定申告書がその提出期限前に提出された場合には，「当
該申告書を提出した日の翌日から１年を経過する日」とあるのは，「当該申告書の
提出期限の翌日から１年を経過する日」となる（地法56③括弧書，321の12③括
弧書）。

ハ　上記イ・ロ以外による更正の通知をした日が，法人住民税の確定申告書

を提出した日の翌日から１年を経過する日後である場合

　１年を経過した日の翌日から法人住民税の更正の通知をした日までの期

間

5　分割基準の修正・決定等

　分割法人が主たる事務所等所在地の地方団体の長に提出すべき確定申告書に

は，「課税標準の分割に関する明細書」（10号様式・22号の２様式）を添付しなけ

ればならない[31]（地法57①，321の13①，地規３①表(六)，10①表(十)，10の２①表

(六)）。

（1）　分割基準の修正・決定

　分割法人が各地方団体に提出した確定申告書において，分割基準となる従業

者数が事実と異なる場合には，主たる事務所等所在地の地方団体の長がこれを

修正する。また，分割法人が確定申告書を提出しなかった場合には，主たる事

務所等所在地の地方団体の長は分割基準となる従業者数を決定する。さらに，

主たる事務所等所在地の地方団体の長は，修正または決定した従業者数が事実

と異なることを発見したときは，これを再修正する（地法58①～③，321の14①

～③）。

　これらの修正・決定をした場合は，主たる事務所等所在地の地方団体の長は，

遅滞なく，関係地方団体の長および納税者にその旨を通知しなければならない

（地法58⑥，321の14⑥）。

---

31)　ちなみに，東京都特別区の区域に事務所等を有する法人については，東京都が法
人道府県民税と法人市町村民税を一の租税とみなして，後者に関する規定を準用す
ることとされており，当然市町村長としての責任も負うことになる（地法734③）。
したがって，東京都特別区の区域に主たる事務所等を有する法人について，その分
割基準となる従業者数の修正・決定をした場合には，法人住民税の適正・公正な課
税を実現するため，東京都知事は，関係道府県知事のみならず，関係市町村長に対
しても，その旨を通知しなければならないであろう。詳しくは，拙稿「大都市制度
と法人住民税制度に関する一考察（1）～（3）：分割法人に係る課税事務の検証を
中心に」自治研究95巻４号109頁～６号101頁（2019年）を参照のこと。

（2）　修正の請求

　関係地方団体の長は，分割基準となる従業者数が事実と異なると認めるとき，または課税標準とすべき法人税額が分割されていないと認めるときは，主たる事務所等所在地の地方団体の長に対して，その修正を請求しなければならない。これに対して，主たる事務所等所在地の地方団体の長は，その請求を受けた日から30日以内に，これを修正し，あるいは修正の必要がない場合は，その旨を決定しなければならない（地法58④・⑤，321の14④・⑤）。

　これらの修正・決定をした場合は，主たる事務所等所在地の地方団体の長は，遅滞なく，関係地方団体の長および納税者にその旨を通知しなければならない（地法58⑥，321の14⑥）。

（3）　関係地方団体の長に不服がある場合の措置

　これらの処分に不服がある地方団体の長は，都道府県にあっては総務大臣に対して，市町村にあっては都道府県知事—関係市町村が2以上の都道府県に係るときは，総務大臣—に対して，決定を求める旨を申し出ることができる（地法59①，321の15①）。都道府県知事または総務大臣は，その申出を受けた日から30日以内に決定し，遅滞なく，その旨を関係地方団体の長および納税者に通知しなければならない（地法59②～④，321の15②・③）。

　さらに，都道府県知事の決定に不服がある市町村長は，その通知を受けた日から30日以内に総務大臣に裁決を求める旨を申し出ることができる（地法321の15④）。総務大臣は，その申出を受けた日から60日以内に裁決し，遅滞なく，その旨を関係市町村長および納税者に通知しなければならない（地法321の15⑦・⑧）。

　それでもなお，総務大臣の決定または裁決について違法があると認める地方団体の長は，その決定または裁決の通知を受けた日から30日以内に裁判所に出訴することができる（地法59⑥，321の15⑩）。

（4）　分割法人の徴収猶予

　分割法人が分割基準の修正・決定に伴う更正を受けた場合において，これにより納付すべき住民税額—法人道府県民税の場合は，事業税額との合計額—が，

194

2,000円に満たないときは，偽りその他不正の行為により法人住民税を免れた場合を除き，その徴収を猶予することとし，猶予した税額については，つぎの納付の際に併せて納付することができる（地法15の4①，地令6の9の2①）。

この徴収猶予の適用を受けようとする分割法人は，法人住民税の修正申告書または更正に係る税額の納期限までに，その事務所等所在地の地方団体の長に対して，「徴収猶予の届出書」（1号様式）を提出しなければならない（地法15の4②，地規1の4①）。

第4節　地方団体の情報収集

新たに，法人住民税の納税義務者となった者は，「その名称，代表者又は管理人の氏名，主たる事務所又は事業所の所在，当該市町村内に有する事務所，事業所又は寮等の所在，当該該当することとなった日その他必要な事項」を，その事務所等所在地の地方団体の長に提出する[32]（地法317の2⑨）。のみならず，地方団体の長は，法人税に関する書類を閲覧し，または記録することができる（地法63①，325）。

1　法人の届出書

地方税法においては，いわゆる「法人設立届出書」の提出のほか，何ら規定はない。だが，各地方団体の税条例によって，申告内容に変更があった場合等についても，届出書を提出することになる[33]。たとえば，仙台市の場合は，「申告をした事項に異動が生じた場合においては，その異動が生じた日から30日以内に，その旨を市長に申告しなければならない」（仙台市税条例19⑤）と規定されている。

---

32)　地方税法においては，申告期限の定めはない。なお，参考としては，法人税法148条1項に「その設立の日以後2月以内」という規定がある。

33)　ちなみに，eLTAXにおいては，法人住民税に係る「法人設立・設置届」と「異動届」の電子申請・届出をすることができる。

（1）　事務所等を開設した場合

　法人を新たに設立したときは，登記簿謄本（履歴事項全部証明書）および定款等の写しを添付して，必要な事項を記載した「設立届書」を提出する。同様に，地方団体内に新たに事務所等を開設したときは，登記簿謄本（履歴事項全部証明書）および定款等の写しを添付して，必要な事項を記載した「開設届書」を提出する。ただし，すでに地方団体内に事務所等を有する法人の場合は，添付書類は必要ない[34]。

（2）　申告内容に変更があった場合

　本店（主たる事務所）の所在地，支店の所在地，代表者，資本金の額，法人名（商号）などの申告内容に変更があったときは，異動事項が記載された登記簿謄本（履歴事項全部証明書）を添付して，必要な事項を記載した「異動届書」を提出する[35]。なお，事業年度を変更したときは，異動事項が記載された定款または株主総会の議事録の写しを添付して，異動届書を提出することになる。

　これらの提出期限について定めている地方団体は，ほとんどない[36]。しかし実務上，申告内容に変更があった場合は，遅滞なく異動届書を提出するべきであろう。少なくとも，確定申告書または中間申告書を提出する日までには，異動届書を提出する必要がある。そうでなければ，法人住民税の申告時の法人情報が，地方団体の把握しているものと異なってしまう。

（3）　事務所等を廃止した場合

　事務所等を廃止したときは，必要な事項を記載した「廃止届書」を提出する[37]。原則として，添付書類は不要である。ただし，過去数年間に遡って，

34）　たとえば，東京都内に法人を設立したときや，新たに事務所等を設置したときは，「その事業を開始し，又は事務所若しくは事業所を設けた日から15日以内」に設立届書または開設届書を提出しなければならない（東京都税条例26①）。

35）　もちろん，未登記の支店については，添付書類は不要である。また，地方団体内の事務所等の移転や文書送付先の変更の場合も，添付書類は必要ない。

36）　ちなみに，東京都においては，申告内容に変更を生じたときは，「その事実の発生した日から10日以内にその旨を知事に申告しなければならない」（東京都税条例26②）として，異動届書の提出期限を定めている。

37）　たとえば，福岡県に所在する法人を解散または合併したときや，事務所等を廃止

事務所等を廃止するときは，賃貸契約解約証明書など，その事実を証明する書類を添付する必要がある。

また，法人が解散または合併をしたときは，異動事項が記載された登記簿謄本（履歴事項全部証明書）など，その事実を証明する書類を添付して，必要な事項を記載した「解散届書」または「合併届書」を提出する[38]。さらに，清算が結了したときは，異動事項が記載された登記簿謄本（履歴事項全部証明書）を添付して，必要な事項を記載した「清算結了届書」を提出することになる。

2　法人税に関する書類の供覧等

法人住民税の法人税割については，法人税額を課税標準として課税することとされており，法人住民税と法人税は密接不離な関係にあるということができる。国の税務官署が法人税の確定申告書を受理し，または更正・決定をした場合には，法人税に係る課税資料を地方団体が容易に調査できることが，納税義務者に対する二重の調査を避けるばかりか，課税上の便宜からも適当であるので，これらの書類の閲覧等についても，国の税務官署と地方団体との協力関係が定められている（昭和57年12月1日自治税企92号自治省税務局長通達）。

地方団体が閲覧および記録できる法人税関係書類の範囲は，法人税事務整理表，法人税申告書別表，附属明細書および添付書類，法源名簿，除却名簿，更正決定決議書の添付書類ならびに青色申告承認申請書，公益法人等の収益事業開始届出書等およびその添付書類である。これらの書類の閲覧等の時期については，国の税務官署と地方団体との間における事情等を十分に考慮して，両者が協議決定するものとされている。

また，地方団体の徴税吏員は，法人住民税の賦課徴収に関する調査のために必要がある場合においては，納税義務者または納税義務があると認められる者，

したときは，「その事実の発生した日から15日以内」に，解散届書，合併届書または廃止届書を提出しなければならない（福岡県税条例20の12の2②）。

38)　なお，被合併法人の事務所等を合併法人が引き継ぐときは，別途，開設届書の提出が必要である。

その他法人住民税の賦課徴収に関し直接関係があると認められる者に対する質問検査権を有する[39]。この権限を行使するに際し，徴税吏員は，その身分を証明する証票を携帯し，関係人の請求があったときは，これを提示しなければならない（地法26②，298②）。

質問検査権の行使に際し，つぎのいずれかに該当する者は，1年以下の懲役または50万円以下の罰金に処される（地法27①，299①）。

イ　帳簿書類その他の物件の検査を拒み，妨げ，または忌避した者

ロ　物件の掲示または提出の要求に対して，正当な理由がなくこれに応ぜず，または偽りの記載もしくは記録をした帳簿書類その他の物件を提示し，もしくは提出した者

ハ　徴税吏員の質問に対して答弁をしない者または虚偽の答弁をした者

一方，徴税吏員に対しては，納税者等の秘密についてより厳格な取扱いを求めることにより，納税者等の税務行政に対する信頼と協力の確保が図られている。いわゆる「地方税に関する調査」に従事している者または従事していた者は，これらの事務に関して知り得た秘密を漏らし，または窃用した場合には，2年以下の懲役または100万円以下の罰金に処される（地法22）。

---

39)　質問検査権とは，課税要件事実について関係者に質問し，事業に関する帳簿書類その他の物件を検査する権限である（地法26①，298①）。これは，いわゆる「行政調査」を認めるものであって，強制調査を認めるものではない（最判昭和63年12月20日訟月35巻6号979頁）。とはいえ，質問に対する不答弁ならびに検査の拒否・妨害に対しては刑罰が科されるから，質問・検査には直接の強制力はないものの，相手方には，それが適法な質問・検査であるかぎり，質問に答え検査を受ける義務が生じる。その意味で，質問・検査は，公権力の行使を内容とする事実行為である。

第6章　特別徴収義務者

chapter 6

　一般に，法人は，法人住民税の納税義務に加えて，個人住民税の特別徴収義務が課されている。後者の住民税には，給与所得，退職所所得および金融所得に係る特別徴収制度がある[1]。法人が納めなければならない住民税という視点からみれば，納税義務か特別徴収義務かの違いはあるものの，法人が住民税債務を負う点では，両者は同じである。

第1節　給与所得に係る特別徴収制度

　個人住民税は，原則として，前年中の所得に対して，その翌年に課税するという「前年課税主義」の建前をとっている。給与所得に係る個人住民税については，前年中の給与所得に係る所得割額および均等割額の合算額を特別徴収の方法—地方税の徴収について便宜を有する者にこれを徴収させ，その徴収すべき税金を納入させる方法—によって徴収される[2]（地法1①九，321の3①）。

---

1)　詳しくは，拙著『源泉所得税と個人住民税の徴収納付：しくみと制度』（税務経理協会，2013年）を参照のこと。
2)　なぜなら，①所得税に関する課税標準の確定額を活用できるという課税の便宜，②税収の予測が比較的確実で国等による財政措置の方針を決めやすいこと，などの理由による（碓井光明『要説地方税のしくみと法』102頁（学陽書房，2001年））。なお，所得割とは，所得により課する住民税をいい，一方，均等割とは，所得の多少にかかわらず均等の額により課する住民税をいう（地法23①一・二，292①一・二）。

1　課税要件

　給与所得に係る個人住民税の納税義務は，つぎの課税要件が充足されることによって成立する。地方税の場合は，国税と異なり，課税団体が複数あるので課税権が競合しないように，課税団体について詳細に定められている。

（1）課税団体

　給与所得に係る個人住民税の課税団体は，当該年度の初日の属する年の1月1日（賦課期日）現在の個々の納税義務者の住所地の都道府県と市区町村である（地法39，318）。もっとも，実際には，市区町村が，個人市区町民税と個人都道府県民税を併せて賦課徴収するものとされている（地法41①，319②）。

（2）納税義務者

　給与等の支払いを受ける個人（給与所得者）で，賦課期日現在において市区町村内に住所を有するものは，給与所得に係る所得割額および均等割額の合算額によって個人住民税が課される（地法24①一，294①一）。なお，市区町村内に住所を有する個人とは，原則的に当該市区町村の住民基本台帳に記録されている者をいう（地法294②）。

　また，市区町村の住民基本台帳に記録されていない者であっても，その者がその市区町村内に住所を有すると認定された場合には，その者を住民基本台帳に記録されている者とみなして，その者に個人住民税を課することができる。この場合において，市区町村長は，その者が他の市区町村の住民基本台帳に記録されていることを知ったときは，その旨を当該他の市区町村長に通知しなければならない（地法294③）。

（3）課税対象

　給与所得に係る個人住民税の課税対象は，給与等である。ここで，給与等とは，俸給，給料，賃金，歳費，賞与ならびにこれらの性質を有する給与をいい，諸手当や現物給与も原則として給与等となる（所法28①，36①・②，所基通28-1，36-15）。

（4）課税標準

　給与所得に係る個人住民税の課税標準は，前年中の給与所得金額である（地

法321の3①）。ここで，給与所得金額とは，その年中の給与等の収入金額から給与所得控除額を控除した残額をいう（所法28②）。

《算式》

　　給与等の収入金額－給与所得控除額＝給与所得金額（1,000円未満切捨て）

　給与所得控除額は，図表18に表示したように，給与等の収入金額に応じて計算されるが，実務的には所得税法の「別表第5年末調整等のための給与所得控除後の給与等の金額の表」から直接求められる（所法③・④）。

図表18　給与所得控除額の計算

給与等の収入金額	給与所得控除額
180万円以下	収入金額×40％－10万円（最低控除額55万円）
180万円超360万円以下	62万円＋（収入金額－180万円）×30％
360万円超660万円以下	116万円＋（収入金額－360万円）×20％
660万円超850万円以下	176万円＋（収入金額－660万円）×10％
850万円超	195万円

（出所）所得税法28条3項・4項に基づき，筆者が作成。

　なお，給与所得者が特定支出をした場合において，その年中の特定支出額の合計額が給与所得控除額の2分の1に相当する金額を超えるときは，その年分の給与所得金額は，給与所得控除後の給与等の金額からその超える部分の金額を控除した金額とすることができる（所法57の2①）。

《算式》

$$給与等の収入金額－給与所得控除額－\left(特定支出額の合計額\right.$$
$$\left.－給与所得控除額×\frac{1}{2}\right)＝給与所得金額（1,000円未満切捨て）$$

　この特定支出とは，所得税の場合と同じであり，給与所得者が支出する，①通勤費，②職務上の旅費，③転居費，④研修費，⑤資格取得費，⑥帰宅旅費，⑦図書費，衣服費および交際費等（合計限度額65万円）のうち，一定のものである（所法57の2②，所令167の3，所規36の5①）。

　さらに，つぎに掲げる場合には，それぞれ所得金額調整控除が給与所得金額から控除される。

イ 子ども・特別障害者等を有する場合

　その年中の給与等の収入金額が850万円を超える給与所得者で，特別障害者に該当するもの，または年齢23歳未満の扶養親族を有するものもしくは特別障害者である同一生計配偶者もしくは扶養親族を有するものに係る総所得金額を計算する場合には，その年中の給与等の収入金額（上限1,000万円）から850万円を控除した金額の10％に相当する金額を，その年分の給与所得金額から控除する（措法41の3の3①）。

ロ 給与所得と公的年金等を有する場合

　その年分の給与所得控除後の給与等の金額および公的年金等に係る雑所得金額がある給与所得者で，その給与所得控除後の給与等の金額およびその公的年金等に係る雑所得金額の合計額が10万円を超えるものに係る総所得金額を計算する場合には，その給与所得控除後の給与等の金額（上限10万円）およびその公的年金等に係る雑所得金額（上限10万円）の合計額から10万円を控除した残額を，その年分の給与所得金額―上記イの適用を受ける場合には，その適用後の金額―から控除する（措法41の3の3②）。

（5）　税　　　率

　納税義務者の前年中の給与所得に係る所得割および均等割の税率については，それぞれ標準税率が規定されており，各地方団体は，これを基準として税条例で税率を定めることになる。

イ 所得割の税率

　所得割の標準税率は，市区町村民税は一律6％，都道府県民税は一律4％となっており，税条例で所得金額を区分し，当該区分ごとに異なる税率を定めることはできない[3]（地法35①本文，314の3①本文，取扱通知(県)2章10・(市)2章23）。

ロ 均等割の税率

　均等割の標準税率は，市区町村民税は年額3,500円，都道府県民税は年

---

3)　ただし，指定都市の区域内に住所を有する場合には，市民税は8％，道府県民税は2％である（地法35①括弧書，314の3①括弧書）。

額1,500円となっており，税条例で所得の大小や所得の種類などによって税率に差を設けることはできない（地法38，310，地方財確法2，取扱通知（市）2章22）。

（6）　税額の計算

上記の課税要件を充足すれば，所得割額は，課税総所得金額に税率を乗じて計算した算出税額から，税額控除額を差し引いて求められる（地法20の4の2③）。

《算式》

　　課税総所得金額×税率10％＝算出税額

　　算出税額－税額控除額＝所得割額（100円未満切捨て）

　　所得割額＋均等割額＝個人住民税額

2　徴収方法

給与所得に係る個人住民税については，原則として，つぎの特別徴収の方法によって徴収されている。

（1）　特別徴収制度のしくみ

前年中に給与の支払いを受けた者で，当該年度の初日（4月1日）において給与の支払いを受けている者（給与所得者）については，給与所得者に対して課する個人住民税のうち，その者の前年中の給与所得に係る所得割額および均等割額の合算額（特別徴収税額）は，特別徴収の方法によって徴収しなければならない（地法321の3①本文）。

（2）　特別徴収の対象とならいない場合

市区町村内に給与所得者の数が少ないこと，給与の支払いをする者ごとに給与所得者の数が少ないこと，などの特別の事情があるため，特別徴収によることが不適当であると認められる場合には，特別徴収の方法によらないことができる（地法321の3①但書）。

たとえば，つぎに掲げるような給与所得者で，特別徴収の方法によって徴収することが著しく困難であると認められる者については，特別徴収の方法によ

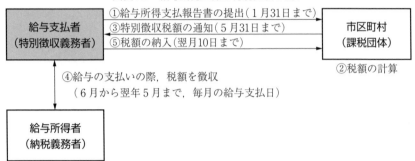

図表19　給与所得に係る特別徴収の流れ

給与支払者
（特別徴収義務者）

①給与所得支払報告書の提出（１月31日まで）
③特別徴収税額の通知（５月31日まで）
⑤税額の納入（翌月10日まで）

市区町村
（課税団体）

②税額の計算

④給与の支払いの際，税額を徴収
　（６月から翌年５月まで，毎月の給与支払日）

給与所得者
（納税義務者）

（出所）　地方税法321条の３～321条の５に基づき，筆者が作成。

らないものとされている（取扱通知(市)２章37）。

　イ　給与所得のうち，支給期間が１月を超える期間によって定められている
　　給与のみの支払いを受けている者

　ロ　外国航路を航行する船員の乗組員で，１月を超える期間乗船することと
　　なるため，慣行として不定期にその給与の支払いを受けている者

（３）　特別徴収義務者の指定

　市区町村は，個人住民税を特別徴収の方法によって徴収しようとする場合は，
当該年度の初日（４月１日）において給与の支払いをする者（給与支払者）で，
所得税法183条（源泉徴収義務）の規定によって給与の支払いをする際，所得税
を徴収して納付する義務がある者（源泉徴収義務者）を，税条例によって特別徴
収義務者として包括的に指定（特別徴収義務者の指定）することになる（地法321
の４①前段）。

　給与支払者は，他の市区町村内において給与の支払いをする者を含むもので
あり，また，給与の支払いをなす主体をいうものであって，支払事務の担当者
ではない。具体的に指定するときは，法人の代表者，国の場合は各省庁の長官
等または地方団体の場合は地方団体の長等を指定することとなる。

　同一の納税義務者に対して給与の支払いをする者が２以上あるときは，市区
町村は，税条例により，これらの支払いをする者の全部または一部を特別徴収

義務者として指定しなければならない[4]。この場合において，特別徴収義務者として2以上の者を指定したときは，給与所得に係る特別徴収税額をこれらの者が当該年度中にそれぞれ支払うべき給与の額に按分して，これを徴収させることができる[5]（地法321の4④）。

（4）　給与支払報告書の提出

毎年1月1日現在において給与の支払いをする者で，所得税の源泉徴収義務のあるものは，1月31日までに前年中の給与所得金額その他必要な事項を記載した「給与支払報告書」（17号様式）を，その給与所得者の1月1日現在の住所所在地の市区町村長に提出しなければならない（地法317の6①，地規10①表（一））。また，給与支払者は，退職者について，退職した年の翌年1月31日までに，退職時の住所所在地の市区町村長に給与支払報告書を提出しなければならない[6]（地法317の6③本文）。

給与所得者については，その人員が多いこと，給与の支払額等については支払者側で容易に把握できるうえ，脱漏少ないと考えられることから，住民税の申告書に代わるものとして，給与支払者が，給与支払報告書を市区町村長に提出する重要な課税資料なのである。その提出義務を担保するために，義務違反に対しては，つぎの罰則が設けられている[7]（地法317の7①・②）。

イ　給与支払報告書を提出しなかった者または虚偽の記載をした給与支払報告書を提出した者は，1年以下の懲役または50万円以下の罰金に処する。

ロ　法人の代表者または法人の代理人，使用人その他の従業者が，その法人

---

4)　ただし，一の納税義務者について，2以上の特別徴収義務者を指定することは，徴収事務が複雑となるので，この指定は，納税者の申出があった場合その他必要がある場合に限る（取扱通知（市）2章41前段）。

5)　なお，当該年度中にそれぞれ支払うべき給与の額とは，当該年中に支払われることが予測される額であって，必ずしも厳密な計算に基づく必要はない（取扱通知（市）2章41後段）。

6)　ただし，その給与所得者に対する給与支払金額が30万円以下のときは，この限りでない（地法317の6③但書）。

7)　もちろん，給与支払報告書の提出によって，個人住民税額が確定するわけではないので，延滞金等の罰則はない。

の業務に関して，上記イの違反行為をした場合には，その行為者を罰するほか，その法人に対して，50万円以下の罰金刑を科する。

（5） 特別徴収税額の通知

特別徴収義務者を指定して個人住民税を特別徴収させる場合は，市区町村長は，毎年5月31日までに，特別徴収税額を特別徴収の方法によって徴収する旨を「特別徴収税額通知書」（3号様式・別表）により，特別徴収義務者およびこれを経由して納税義務者に通知しなければならない[8]（地法321の4②，地規2①表(四)）。

特別徴収義務者は，市区町村からの特別徴収税額の通知を受けて，はじめて個人住民税の特別徴収の義務を負うこととなる。したがって，特別徴収義務者は，市区町村からの特別徴収税額の通知が5月31日までになされなかった場合は，原則として特別徴収の義務を負わないわけである。

ただし，所得税の源泉徴収義務者が市区町村長に提出すべき給与支払報告書を1月31日までに提出しなかったこと，法令の改廃により課税標準の算定に関する事務が遅延すること，その他これらに類するやむを得ない理由があるため，5月31日までに通知ができない場合には，その期日後に通知のあった日の属する月の翌月から翌年5月までの間において特別徴収税額を徴収することが不適当であると認められる場合を除き，5月31日後に通知することも妨げない（地法321の4③，取扱通知(市)2章39前段）。

なお，市区町村長は，給与所得に係る特別徴収税額を通知した後において，給与所得に係る特別徴収税額に誤りがあることを発見した場合，その他これを変更する必要がある場合には，直ちに給与所得に係る特別徴収税額を変更して，その旨を特別徴収義務者およびこれを経由して納税者に通知しなければならない（地法321の6①）。

---

8) なお，給与支払報告書をeLTAXを通じて提出する特別徴収義務者は，書面による通知に代えて，電子的送付を希望することができる。この希望がある場合には，市区町村長は，当該通知を電子的に送付しなければならない（地法321の4⑦・⑧）。

3　納入方法

特別徴収義務者は，毎月給与の支払いをする際，月割額を徴収し，翌月10日までに，これを直接市区町村，またはその指定金融機関等に払い込まなければならない[9]（地法321の5①・④前段，取扱通知(市)2章39後段・40前段）。

（1）月割額

毎月徴収される特別徴収税額（月割額）については，市区町村民税と都道府県民税の合算額（個人住民税額）によって算定し，月割額に100円未満の端数があるときは，その端数金額は最初の月分に加算する（地法20の4の2⑧）。

イ　6月分（最初の月分）

$$個人住民税額 \times \frac{1}{12} + 各月の端数金額 = 月割額$$

ロ　7月分〜翌年5月分

$$個人住民税額 \times \frac{1}{2} = 月割額（100円未満切捨て）$$

ただし，給与所得に係る特別徴収税額が均等割額以下である場合には，特別徴収税額の通知に係る特別徴収税額を最初に徴収する月にその全額を徴収し，翌月10日までにこれを市区町村に納入しなければならない（地法321の5①但書）。

（2）納期の特例

特別徴収義務者の事務負担を軽減するため，小規模の事務所等については，その納期の特例が設けられている。その事務所，事業所その他これらに準ずるもので給与の支払事務を取り扱うもの（事務所等）で，給与の支払いを受ける者が常時10人未満である小規模事業者について，市区町村長の承認を受けた場合には，年2回に分けて，すなわち6月から11月までの間に徴収した特別徴収税額については12月10日までに，また，12月から翌年5月までの間に徴収した特別徴収税額については6月10日までに，それぞれまとめて納入することができる[10]（地法321の5の2①，取扱通知(市)2章42）。

---

9)　指定金融機関等に払い込まれた時に，市区町村に納入金の納入があったものとみなされる（地法321の5④後段，取扱通知(市)2章40後段）。

（3）　給与所得以外の所得に係る特別徴収税額

　給与所得者について，その前年中の所得に給与所得および給与所得以外の所得がある場合には，市区町村は，税条例の定めるところにより，給与所得以外の所得に係る所得割額の全部または一部を給与所得に係る特別徴収の方法によって徴収することができる[11]（地法321の3②本文）。

（4）　特別徴収税額の変更があった場合

　もし，特別徴収税額に計算上の誤りがあれば，これを修正変更すべきことは当然である。また，通知した税額に誤記があった場合も，特別徴収義務者は通知に基づく額を納入する義務を負うものであるから，決定された税額自体の誤りでないとしても，修正変更するのが適当であろう。給与所得に係る特別徴収税額が変更された場合，特別徴収義務者がその変更通知を受け取った月以後において徴収すべき月割額は，その変更通知によって変更された額に基づいて，市区町村長が定めるところによらなければならない（地法321の6）。

　この場合，特別徴収税額の変更後の月割額は，修正変更された特別徴収税額から，すでに納入済の税額を控除した額を，その通知を受けた日の属する月の翌月から翌年5月までの月数で除して得た額とすることが適当である。なお，すでに納入済の税額が変更された特別徴収税額を超える場合には，その超過額は納税者に直接還付するか，あるいは未納の徴収金に充当することとなる（地

---

10)　納期の特例に関する承認申請書の提出があった場合に，その提出のあった日の属する月の翌月末日までに市区町村長の処分のないときは，同日において承認されたものとみなされる（地令48の9の10⑤）。

11)　この特別徴収は，納税義務者の便宜上の措置であるため，給与所得者が，給与所得以外の所得に係る所得割額を，特別徴収の方法によらず，普通徴収の方法によって徴収されたい旨の記載があるときは，この限りでない（地法321の3②但書）。また，給与所得以外の所得に係る所得割額を特別徴収の方法によって徴収することとなった後において，特別徴収の方法によって徴収することが適当でないと認められる特別の事情が生じたため，給与所得者から給与所得以外の所得に係る所得割額の全部または一部を普通徴収の方法により徴収されたい旨の申出があった場合には，その事情がやむを得ないと認められるときは，所得割額でまだ特別徴収により徴収していない額の全部または一部を普通徴収の方法に切り替えて徴収される（地法321の3③）。

法321の7②)。

（5）　給与支払者に異動があった場合

特別徴収義務者は，給与所得者に給与の支払いを行わないこととなった場合には，その事由が発生した日の属する月の翌月10日—当該事由が4月2日から5月31日までの間に生じた場合は，特別徴収税額が通知された月の翌月10日—までに，給与の支払いを受けないこととなった納税義務者の氏名，その者に係る給与所得に係る特別徴収税額のうち，すでに徴収した月割額の合計額，その他必要な事項を記載した「特別徴収に係る給与所得者異動届出書」(18号様式)を市区町村長に提出しなければならない(地法321の5③，地規9の24，10①表(四))。

なお，4月2日から翌年4月30日までの間に給与所得者が異動をした場合—たとえば，退職した後，再就職したような場合—で，給与所得者が新たに給与支払者を通じて，従前の給与支払者から給与の支払いを受けなくなった日の属する月の翌月10日—その支払いを受けなくなった日が翌年4月中である場合には，4月30日—までに，その異動後に徴収されるべき月割額を特別徴収の方法によって徴収されたい旨の申出をしたときは，特別徴収は継続される[12](地法321の4⑤本文)。

（6）　退職手当等からの一括徴収

ただし，特別徴収義務者は，給与所得者が6月1日から12月31日までの間に退職等によって給与の支払いを受けないこととなった場合で，給与所得者に対して翌年5月31日までの間に支払われる予定の給与・退職手当等で未徴収税額を超えるものがあるときは，その給与・退職手当等の支払いをする際，未納分の月割額の全額を一括徴収しなければならない(地法321の5②但書，地規9の23)。

また，特別徴収義務者は，給与所得者が翌年1月1日から4月30日までの

---

12)　ただし，特別徴収継続の申出が翌年4月中にあった場合において，特別徴収の方法によって徴収することが困難であると市区町村長が認めるときは，この限りでない(地法321の4⑤但書)。

間に退職等によって給与の支払いを受けないこととなった場合で，給与所得者に対して，その年の5月31日までの間に支払われる予定の給与・退職手当等が未徴収税額を超えるときは，納税義務者からの申出に基づくことなく，その給与・退職手当等の支払いをする際，未納分の月割額の全額を一括徴収しなければならない（地法321の5②但書，地規9の23）。

（7）　納入義務の不履行の場合

もし，特別徴収義務者が給与の支払いの際に特別徴収しながら，その徴収した翌月10日（納期限）までに納入すべき特別徴収税額を完納しないときは，納期限後20日以内に督促状を発し，特別徴収義務者に対して納入の督促をする（地法329①）。その督促状を発した日から起算して10日を経過した日までに完納しないときは，その滞納となった特別徴収税額について滞納処分を行うこととなる[13]（地法331①）。

しかも，特別徴収義務者の納入義務不履行は，脱税に関する罪に該当し，10年以下の懲役もしくは200万円以下の罰金に処し，または懲役と罰金を併科される（地法324③）。

また，法人の代表者または法人の代理人，使用人その他の従業者が，その法人の業務または財産に関して，この違反行為をした場合には，その行為者を罰するほか，その法人に対して，200万円以下の罰金刑を科するものとされている（地法324⑦）。

第2節　退職所得に係る特別徴収制度

退職所得に対する個人住民税については，前年課税主義の特例として，退職所得の発生した年に他の所得と区分して，納税義務者のその年の1月1日現在の住所所在地の地方団体において課税することとされており，いわゆる「現年

---

13)　なお，滞納処分とは，税金が滞納になった場合において，督促をした後，滞納者の財産を差押え，これを換価し，その換価代金をもって滞納になっている税金に充てる強制徴収手続であり，差押え，交付要求，参加差押え，換価および配当の各処分からなる（地法331）。

分離課税主義」をとっている（地法50の2，328）。

1 課税要件

退職所得に係る所得割の納税義務は，つぎの課税要件が充足されることによって成立する。地方税の場合は，国税と異なり，課税団体が複数あるので課税権が競合しないように，課税団体について詳細に定められている。

（1） 課 税 団 体

個人が退職手当等の支払いを受ける場合には，分離課税に係る所得割は，その支払いを受けるべき日の属する年の1月1日現在における，その者の住所所在地の都道府県および市区町村が課税する[14]（地法50の2，328，取扱通知(県)2章31・(市)2章66）。たとえば，令和5年5月に会社を退職したことにより，退職手当等の支払いを受けた場合には，同年1月1日現在の住所所在地の都道府県および市区町村が課税権を有する。

（2） 納税義務者

分離課税に係る所得割の納税義務者は，退職手当等の支払いを受けるべき日の属する年の1月1日現在において，都道府県内および市区町村内に住所を有する個人である[15]（地法50の2，328）。ただし，退職手当等の支払いを受ける者が，その支払いを受けるべき日の属する年の1月1日現在，生活保護法に基づく生活扶助を受けている場合には，分離課税に係る所得割は課税されない（地法24の5①一・②，295①一・②）。

---

14) 住所とは，納税義務者本人の生活の本拠をいい，地方税法上，その施行地を通じて1人1か所に限られる。勤務する事務所等との関係上，家族と離れて居住している者の住所は，本人の日常生活関係，家族との連絡状況の実情を調査確認して認定するものである。確定困難な者で，勤務日以外には家族のもとにおいて生活をともにする者については，家族の居住地にあるものとされる（取扱通知(市)2章6（1））。
15) 退職手当等の支払いを受けるべき日とは，一般的には退職手当等の支払いを受ける権利の確定する日をいい，その権利の確定する時期は，原則として退職の日による（所基通36-10）。

（3）課 税 対 象

分離課税に係る所得割の課税対象は，退職手当等である。ここで，退職手当等とは，退職手当，一時恩給その他の退職により一時に受ける給与およびこれらの性質を有する給与をいう（地法23①六，292①六，所法30①）。

イ　分離課税の対象となる退職手当等

分離課税に係る所得割の課税対象となる退職手当等は，所得税法30条1項に規定する退職手当等のうち，同法199条（源泉徴収義務）の規定により所得税の源泉徴収義務がある者が支払うものに限られる（所法30①，31，措法29の4，取扱通知（（市）2章65前段）。

(イ)　退職手当，一時恩給その他の退職により一時に受ける給与およびこれらの性質を有する給与

(ロ)　国民年金法等の規定に基づく一時金

(ハ)　退職勤労者が弁済を受ける未払賃金

ロ　分離課税の対象とならない退職手当等

つぎの者が支払う退職手当等は，所得税の源泉徴収の対象とならないので，分離課税に係る所得割は課税されない（取扱通知(市) 2章65後段）。

(イ)　常時2人以下の家事使用人のみに対して給与等の支払いをする者

(ロ)　給与等の支払いをする者のうち，租税条約等により所得税の源泉徴収義務を有しない者

（4）課 税 標 準

分離課税に係る所得割の課税標準は，その年中の退職所得金額である（地法50の3①，328の2①）。したがって，同一年中に2以上の支払者から退職手当等の支払いを受けるような場合にあっては，その合計額について算定される。退職所得金額の計算は，所得税法30条2項（退職所得）の規定の例による（地法50の3②，328の2②，取扱通知(県) 2章32・(市) 2章67）。

《算式》

$$（退職手当等の収入金額－退職所得控除額）× \frac{1}{2}$$

　　　　　　　　　　　　＝退職所得金額(1,000円未満切捨て)

　なお，退職所得控除額は，退職所得者の勤続年数に応じて，つぎの算式によって計算した金額である（所法30③・⑤）。

　　イ　通常の場合

　　　(イ)　勤続年数が20年以下の場合

　　　　退職所得控除額＝40万円×勤続年数

　　　(ロ)　勤続年数が20年を超える場合

　　　　退職所得控除額＝800万円＋70万円×（勤続年数－20年）

　　ロ　障害者になったことを直接の基因として退職した場合

　　　　退職所得控除額＝上記イにより計算した金額＋100万円

　（5）　税　　　率

　分離課税に係る所得割の税率は，標準税率ではなく，一定税率を採用しており，一律市区町村民税6％，都道府県民税4％である（地法50の4，328の3）。したがって，地方団体は，これと異なる税率を定めることはできないわけである（取扱通知(県)2章33・(市)2章68）。

　なお，一定税率を採用したのは，源泉徴収義務者の手数を省くためである。具体的には，税率が市区町村ごとに異なった場合，特別徴収義務者が退職手当等の支払いを受ける者の住所所在地の市区町村の税率を一々確認して源泉徴収しなければならないことを避けたものである[16]。

　（6）　税額の計算

　上記の課税要件を充足すれば，特別徴収義務者が退職手当等の支払いの際，特別徴収すべき分離課税に係る所得割額は，つぎに掲げる場合の区分に応じて，それぞれ税額が計算される[17]（地法50の6，328の6）。

---

[16]　櫻井泰典「退職所得課税制度の沿革と課題」地方税56巻7号127頁（2005年）。このほか，比較的高額の税額となる退職所得について，税率を自由に設定できることとすれば，退職所得についてのみ税率を引き下げ，退職間近の者を呼び込む誘因が市区町村に生じ，予期せぬ税源の奪い合いをもたらしかねないことなども，論点となりうる。

[17]　所得税においては，退職所得申告書の提出がない場合には，退職手当等の金額に

イ　退職者が提出した退職所得申告書に，支払済みの他の退職手当等がない
　　旨の記載がある場合

$$（収入金額－退職所得控除額）\times\frac{1}{2}$$

$$=課税退職所得金額（1,000円未満切捨て）$$

課税退職所得金額×（市区町村民税６％＋都道府県民税４％）

$$=特別徴収税額（100円未満切捨て）$$

ロ　退職者が提出した退職所得申告書に，支払済みの退職手当等がある旨の
　　記載がある場合

$$\{（収入金額＋他の退職手当等の収入金額）－退職所得控除額\}\times\frac{1}{2}$$

$$=課税退職所得金額（1,000円未満切捨て）$$

課税退職所得金額×税率10％－支払済みの税額

$$=特別徴収税額（100円未満切捨て）$$

ハ　退職者からの退職所得申告書の提出がない場合

$$（収入金額－退職所得控除額）\times\frac{1}{2}$$

$$=課税退職所得金額（1,000円未満切捨て）$$

課税退職所得金額×税率10％＝特別徴収税額（100円未満切捨て）

2　徴 収 方 法

　分離課税に係る所得割の課税対象となる退職手当等は，所得税法199条（源
泉徴収義務）の規定により，その所得税が源泉徴収される退職手当等で，つぎ
の特別徴収の方法によって分離課税に係る所得割が徴収される（地法328の４）。

（1）　特別徴収の手続

　市区町村は，分離課税に係る所得割の納税義務者に対して退職手当等の支払

　　20％の税率を適用して計算した税額によることとされている（所法201③）。これ
　に対して，分離課税の所得割には，このような制度はなく，上記ハによる。

いをする者を税条例によって特別徴収義務者として指定（特別徴収義務者の指定）し，これに徴収させなければならない（地法328の5①）。

　もっとも，税条例で「退職手当等の支払いをする者（他の市区町村において退職手当等の支払いをする者を含む）とする」と包括的に指定していれば，市区町村から特別徴収義務者に指定する旨の通知がなくとも，退職手当等の支払者は，すべて特別徴収義務者となる[18]。

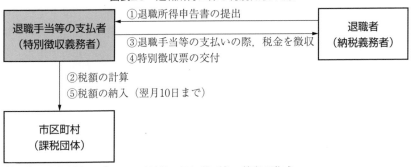

図表20　退職所得に係る特別徴収の流れ

（出所）　地方税法328条の1〜328条の7に基づき，筆者が作成。

　特別徴収義務者は，退職所得申告書を基にして特別徴収税額を計算するものであるから，退職手当等の支払いを受ける者は，その支払いを受ける時までに，退職手当等の支払者の名称者その他分離課税に係る所得割の課税に必要な事項を記載した「退職所得申告書」（5号の9様式）を，その退職手当等の支払者を経由して，その退職手当等の支払いを受けるべき日の属する年の1月1日現在における住所所在地の市区町村長に提出しなければならない（地法50の7①，328の7①，地規2の5②）。

　なお，退職手当等の支払いを受ける者は，退職所得申告書をその退職手当等の支払者に受理されたときに，市区町村長に提出したものとみなされる[19]（地

18）　もちろん，常時2人以下の家事使用人のみを雇用している場合に支払う退職手当等のように，所得税を源泉徴収する義務を負わない者は除かれる（取扱通知（市）2章65）。

法50の7②，328の7②）。

（2）申告納入

　特別徴収義務者は，退職手当等の支払いをする際，その退職手当等について分離課税に係る所得割を徴収し，その徴収の日の属する月の翌月10日までに，その徴収すべき分離課税に係る所得割の課税標準額，税額その他必要な事項を記載した「納入申告書」（5号の8様式）を市区町村長に提出し，その納入金を市区町村に納入する義務を負う[20]（地法328の5②，地規2④表(六)）。

　ここで，支払いをする際とは，支払いをする時までに徴収することをいう。なお，支払いとは，金銭による支払いはもちろん，これを元本に繰り入れ，預金口座に振り替えるなど，その支払いの責務が消滅する一切の場合である。

　また仮に，特別徴収した税金をその期限後に収める場合には，納期限の翌日から納入の日までの期間の日数に応じて，年14.6％—納期限の翌日から1月を経過する日までの期間については，年7.3％—の割合を乗じて計算した延滞金を加算して納入しなければならない[21]（地法326①）。

《算式》

　　期限後納入額×年14.6％（年7.3％）＝延滞金額（100円未満切捨て）

（3）特別徴収票の交付・提出

　特別徴収義務者は，その年において支払いの確定した退職手当等について，その退職手当等の支払いを受ける者の各人別に「特別徴収票」（5号の14様式・

---

19)　申告手続の簡略化の見地から，個人住民税の退職所得申告書は，所得税の退職所得申告書と同一の用紙によるものとされており，その退職所得申告書は，退職手当等の支払者の手元に保管することとして取り扱われている（取扱通知(市)2章69（1））。

20)　ただし，使用人が常時10人未満の事務所等の特別徴収義務者は，市区町村長の承認を受けて，特別徴収した税金を6月から11月までの分または12月から翌年5月までの分の年2回にまとめて，それぞれ12月10日または6月10日までに申告納入することができる（地法328の5③）。

21)　当分の間，延滞金の割合は，各年の前年に租税特別措置法93条2項（利子税の割合の特例）の規定により告示された割合（平均貸付割合）に年1％を加算した割合（延滞金特例基準割合）が年7.3％に満たない場合には，その年中においては，

216

5号の14の2様式）2通を作成し，その退職の日以後1月以内に，「特別徴収票」（5号の14様式）1通を市区町村長に提出し，他の「特別徴収票」（5号の14の2様式）1通を退職手当等の支払いを受ける者に交付しなければならない[22]（地法50の9，328の14，地規2の5の3①）。

その交付・提出義務を担保するために，義務違反に対しては，つぎの罰則が設けられている（地法328の16②・④）。

　イ　特別徴収票を提出しなかった者または偽りの記載をした特別徴収票を提出した者は，1年以下の懲役または50万円以下の罰金に処する[23]。

　ロ　特別徴収票を交付しなかった者または偽りの記載をした特別徴収票を交付した者は，1年以下の懲役または50万円以下の罰金に処する。

　ハ　法人の代表者または法人の代理人，使用人その他の従業者が，その法人の業務または財産に関して，上記イ・ロの違反行為をした場合には，その行為者を罰するほか，その法人に対して，50万円以下の罰金刑を科する。

（4）　分離課税に係る所得割の普通徴収

退職手当等の受給者が退職所得申告書をその退職手当等の支払いを受けるときまでに提出せず，その年中に2以上の退職手当等の支払いを受けた場合において，その者のその年中における退職手当等の金額について地方税法50条の3，50条の4，328条の2および328条の3（分離課税に係る所得割の課税標準・税率）の規定を適用して計算した税額が，特別徴収されるべき税額を超える部分につ

---

　　①年14.6％の割合については，延滞金特例基準割合に7.3％を加算した割合，②年7.3％の割合については，延滞金特例基準割合に1％を加算した割合とされている。なお，その計算の過程で1円未満の端数が生じたときは，これを切り捨てる（地法附則3の2①・⑥）。

22）　退職手当等の支払者の手数を省くため，個人住民税の特別徴収票は，所得税の源泉徴収票と合わせて1枚の用紙によるものとし，市区町村長に提出する特別徴収票は退職手当等の支払いを受ける者に交付するものを作成する際，これと同一のものを作成できる（取扱通知（市）2章71(1)）。

23）　もちろん，特別徴収票は，法人がその役員に対して支払う退職手当等にかぎり，市区町村長に提出することを要し，その他の退職手当等については，その支払いを受ける者に交付すれば足りる（取扱通知（市）2章71(2)）。

いては，普通徴収の方法によって徴収しなければならない（地法50の8，328の13①，取扱通知（市）2章70）。

　分離課税に係る所得割を普通徴収の方法によって徴収する場合には，その不足金額に本来の納期限―納期限の延長があったときは，その延長された納期限―の翌日から納入の日までの期間の日数に応じて，年14.6％―納期限の翌日から1月を経過する日までの期間については，年7.3％―の割合を乗じて計算した延滞金を加算して徴収しなければならない[24]（地法328の13②）。

3　更正・決定と附帯金

　更正・決定をした場合において，更正による増差税額または決定による税額を納めるときは，附帯金を加算して徴収される。

　（1）　更正・決定

　市区町村長は，特別徴収義務者から納入申告書の提出があった場合において，当該申告書に係る課税標準・税額等がその調査したところと異なるときは，これを更正するものとし，また，特別徴収義務者が納入申告書を提出しなかった場合には，その調査によって，納入申告すべき課税標準・税額等を決定するものとされている（地法328の9①・②）。更正・決定があった場合には，「個人住民税更正（決定）通知書」（5号の2様式）により，更正による増差税額または決定による税額を，その通知をした日から1月を経過した日を納期限として徴収しなければならない（地法328の10①，地規2①表（六））。

　（2）　延　滞　金

　不足金額を徴収するときは，その不足金額に本来の納期限―納期限の延長があったときは，その延長された納期限―の翌日から納入の日までの期間の日数に応じて，年14.6％―その更正・決定の通知をした日から1月を経過した日までの期間または納期限の翌日から1月を経過する日までの期間については，年7.3％―の割合を乗じて計算した延滞金を加算して徴収しなければならな

---

24)　前掲注21）と同じ。

い[25]（地法328の10②）。

《算式》

　不足金額×年14.6％（年7.3％）＝延滞金額（100円未満切捨て）

　もっとも，市区町村長は，特別徴収義務者が更正・決定を受けたことについて，やむを得ない理由があると認める場合には，延滞金を減免することができる（地法328の10③）。

（3）加　算　金

　市区町村長は，つぎに掲げる過少申告加算金，不申告加算金または重加算金を徴収することを決定した場合には，遅滞なく，これを特別徴収義務者に通知しなければならない（地法328の11⑥，328の12⑤）。

　イ　過少申告加算金

　　　納入申告書の提出期限までにその提出があった場合において，更正があったときは，市区町村長は，更正前の納入申告に係る課税標準・税額等に誤りがあったことについて正当な理由があると認める場合を除き，更正による不足金額（不足税額）に10％の割合を乗じて計算した過少申告加算金を徴収しなければならない（地法328の11①本文）。

　　　不足税額×10％＝過少申告加算金額（100円未満切捨て）

　　　この場合において，不足税額が納入申告書の提出期限までにその提出があった場合における当該申告書に係る税額に相当する金額（期限内申告税額）と50万円とのいずれか多い金額を超えるときは，過少申告加算金額は，その超える部分に相当する金額に5％の割合を乗じて計算した金額を加算した金額とされる（地法328の11①括弧書）。

　　⑷　期限内申告税額が50万円以下の場合

　　　不足税額×10％＋（不足税額－50万円）×5％

　　　　　　　　　　　　　＝過少申告加算金額（100円未満切捨て）

25）　前掲注21）と同じ。

(ロ)　期限内申告税額が50万円を超える場合

　　　不足税額×10％＋(不足税額－期限内申告税額)×5％

　　　　　　　　　　　　　　＝過少申告加算金額(100円未満切捨て)

ロ　不申告加算金

　　納入申告書の提出期限後にその提出，決定または更正があった場合には，市区町村長は，その納入申告，決定または更正により納入すべき税額（決定税額）に15％の割合を乗じて計算した不申告加算金を徴収しなければならない（地法328の11②本文）。

　　決定税額×15％＝不申告加算金額(100円未満切捨て)

　　なお，高額無申告に係る不申告加算金の割合は，①納入すべき税額が50万円以下の部分は15％，②50万円超300万円以下の部分は20％，③300万円超の部分は30％が適用される（地法328の11③・④）。

　　決定税額×15％＋(決定税額－50万円)×5％＋(決定税額

　　　　　－300万円)×10％＝不申告加算金額(100円未満切捨て)

　　また，①期限後の納入申告または更正・決定があった日の前日から起算して5年前の日までの間に，不申告加算金または重加算金（不申告加算金等）を徴収されたことがある場合，②期限後の納入申告または更正・決定に係る分離課税に係る所得割の特別徴収義務が成立した日の属する年の前年および前々年に特別徴収義務が成立した分離課税に係る所得割について，不申告加算金もしくは重加算金（特定不申告加算金等）を徴収されたことがあり，または特定不申告加算金等に係る決定をすべきと認める場合，いずれかに該当するときは，上記の割合に10％を加算される（地法328の11⑤）。

　　決定税額×25％＋(決定税額－50万円)×15％＋(決定税額

　　　　　－300万円)×20％＝不申告加算金額(100円未満切捨て)

　　ただし，納入申告書の提出期限までにその提出がなかったことについて正当な理由があると認められる場合は，不申告加算金は徴収されない（地法328の11②但書）。

　　また，納入申告書の提出期限後にその提出があった場合において，市区

町村長の調査による決定があるべきことを予知してされたものでないとき
は，不申告加算金額は，上記の計算にかかわらず，決定税額に５％の割合
を乗じて計算した金額に軽減される（地法328の11⑥）。

　　決定税額×５％＝不申告加算金額(100円未満切捨て)

ハ　重加算金

　　上記イの場合において，特別徴収義務者が課税標準額の計算の基礎とな
るべき事実の全部または一部を隠蔽し，または仮装し，かつ，その隠蔽し，
または仮装した事実に基づいて納入申告書を提出したときは，過少申告加
算金に代えて，その計算の基礎となるべき更正による不足金額（不足税額）
に35％の割合を乗じて計算した重加算金を徴収しなければならない（地法
328の12①）。

　　不足税額×35％＝重加算金額(100円未満切捨て)

　　また，上記ロの場合において，特別徴収義務者が課税標準額の計算の基
礎となるべき事実の全部または一部を隠蔽し，または仮装し，かつ，その
隠蔽し，または仮装した事実に基づいて納入申告書の提出期限までにこれ
を提出せず，または納入申告書の提出期限後にその提出をしたときは，不
申告加算金に代えて，その計算の基礎となるべき税額（決定税額）に40％
の割合を乗じて計算した重加算金を徴収しなければならない（地法328の
12②）。

　　決定税額×40％＝重加算金額(100円未満切捨て)

　　さらに，①期限後の納入申告または更正・決定があった日の前日から起
算して５年前の日までの間に，不申告加算金等を徴収されたことがある場
合，②期限後の納入申告または更正・決定に係る分離課税に係る所得割の
特別徴収義務が成立した日の属する年の前年および前々年に特別徴収義務
が成立した分離課税に係る所得割について，特定不申告加算金等を徴収さ
れたことがあり，または特定不申告加算金等に係る決定をすべきと認める
場合，いずれかに該当するときは，上記の割合に10％を加算される（地法
328の12③）。

不足税額×45％＝重加算金額(100円未満切捨て)

決定税額×50％＝重加算金額(100円未満切捨て)

（4）罰　　則

特別徴収義務者の納入義務不履行は，脱税に関する罪に該当し，10年以下の懲役もしくは200万円以下の罰金に処し，または懲役と罰金を併科される（地法328の16①）。

しかも，法人の代表者または法人の代理人，使用人その他の従業者が，その法人の業務または財産に関して，この違反行為をした場合には，その行為者を罰するほか，その法人に対して，200万円以下の罰金刑を科するものとされている（地法328の16④）。

第3節　金融所得に係る特別徴収制度

金融所得課税においては，その所得の特徴からして，特別徴収制度は，所得の確定と税金の徴収という意味で重要な機能を有している。利子割，配当割および株式等譲渡所得割は，本来，個人住民税の一部として金融所得に課税するものであるが，市町村は課税せずに都道府県のみが課税することとしているのは，制度を極力簡素化して特別徴収義務者等の事務負担を増大させないようにする趣旨である[26]。

1　課税要件

金融所得に係る利子割，配当割または株式等譲渡所得割の納税義務は，つぎの課税要件が充足されることによって成立する。地方税の場合は，国税と異なり，課税団体が複数あるので課税権が競合しないように，課税団体について詳細に定められている。

26）　利子割とは，昭和62年9月の地方税法改正により一律分離課税として，配当割および株式等譲渡所得割とは，平成15年度税制改正により「貯蓄から投資へ」という政策課題に対応して創設された都道府県民税である。

（1）課税団体

利子割，配当割および株式等譲渡所得割の課税団体は，それぞれつぎのとおりである（地法24①五～七）。

イ　利子割

　　利子等の支払いまたはその取扱いする金融機関等の営業所等の所在の都道府県

ロ　配当割

　　特定配当等の支払いを受ける個人の住所所在の都道府県

ハ　株式等譲渡所得割

　　特定株式等譲渡対価等の支払いを受けるべき日の属する年の1月1日現在における，その支払いを受ける個人の住所所在の都道府県[27]

（2）納税義務者

利子割，配当割および株式等譲渡所得割の納税義務者は，それぞれつぎのとおりである（地法24①五～七）。

イ　利子割

　　利子等の支払いまたはその取扱いをする金融機関等の営業所等で，都道府県内に所在するものを通じて利子等の支払いを受ける個人[28]

ロ　配当割

　　特定配当等の支払いを受ける個人で，その支払いを受けるべき日現在において都道府県内に住所を有するもの

---

27)　特定株式等譲渡対価等とは，特定口座源泉徴収選択届出書が提出された特定口座（選択口座）に係る特定口座内保管上場株式等の譲渡の対価，または選択口座において処理された上場株式等の信用取引等に係る差金決済に係る差益に相当する金額をいう（地法23①十六）。

28)　ちなみに，平成28年以前は，個人および法人の両者を対象としていた。法人が複数の都道府県の金融機関の口座を持っている場合には，それぞれの金融機関所在都道府県が利子割を特別徴収していた（旧地法23①三の二，24①五）。ところが，法人の所得には利子等も含まれるので，二重課税が生ずることになる。そのため，主たる事務所等の所在する都道府県は，仮決算による中間申告や確定申告などに際し，法人税割額から利子割額を控除することとされていた（旧地法53㉖）。

ハ　株式等譲渡所得割

　　特定株式等譲渡対価等の支払いを受ける個人で，その支払いを受けるべき日の属する年の1月1日現在において都道府県内に住所を有するもの

（3）　課 税 対 象

利子割，配当割および株式等譲渡所得割の課税対象は，それぞれつぎのとおりである（地法23①十四・十五・十七）。

イ　利子割

　　所得税において源泉分離課税の対象とされる利子等[29]

ロ　配当割

　　特定配当等，すなわち，上場株式等の配当等および割引債の償還金に係る差益金

ハ　株式等譲渡所得割

　　特定株式等譲渡所得金額，すなわち，源泉徴収口座内通算所得金額が源泉徴収口座内直前通算所得金額を超えるときにおける，その超える部分の金額（源泉徴収選択口座内調整所得金額）

（4）　課 税 標 準

利子割，配当割および株式等譲渡所得割の課税標準は，それぞれつぎのとおりである（地法71の5，71の27，71の48）。

イ　利子割

　　支払いを受けるべき利子等の額

ロ　配当割

　　支払いを受けるべき特定配当等の額

ハ　株式等譲渡所得割

　　特定株式等譲渡所得金額

---

29)　ただし，①障害者等の少額預金・額公債の利子等，②勤労者財産形成住宅貯蓄・勤労者財産形成年金貯蓄の利子等，③所得税が非課税とされる利子等，④非居住者が支払いを受ける利子等については，利子割は非課税とされる（地法23①十四イ・ハ，25の2）。

（5）　税　　率

利子割，配当割および株式等譲渡所得割の税率は，5％である（地法71の6，71の28，71の49）。

（6）　税額の計算

上記の課税要件を充足すれば，金融所得の区分に応じて，それぞれ税額が計算される（地法20の4の2①・③，地令6の17①一〜三・②一〜三）。

イ　利子割

利子等の額×5％＝利子割額（1円未満切捨て）

ロ　配当割

特定配当等の額×5％＝配当割額（1円未満切捨て）

ハ　株式等譲渡所得割

特定株式等譲渡所得金額×5％＝株式等譲渡所得割額（1円未満切捨て）

2　徴 収 方 法

利子割，配当割および株式等譲渡所得割の徴収については，特別徴収の方法による（地法71の9，71の30，71の50）。具体的には，つぎの方法で徴収される。

図表21　金融所得に係る特別徴収の流れ

（出所）　地方税法71条の10，71条の26，71条の31，71条の47，71条の51，71条の67に基づき，筆者が作成

（1）　利子割の特別徴収の手続

都道府県は，利子等の支払いまたはその取扱いをする者（金融機関等）で，

都道府県内に利子等の支払いの事務またはその取扱いの事務を行う営業所等を有するものを税条例によって特別徴収義務者として指定（特別徴収義務者の指定）し，これに徴収させなければならない[30]（地法71の10①）。

このように，都道府県は，特別徴収義務者を税条例によって指定することになる。この税条例による指定は，包括的に行われるものである。この場合の特別徴収義務者は，金融機関等である法人であって，個々の営業所等ではないので，実際に特別徴収税額の納入日の事務を行う営業所等は，どこであっても差し支えない（取扱通知(県) 2章69）。

特別徴収義務者は，一般的には，利子等の支払いをする者，すなわち，顧客に対して利子等の支払いの債務を有する金融機関等である。もっとも，公社債利子など一定の金融商品に係る利子等については，利子等の支払いの取扱いをする者，すなわち，利子等の支払いの債務を有する金融機関等と顧客の間に介在し，利子等の支払いの取扱いを行う金融機関等がある場合にあっては，その取扱いを行う金融機関等とされている（取扱通知(県) 2章70）。

特別徴収義務者は，利子等の支払い—特別徴収義務者が利子等の支払いを取り扱う者である場合には，利子等の交付—の際，その利子等について利子割を徴収し，その徴収の日の属する月の翌月10日までに，その徴収すべき利子割の課税標準額，税額その他必要な事項を記載した「納入申告書」（12号の3様式）を都道府県知事に提出し，その納入金を都道府県に納入しなければならない（地法71の10②，地規3の7①表(一)）。

なお，特別徴収税額の納入等の事務を実際に行う営業所等は，どこであっても差し支えないので，たとえば，①本店から各都道府県に各都道府県分を一括納入するとか，②都道府県内に所在する営業所等のうち，主たるものから当該

30）　ちなみに，金融機関等は，都道府県内に営業所等を設けたときは，税条例の定めるところにより，15日以内に，①営業所等の名称および所在地，②営業所等において行う支払いの事務またはその取扱いの事務に係る利子等の種別，③その他参考となるべき事項を記載した届出書を都道府県知事に提出し，また，これらの事項に変更を生じた場合または営業所等を廃止した場合には，遅滞なく都道府県知事に届け出なければならない（昭和63年3月31日自治府第35号・自治市第20号）。

都道府県分を一括納入するとか，あるいは，③都道府県内に所在する各営業所等から当該営業所等分を納入するなど，いずれの方法でもよい。

（2）　配当割の特別徴収の手続

都道府県は，特定配当等の支払いを受けるべき日現在において都道府県内に住所を有する個人に対して，特定配当等の支払いをする者—国外特定配当等である場合にあっては，その支払いを取り扱う者—を税条例によって特別徴収義務者として指定（特別徴収義務者の指定）し，これに徴収させなければならない（地法71の31①）。ここでいう「特別徴収義務者」とは，特定配当等の支払いをする者である法人であって，個々の支店，支社または営業所等ではない。

特別徴収義務者は，特定配当等の支払い—特別徴収義務者が国外特定配当等の支払いを取り扱う者である場合には，国外特定配当等の交付—の際，その特定配当等について配当割を徴収し，その徴収の日の属する月の翌月10日までに，その徴収すべき配当割の課税標準額，税額その他必要な事項を記載した「納入申告書」（12号の7様式）を，特定配当等の支払いを受ける個人が，その支払いを受けるべき日現在における当該個人の住所所在地の都道府県知事に提出し，その納入金を都道府県に納入しなければならない（地法71の31②，地規3の10①表（一））。

（3）　株式等譲渡所得割の特別徴収の手続

都道府県は，選択口座が開設されている金融商品取引業者等で，選択口座に係る特定口座内保管上場株式等の譲渡の対価または選択口座において処理された上場株式等の1月1日現在において都道府県に住所を有する個人に対して，譲渡の対価または差金決済に係る差益の支払いをするものを税条例によって特別徴収義務者として指定（特別徴収義務者の指定）し，これに徴収させなければならない（地法71の51①）。ここでいう「特別徴収義務者」とは，対象譲渡等の対価等の支払いをするものである法人であって，個々の支店，支社および営業所などではない。

特別徴収義務者は，選択口座において，その年中に行われた対象譲渡等により特定株式等譲渡所得金額が生じたときは，譲渡の対価等の支払いの際，株式

等譲渡所得割を徴収し，原則として，その徴収の日の属する年の翌年1月10日までに，その徴収すべき株式等譲渡所得割の課税標準額，税額その他必要な事項を記載した「納入申告書」(12号の10様式)を，譲渡の対価等の支払いを受ける個人が，その支払いを受けるべき日の属する年の1月1日現在における当該個人の住所所在地の都道府県知事に提出し，その納入金を都道府県に納入する（地法71の51②，地規3の12①表(一)）。

この例外とされる場合およびその納期限は，所得税の取扱いと同じで，つぎに掲げる場合の区分に応じて，それぞれに定める日である（地令9の20①）。

イ　選択口座が開設されている金融商品取引業者等の営業の譲渡により，選択口座に関する事務が，その譲渡を受けた金融商品取引業者等の営業所に移管された場合

　　その譲渡日の属する月の翌月10日

ロ　選択口座が開設されている金融商品取引業者等の分割により，選択口座に関する事務が，その分割による資産および負債の移転を受けた金融商品取引業者等の営業所に移管された場合

　　その分割日の属する月の翌月10日

ハ　選択口座が開設されている金融商品取引業者等が，解散または事業の廃止をした場合

　　その解散日または廃止日の属する月の翌月10日

ニ　選択口座につき，特定口座廃止届出書の提出があった場合

　　その提出日の属する月の翌月10日

ホ　選択口座につき，特定口座開設者死亡届出書の提出があった場合

　　その提出日の属する月の翌月10日

3　更正・決定と附帯金

更正・決定をした場合において，更正による増差税額または決定による税額を納めるときは，附帯金を加算して徴収される。

（1）　更正・決定

都道府県知事は，特別徴収義務者から納入申告書の提出があった場合において，当該申告書に係る課税標準・税額等がその調査したところと異なるときは，これを更正する。また，納入申告書を提出しなかった場合には，その調査によって，納入申告すべき課税標準・税額等を決定する。都道府県知事は，更正・決定したときは，遅滞なく，これを特別徴収義務者に通知しなければならない（地法71の11，71の32，71の52）。

この場合において，更正による納入金額の不足額または決定による納入金額（不足金額）の納期限は，その更正・決定の通知をした日から1月を経過した日である（地法71の12①，71の33①，71の53①）。

（2）　延　滞　金

不足金額を徴収するときは，その不足金額に本来の納期限—納期限の延長があったときは，その延長された納期限—の翌日から納入の日までの期間の日数に応じて，年14.6%—その更正・決定の通知をした日から1月を経過した日までの期間または納期限の翌日から1月を経過する日までの期間については，年7.3%—の割合を乗じて計算した延滞金を加算して徴収しなければならない[31]（地法71の12②，71の33②，71の53②）。

《算式》

不足金額×年14.6%（年7.3%）＝延滞金額（100円未満切捨て）

もっとも，都道府県知事は，特別徴収義務者が更正・決定を受けたことについて，やむを得ない理由があると認める場合には，延滞金を減免することができる（地法71の12③，71の33③，71の53③）。

（3）　加　算　金

都道府県知事は，つぎに掲げる過少申告加算金，不申告加算金または重加算金を徴収することを決定した場合には，遅滞なく，これを特別徴収義務者に通知しなければならない（地法71の14⑥，71の15⑤，71の35⑦，71の36⑤，71の55

---

31)　前掲注21）と同じ。

⑦，71の56⑤）。

　イ　過少申告加算金

　　納入申告書の提出期限までにその提出があった場合において，更正が
　あったときは，都道府県知事は，更正前の納入申告に係る課税標準・税額
　等に誤りがあったことについて正当な理由があると認める場合を除き，更
　正による不足金額（不足税額）に10％の割合を乗じて計算した過少申告加
　算金を徴収しなければならない（地法71の14①本文，71の35①，71の55①）。

　　不足税額×10％＝過少申告加算金額（100円未満切捨て）

　　この場合において，不足税額が納入申告書の提出期限までにその提出が
　あった場合における当該申告書に係る税額に相当する金額（期限内申告税
　額）と50万円とのいずれか多い金額を超えるときは，過少申告加算金額は，
　その超える部分に相当する金額に5％の割合を乗じて計算した金額を加算
　した金額とされる（地法71の14①括弧書，71の35②，71の55②）。

　㈠　期限内申告税額が50万円以下の場合

　　不足税額×10％＋（不足税額－50万円）×5％

　　　　　　　　　　　　　　＝過少申告加算金額（100円未満切捨て）

　㈡　期限内申告税額が50万円を超える場合

　　不足税額×10％＋（不足税額－期限内申告税額）×5％

　　　　　　　　　　　　　　＝過少申告加算金額（100円未満切捨て）

　ロ　不申告加算金

　　納入申告書の提出期限後にその提出，決定または更正があった場合には，
　都道府県知事は，その納入申告，決定または更正により納入すべき税額
　（決定税額）に15％の割合を乗じて計算した不申告加算金を徴収しなけれ
　ばならない（地法71の14②本文，71の35③本文，71の55③本文）。

　　決定税額×15％＝不申告加算金額（100円未満切捨て）

　　なお，高額無申告に係る不申告加算金の割合は，①納入すべき税額が
　50万円以下の部分は15％，②50万円超300万円以下の部分は20％，③300
　万円超の部分は30％が適用される（地法71の14③・④，71の35④・⑤，71の

55④・⑤）。

　　決定税額×15％＋（決定税額－50万円）×5％＋（決定税額

　　　　　－300万円）×10％＝不申告加算金額（100円未満切捨て）

　また，①期限後の納入申告または更正・決定があった日の前日から起算
して5年前の日までの間に，不申告加算金等を徴収されたことがある場合，
②期限後の納入申告または更正・決定に係る利子割，配当割または株式等
譲渡所得割（利子割等）の特別徴収義務が成立した日の属する年の前年お
よび前々年に特別徴収義務が成立した利子割等について，特定不申告加算
金等を徴収されたことがあり，または特定不申告加算金等に係る決定をす
べきと認める場合，いずれかに該当するときは，上記の割合に10％を加
算される（地法71の14⑤，71の35⑥，71の55⑥）。

　　決定税額×25％＋（決定税額－50万円）×15％＋（決定税額

　　　　　－300万円）×20％＝不申告加算金額（100円未満切捨て）

　ただし，納入申告書の提出期限までにその提出がなかったことについて
正当な理由があると認められる場合は，不申告加算金は徴収されない（地
法71の14②但書，71の35③但書，71の55③但書）。

　また，納入申告書の提出期限後にその提出があった場合において，都道
府県知事の調査による決定があるべきことを予知してされたものでないと
きは，不申告加算金額は，上記の計算にかかわらず，決定税額に5％の割
合を乗じて計算した金額に軽減される（地法71の14⑤，71の35⑥，71の55
⑥）。

　　決定税額×5％＝不申告加算金額（100円未満切捨て）

ハ　重加算金

　上記イの場合において，特別徴収義務者が課税標準額の計算の基礎とな
るべき事実の全部または一部を隠蔽し，または仮装し，かつ，その隠蔽し，
または仮装した事実に基づいて納入申告書を提出したときは，過少申告加
算金に代えて，その計算の基礎となるべき更正による不足金額（不足税額）
に35％の割合を乗じて計算した重加算金を徴収しなければならない（地法

71の15①，71の36①，71の56①）。

　　不足税額×35％＝重加算金額（100円未満切捨て）

　また，上記ロの場合において，特別徴収義務者が課税標準額の計算の基礎となるべき事実の全部または一部を隠蔽し，または仮装し，かつ，その隠蔽し，または仮装した事実に基づいて納入申告書の提出期限までにこれを提出せず，または納入申告書の提出期限後にその提出をしたときは，不申告加算金に代えて，その計算の基礎となるべき税額（決定税額）に40％の割合を乗じて計算した重加算金を徴収しなければならない（地法71の15②，71の36②，71の56②）。

　　決定税額×40％＝重加算金額（100円未満切捨て）

　さらに，①期限後の納入申告または更正・決定があった日の前日から起算して5年前の日までの間に，不申告加算金等を徴収されたことがある場合，②期限後の納入申告または更正・決定に係る利子割等の特別徴収義務が成立した日の属する年の前年および前々年に特別徴収義務が成立した利子割等について，特定不申告加算金等を徴収されたことがあり，または特定不申告加算金等に係る決定をすべきと認める場合，いずれかに該当するときは，上記の割合に10％を加算される（地法71の15③，71の36③，71の56③）。

　　不足税額×45％＝重加算金額（100円未満切捨て）

　　決定税額×50％＝重加算金額（100円未満切捨て）

（4）罰　　　則

　特別徴収義務者の納入義務不履行は，脱税に関する罪に該当し，10年以下の懲役もしくは200万円以下の罰金に処し，または懲役と罰金を併科される（地法71の16①，71の37①，71の57①）。

　しかも，法人の代表者または法人の代理人，使用人その他の従業者が，その法人の業務または財産に関して，この違反行為をした場合には，その行為者を罰するほか，その法人に対して，200万円以下の罰金刑を科するものとされている（地法71の16③，71の37③，71の57③）。

4　市区町村に対する交付金

　個人都道府県民税の賦課徴収は，原則として，当該都道府県の区域内の市区町村が，個人市区町村民税の賦課徴収の例により，これと併せて行うものとされている（地法41①，319②）。給与所得または退職所得に係る特別徴収税額の納入があった場合には，その納入額から督促手数料および滞納処分費を控除した額を，都道府県民税と市区町村民税の額の割合で按分した上で，都道府県民税相当分を，納入があった月の翌月10日までに都道府県に払い込むことになる[32]（地法42②・③）。

　ところが，利子割，配当割および株式等譲渡所得割については，制度を極力簡素化して特別徴収義務者等の事務負担を増大させないように，都道府県のみが課税するものとされている。利子割，配当割および株式等譲渡所得割は，本来，個人住民税の一部として市区町村も課税権を有するものであるから，一定の基準に従って，所得割の課税権を有する市区町村に配分することになる。そのため，利子割交付金，配当割交付金および株式等譲渡所得割交付金が設けられている。

（1）　利子割交付金

　所得割の最低税率が，市区町村民税3％，都道府県民税2％であることにかんがみ，徴収事務取扱費を控除した残額の5分の3を交付する。これは，全市区町村で5分の3の割合で配分を受けるようにするものであって，市区町村間においては，各市区町村に係る個人都道府県民税額の当該都道府県計に対する割合の当該年度前3年度内の各年度に係るものの平均値により，按分して交付される[33]（地法71の26，地令9の14，9の15①）。

---

32)　なお，都道府県は，市区町村が個人都道府県民税の賦課徴収に関する事務を行うために要する費用を補償するため，一定の徴収取扱費を市区町村に交付しなければならない（地法47，地令8の3）。

33)　なお，市区町村に係る個人都道府県民税額とは，地方自治法233条1項（決算）の規定により調製された都道府県の決算に係る個人都道府県民税額のうち，当該市区町村から都道府県に払い込まれた個人都道府県民税額である（地規3の8，3の11，3の13）。

《算式》

$$利子割交付金額 = \left(利子割額 \times 99\% \times \frac{3}{5} \right)$$

$$\times \frac{個人都道府県民税額}{個人都道府県民税額の合計額}$$

　市区町村に対して利子割交付金を交付する時期は，8月，12月および翌年3月である。なお，各交付時期において，交付することができなかった金額があるとき，または交付すべき額を超えて交付した金額があるときは，それぞれこれらの金額をつぎの交付時期に交付すべき額に加算し，または減額する。また，市区町村に対して交付すべき額を交付した後において，その交付額の算定に錯誤があったため，交付額を増加し，または減少する必要が生じた場合には，当該金額を錯誤を発見した日以後に到来する交付時期において，交付すべき額に加算し，または減額することとなる（地令9の15①～③）。

　（2）　配当割交付金

　市区町村に対する配当割交付金の交付にあたっては，市区町村民税3％，都道府県民税2％で課税したのと同じ結果となるよう，徴収事務取扱費を控除した残額の5分の3を交付する。これは，全市区町村で5分の3の割合で配分を受けるようにするものであって，市区町村間においては，各市区町村に係る個人都道府県民税額の当該都道府県計に対する割合の当該年度前3年度内の各年度に係るものの平均値により，按分して交付される[34]（地法71の47，地令9の18，9の19①）。

《算式》

$$配当割交付金額 = \left(配当割額 \times 99\% \times \frac{3}{5} \right)$$

$$\times \frac{個人都道府県民税額}{個人都道府県民税額の合計額}$$

---

34)　前掲注33）と同じ。

　なお，配当割交付金の各交付時期—8月，12月および翌年3月—ごとに交付することができなかった金額があるとき，または各交付時期において交付すべき金額を超えて交付した金額があるときは，それぞれこれらの金額を，つぎの交付時期に交付すべき金額に加算し，または減額する。また，市区町村に対して交付すべき金額を交付した後において，その交付した金額の算定に錯誤があったため，交付した金額を増加し，または減少する必要が生じた場合には，当該金額を錯誤を発見した日以後に到来する交付時期において，交付すべき金額に加算し，または減額することとなる（地令9の19①～③）。

（3）　株式等譲渡所得割交付金

　市区町村に対する株式等譲渡所得割交付金の交付にあたっては，市区町村民税3％，都道府県民税2％で課税したのと同じ結果となるよう，徴収事務取扱費を控除した残額の5分の3を交付する。これは，全市区町村で5分の3の割合で配分を受けるようにするものであって，市区町村間においては，各市区町村に係る個人都道府県民税額の当該都道府県計に対する割合の当該年度前3年度内の各年度に係るものの平均値により，按分して交付される[35]（地法71の67，地令9の22，9の23①）。

《算式》

$$株式等譲渡所得割交付金額 = \left(株式等譲渡所得割額 \times 99\% \times \frac{3}{5} \right)$$

$$\times \frac{個人都道府県民税額}{個人都道府県民税額の合計額}$$

　なお，株式等譲渡所得割交付金について，各年度の3月に交付することができなかった金額があるとき，または各年度に交付すべき金額を超えて交付した金額があるときは，それぞれこれらの金額を，翌年度に交付すべき金額に加算し，または減額する。また，市区町村に対して交付すべき金額を交付した後において，その交付した金額の算定に錯誤があったため，交付した金額を増加し，

35）　前掲注33）と同じ。

または減少する必要が生じた場合には，当該金額を錯誤を発見した年度または
その翌年度において，交付すべき金額に加算し，または減額することとなる
（地令９の23②・③）。

参 考 文 献

　本書の執筆にあたっては，主に，つぎの文献を参考にした。なお，これらの多くは，法人住民税のみならず，地方税および法人課税の理解を深める上でも，役立つものと思われる。

［全体］

石田直裕ほか『地方税Ⅰ』（ぎょうせい，1999年）

石橋茂『図解地方税』（大蔵財務協会，令和4年版，2022年）

碓井光明『要説地方税のしくみと法』（学陽書房，2001年）

金子宏『租税法』（弘文堂，第24版，2021年）

自治省税務局編『住民税逐条解説』（地方財務協会，増補版，1996年）

市町村税務研究会編『要説住民税』（ぎょうせい，令和4度版，2022年）

中里実ほか編『租税法概説』（有斐閣，第4版，2021年）

野上敏行『知っておきたい住民税の常識』（税務経理協会，第5版，2001年）

［序章］

石弘光『税制ウォッチング：「公平・中立・簡素」を求めて』（中公新書，2001年）

井藤半彌『地方財政・租税の原理』（千倉書房，1965年）

木下和夫『租税構造の理論と課題』（税務経理協会，改訂版，2011年）

佐藤主光『地方税改革の経済学』（日本経済新聞社，2011年）

首藤重幸「租税における簡素の法理」日税研論集54号87頁（2004年）

神野直彦＝池上岳彦編『地方交付税 何が問題か：財政調整制度の歴史と国際比較』（東洋経済新報社，2003年）

田中治「租税における中立の法理」日税研論集54号65頁（2004年）

中里実「地方税における企業課税」岩波正彦ほか編『政府と企業』233頁（岩波書店，1997年）

宮島洋『租税論の展開と日本の税制』（日本評論社，1986年）

吉川宏延『法人事業税のしくみと実務』（税務経理協会，2014年）

［第1章　法人と住民税］

牛嶋正『租税体系論』（中央経済社，第4版，1985年）

碓井光明「地方財政の展開とシャウプ勧告」日本租税研究協会編『シャウプ勧告とわが国の税制』307頁（日本租税研究協会，1983年）

大内忠昭『地方税における企業課税』（第一法規出版，1984年）

荻田保『地方財政講義』（学陽書房，改訂新版，1955年）

神田秀樹『会社法』（弘文堂，第25版，2023年）

佐藤英明「法人課税をめぐる問題状況：研究ノート」国際税制研究6号108頁（2001年）

四宮和夫＝能見善久『民法総則』（弘文堂，第9版，2018年）

橋本徹『地方税の理論と課題』（税務経理協会，改訂版，2001年）

福島深編『地方税：その理論と実際』（ぎょうせい，1977年）

藤田武夫『地方財政改革の基本問題』（時事通信社出版局，1950年）

水本忠武『戸数割税の成立と展開』（御茶の水書房，1998年）

山本栄一『都市の財政負担』（有斐閣，1989年）

吉川宏延「会社の消滅に係る地方法人二税の検討（下）休業法人を中心に」税理62巻10
　号186頁（2019年）

[第2章　納税義務者]

宇賀克也『地方自治法概説』（有斐閣，第10版，2023年）

碓井光明『地方税条例』（学陽書房，1979年）

浦部法穂『憲法学教室』（日本評論社，第3版，2016年）

経済産業省産業組織課編『日本版LLC：新しい会社のかたち』（金融財政事情研究会，
　2004年）

経済産業省経済産業政策局産業組織課編『日本版LLP：パートナーシップの未来へ』
　（経済産業調査会，2005年）

武田昌輔「総説」日税研論集60号3頁（2011年）

成道秀雄「非営利型法人」日税研論集60号99頁（2011年）

野田秀三「一般社団・一般財団法人」日税研論集60号65頁（2011年）

根田正樹＝矢内一好編『合同会社・LLPの法務と税務』（学陽書房，2005年）

増井良啓＝宮崎裕子『国際租税法』（東京大学出版会，第4版，2019年）

[第3章　均等割]

芦部信喜（高橋和之補訂）『憲法』（岩波書店，第7版，2019年）

稲見誠一＝大野久子監修『詳解グループ通算制度Q＆A』（清文社，新版，2023年）

稲見誠一＝大野久子監修『詳解連結納税Q＆A』（清文社，第9版，2017年）

今井勝人「市町村民税法人均等割について」地方税47巻8号4頁（1996年）

占部裕典「外形標準課税の法的評価と課題」税研19巻2号21頁（2003年）

大橋範雄「労働者派遣事業の多様化と法的課題」日本労働法学会編『労働市場の機構と
　ルール』97頁（有斐閣，2000年）

北野弘久『納税者の権利』（岩波新書，1981年）

菅野和夫『労働法』（弘文堂，第12版，2019年）

田中治「住民税の法的課題」日税研論集46号99頁（2001年）

中村慈美編『図解組織再編税制』（大蔵財務協会，令和4年版，2022年）

橋本徹『21世紀を展望した税制改革』（税務経理協会，1988年）

丸山高満『日本地方税制史』（ぎょうせい，1985年）

三木義一『現代税法と人権』（勁草書房，1992年）

吉川宏延「派遣労働者の増加と法人住民税」都市問題96巻9号99頁（2005年）

吉川宏延「会社法制の現代化の法人税・法人住民税への影響と対応：新設合併等の登記が遅れた場合の取扱いを題材として」税経通信64巻10号136頁（2009年）

吉川宏延「会社の消滅に係る地方法人二税の検討(上)清算法人を中心に」税理62巻8号124頁（2019年）

［第4章　法人税割］

浅沼潤三郎ほか編『地方自治大系3』（嵯峨野書院，1995年）

岡村忠生『法人税法講義』（成文堂，第3版，2007年）

金子宏『租税法』（弘文堂，第3版，1990年）

金子宏『租税法』（弘文堂，第10版，2005年）

坂本雅士編『現代税務会計論』（中央経済社，第5版，2022年）

佐藤英明『信託と課税』（弘文堂，新版，2020年）

武田昌輔『立法趣旨法人税法の解釈』（財経詳報社，1984年）

蝶名林守編『図解法人税』（大蔵財務協会，令和4年版，2022年）

成松洋一『法人税法：理論と計算』（税務経理協会，19訂版，2023年）

望月文夫『図解国際税務』（大蔵財務協会，令和4年版，2022年）

森高厚胤『図解グループ通算税制』（大蔵財務協会，最新版，2022年）

渡辺徹也『スタンダード法人税法』（弘文堂，第3版，2023年）

［第5章　申告納付と更正・決定］

安部和彦『税務調査と質問検査権の法知識Q&A』（清文社，第3版，2017年）

宇賀克也『行政不服審査法の逐条解説』（有斐閣，第2版，2017年）

占部裕典『租税債務確定手続：更正の請求の理論と実際』（信山社出版，1999年）

柏木恵「国税と地方税における電子申告・納税制度の進展と成果」関野満夫編『現代地方財政の諸相』131頁（中央大学出版部，2021年）

黒坂昭一＝佐藤謙一『図解国税通則法』（大蔵財務協会，令和4年版，2022年）

杉田宗久ほか『STEP式法人税申告書と決算書の作成手順』（清文社，第3版，2021年）

税理士法人右山事務所編『法人税修正申告書・更正請求書の書き方と留意点』（中央経済社，第3版，2015年）

豊森照信『図解電子申告・電子帳簿：税務手続の完全デジタル化への対応』（ぎょうせ

い，2018年）

吉川宏延「大都市制度と法人住民税制度に関する一考察（1）～（3）：分割法人に係る課税事務の検証を中心に」自治研究95巻4号109頁～6号101頁（2019年）

吉川宏延「地方法人二税の中間申告制度に関する検証(上)・(下)」税理65巻4号192頁・5号144頁（2022年）

[第6章　特別徴収義務者]

大蔵財務協会編『図解源泉所得税』（大蔵財務協会，令和5年版，2023年）

岸英人『金融・証券税制の実務：個人所得課税方式とその対象範囲の判定：利子・配当・譲渡』（第一法規，2019年）

櫻井泰典「退職所得課税制度の沿革と課題」地方税56巻7号127頁（2005年）

佐藤英明『スタンダード所得税法』（弘文堂，第3版，2022年）

佐藤英明「住民税の現年課税化と特別徴収制度」地方税61巻2号2頁（2010年）

高橋大輔「道府県民税配当割及び株式等譲渡所得割の概要について」地方税66巻7号66頁（2015年）

地方税制度研究会編『地方税取扱いの手引』（清文社，令和4年x月改訂，2022年）

馬場拓郎「個人住民税の特別徴収税額通知の電子化について」地方税71巻12号53頁（2020年）

増井良啓『租税法入門』（有斐閣，第2版，2018年）

吉川宏延『源泉所得税と個人住民税の徴収納付：しくみと制度』（税務経理協会，2013年）

索　引

241

著者紹介

川　宏延（よしかわ　ひろのぶ）

4年　兵庫県生まれ
0年　神戸大学経営学部卒業
7年　神戸大学大学院法学研究科博士課程修了
在　税理士，博士（法学）（神戸大学）
　　日本公法学会・租税法学会・日本税法学会・税務会計研究学会会員
　　第29回日税研究賞奨励賞・2008年日本地方自治研究学会賞受賞
書　『地方企業課税の理論と実際』関西学院大学出版会
　　『新型コロナ緊急経済対策の地方税制特例Q&A』ぎょうせい
　　『源泉所得税と個人住民税の徴収納付』税務経理協会
　　『消費税・地方消費税のしくみと制度』税務経理協会
　　『償却資産税のしくみと実務』税務経理協会
　　『法人事業税・事業所税のしくみと実務』税務経理協会
　　『地方企業課税の基礎知識』法令出版
　　『中小企業の経理と税務入門』法令出版

【小さな看板犬のココ，モモ＆クルミ】

法人住民税のしくみと実務〔八訂版〕

2007年12月30日	初版発行
2010年12月30日	改訂版発行
2013年 1 月15日	三訂版発行
2014年 3 月15日	四訂版発行
2015年 3 月15日	五訂版発行
2018年 7 月15日	六訂版発行
2021年 3 月15日	七訂版発行
2023年10月30日	八訂版発行

著　者　吉川宏延

発行者　大坪克行

発行所　株式会社税務経理協会
　　　　〒161-0033東京都新宿区下落合1丁目1番3号
　　　　http://www.zeikei.co.jp
　　　　03-6304-0505

印　刷　美研プリンティング株式会社

製　本　牧製本印刷株式会社

本書についての
ご意見・ご感想はコチラ

http://www.zeikei.co.jp/contact/

ISBN 978-4-419-06949-0　C3032